俄语教学理论与实践

薛 冰 著

中国纺织出版社有限公司

内 容 提 要

《俄语教学理论与实践》从理论与实践两个层面积极探索俄语专业教学,吸收了俄语教学理论研究的新成果,对当前俄语教学中的主要流派与特点、语言知识与言语技能等问题做了较为系统的梳理。同时,贯彻理论联系教学的原则,对教学与技能培养、互联网下的俄语教学等问题进行的探讨,有益于加强高校俄语教学的课程建设,相信对于俄语教学具有较强的参考作用与应用价值。

图书在版编目(CIP)数据

俄语教学理论与实践 / 薛冰著. — 北京:中国纺织出版社有限公司,2019.12
ISBN 978-7-5180-6797-8

Ⅰ.①俄…　Ⅱ.①薛…　Ⅲ.①俄语—教学研究—高等学校　Ⅳ.①H359.3

中国版本图书馆 CIP 数据核字(2019)第 227605 号

策划编辑:韩　阳　　　　责任编辑:朱健桦
责任校对:高　涵　　　　责任印制:储志伟

中国纺织出版社有限公司出版发行
地址:北京市朝阳区百子湾东里 A407 号楼　邮政编码:100124
销售电话:010—67004422　传真:010—87155801
http://www.c-textilep.com
中国纺织出版社天猫旗舰店
官方微博 http://weibo.com/2119887771
北京虎彩文化传播有限公司制版印刷　各地新华书店经销
2019 年 12 月第 1 版第 1 次印刷
开本:710×1000　1/16　印张:15.5
字数:271 千字　定价:62.00 元

前　言

　　俄语教学是我国高等教育外语教学的重要组成部分之一。随着我国与俄罗斯及独联体国家的合作越来越趋于多元化,俄语学习已经成为一种趋势。进入 21 世纪以来,高校教育进行了一系列的改革,内容涉及教学大纲、教学模式、教材和网络教学平台、教学评估、师资队伍等诸多方面。为确保俄语教学改革的顺利进行,教育部高教司将其列入年度工作重点,并采取了全国性宣讲、设立专项教改研究项目、确立教改试点单位和遴选教改示范点项目学校等措施。与此同时,全国广大一线教师也积极探索,勇于实践,取得了令人瞩目的成绩。但在另一方面我们也必须认识到,俄语教学工作仍然存在着不足,离国家和社会的要求还有一定的差距,且近年来面临着修读学生减少等问题。为适应我国高等教育发展的新形势,进一步提高俄语教学质量,笔者总结近年来俄语教学改革的经验,特此撰写了《俄语教学理论与实践》。

　　本专著以学科建设的理论性与实践性的紧密结合为原则,以语言学、语用学、文化语言学、跨文化交际学等为理论依据,用浅显的文字循序渐进地阐释俄语教学理论与实践的相关知识,以求能够给进一步深入实践研究的读者提供一些可供借鉴的资料。因此,本专著共分为六章。第一章对俄语教学理论及其具体现状进行了分析。第二章阐述了现代外语教学法的主要流派与特点。第三章对俄语教学中的语言知识与言语技能进行了探析。第四章对俄语知识教学与技能培养进行了探析。第五章介绍了互联网下的俄语教学。

　　本专著条理清晰,层次分明,语言简练,图文并茂,重点突出,详略得当,内容具有极强的针对性和实用性,旨在切实培养和提高学生的俄语应用能力,是一本具有鲜明特色的俄语教学专著。

　　本专著在撰写的过程中,参考了许多国内外相关文献资料,在此,对相关作者表示衷心的感谢。由于受水平、能力及视野的影响,加之材料来源及实践感悟的局限性,本专著难免有疏漏之处,敬请专家、同行及广大读者指正,以便今后更加完善。

著　者

2018 年 8 月

目 录

第一章 绪 论

第一节 教学法的基本概念

外语教学法体系或外语教学法（Методика иностранного языка）是一门以研究外语教学理论、教学实践、外语教学过程和教学规律为对象的独立、普适的科学。外语教学法体系（以后也简称外语教学法）依据哲学、人类学、教育学、语言学、心理学和社会学等学科的科学理论成果，对外语教学实践过程中出现的各种现象做科学的分析和解释，并总结、概括出外语教学的规律，形成自身独立的科学体系，并指导外语教学再实践。

外语教学法的概念有狭义的和广义的两方面：狭义的是指个别的教学方式和方法，广义的指的则是外语教学方法体系。本书论述的外语教学法即指以它的本质、内涵、现状、流派等为研究对象的整套外语教学方法体系。

外语教学问题是外语教学法的研究范畴。虽然人们学习别国语言已有很多世纪，但教学法的发展却并不是那么久远。

外语教学法涉及的问题相当广泛，包括对外语教学对象的阐述、心理学问题和教学技艺问题。

对语言材料选取（选什么？）及语言材料在教材与课堂中提供方式的研究，是根据下列方面进行的：

教学目的（为什么这样制定教学目的？ 这样制作教学目的针对的是什么？学生要完成什么言语活动？）；

教学时间（即教学活动持续多长时间？）；

课时密度（每周几课时？）；

语言掌握水平（语言掌握达到什么水平？）。

此项研究的目的是研究如何向学生提供言语材料，如何根据学生的不同类型巩固所学材料，如何引导学生进入自然交际。

外语教学法中的永恒问题是：

1）教学的目标是什么？如何根据这些目标选择言语材料？

2）有哪些手段和方法能够促使目标实现？

3）如何将目标始终如一贯彻到底？

4）怎样依据外语教学法检查教学效果？

一、原理

当代外语教学的基本原理是：

1）教学的交际实践指向性。

2）功能化法，即将现实题材、情境、问题纳入教学，使教学活动贴进自然交际条件。

3）教学的阶段性和循环性。

4）教学的个性化，即要考虑到学生的交际需求和个性特点。

5）计及说、听、读、写等各种言语活动相互作用下的特点与整合，形成能产与再现性言语活动技能。

6）对语言学习中自觉和不自觉过程产生作用。

7）学生本族语对所学语言的影响。

二、知识、技能和熟巧

在当代外语教学法文献中，经常遇到诸如知识、技能、熟巧这些概念。众所周知，语言知识不能直接让人使用该语言说话。为了开口说话，要自动地完成言语行为，即应当形成言语熟巧。而即使这样，要进行交际仍然是不够的。因此还要学会用知识和熟巧表达自己的思想，对交谈人做出回应，即应当养成技能。

例如，教师讲解表达地点意义的名词第六格（前置词格）的构成之后，让学生将下面这些名词构成前置词格：

Париж——в Париже；

Москва——в Москве；

Почта——на почте；

Общежитие—в общежитии.

在这种情况下,前置词格的知识才能获得并得到巩固。然后教师给出一系列练习,以使这一语法形式在言语中能够无意识化:

Где вы родились? ——В Вашингнгтоне. В Петербурге...

这样才在个人语境中培养了应用这一语法形成的熟巧。接下来是培养在自由言语中运用这一语法形式的能力。教师让学生分别演练要求使用该前置词格的情境:

Познакомьтесь друг с другом, расскажите, где вы родились, жили, иучились?

于是,情境得以扩展和深化,使熟巧转用于新的情境。

三、能力

现在通常认为学生应当形成的三种能力:

1)语言能力——对语言的理解和认识(美国文献中称为表意能力)。

2)言语能力——按规则构成言语的熟巧与技能。

3)交际能力——用外语与不同的人在不同的场合进行交际的熟巧与技能。

交际技能即用言语手段(工具)解答非言语题的技能受到特别关注。当代外语教学法对此给予了格外重视(言语能力和交际技能在英语教学法文献中称为加工能力)。

各种能力错误举例:

对时间问题——"Который час?",学生回答:

1)"Без пятнадцать минут два часа."

语言错误,数词形式不对,但言语和交际能力全有。

2)"Пятнадцать минут до двух."

言语能力错误,通常不这样说,尽管句中有语言和交际能力显示。

3)"Он был вчера."

语言和言语错误都没有,但交际能力失调,因为学生未听懂问题,即交际未发生。

四、动机、意向和目的

为了理解为什么当代外语教学法更偏重于在教学中采用交际法这一问题,

需要了解言语产生机理的哪些方面呢?

首先,言语的产生必须要有说话的愿望或需求——动机(例如,我想吃东西,但不知道该吃什么,我便会产生就此询问的需求)。动机又产生出意向即可以使目的实现的途径,比如:①我应当问该吃什么;②我应当抱怨说我饿了;③我可以请求吃东西。途径的选择取决于多种因素(在何处与谁说话,我与他的相互关系等)。选好途径后,说话人即可通过一定的言语观点或非言语行为实现意向。如果产生了请求吃东西的意向,这一意向可以在言语中这样实现:①能吃点什么该多好啊!(Хорошо бы поесть!);②让我吃点东西吧!(Дай мне поесть что—нибудь!);③能吃点什么吗?(Можно съесть что—нибудь?);④我们这儿有什么吃的吗?(У нас есть какая—нибудь еда?)如图 1-1-1 所示。

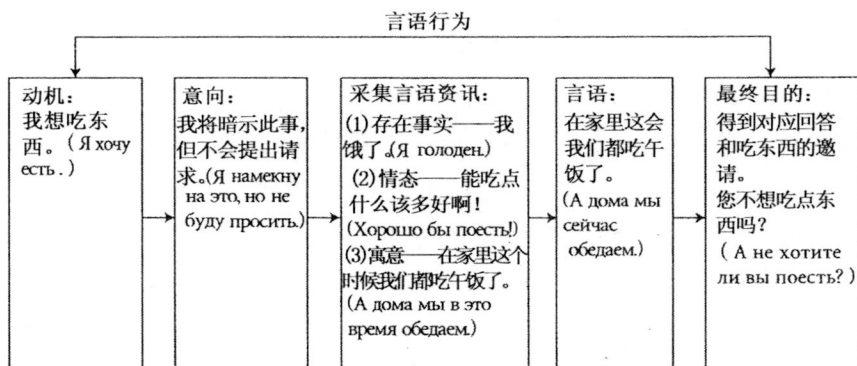

图 1-1-1　言语产生机理

言语既可以用于实现言语目的,也可以用来实现非言语目的。换句话说,我们说话是为了借助言语解决一切可能产生的问题。例如,与别人交流知识,说服别人,支配他们的行为,表达自己的意见和情感,进行劳作等。

外语教学法非常重视言语的动机化(如何引发学生的说话需求)和目的拟定(如何教会学生设计用以解决既定目的的言语),由此在各种教科书上可以看到这样一些习题:"Вы голодны, попросите поесть(в ресторане, у друга и т. д.)"

对教学来说,最重要的是了解各种言语行为的言语外动机。这使得有可能在考虑课外自然情境的情况下组织课程。

第二节 俄语教学的本质特征及学科体系

中国俄语教学的性质与俄语使用国家对外俄语教学及世界上其他国家的俄语教学都不同。虽然中国俄语教学的教学目的与别国俄语教学目的基本一致,但是中国俄语教学有相当大的独立性,它是一个封闭型的控制系统,即由中国教师任教(高等学校聘有国外专家),使用本国编写的教材(近年引进国外教材,但不做主要教材),自己的大纲,自己的培养目标,自己的测试系统,学习者没有自然的语言环境,也鲜有赴俄学习经历等。因此,中国俄语教学进行得非常艰难(俄、汉语言差异极大)。

一、俄语的特点

(一)俄语是国际重要语言之一

现在全球人口约 76 亿,使用的语言有 5 000 多种,有超过 2.5 亿人在使用俄语。俄语不仅使用范围很广,而且是联合国的六种官方语言之一,其重要性不言而喻。

俄语按其来源属印欧语系（индоевропейская семья）中的斯拉夫语族（славянская ветвь）中的东斯拉夫语支（востокославянская группа）。俄语和任何一种民族语言一样,也分标准语和方言。俄罗斯标准语形成于十五六世纪,现代俄罗斯标准语指 19 世纪以来的俄语。俄语就其结构是屈折语（флективный язык）或综合语（синтетический язык）,靠内部屈折(词根中音位替换)和外部屈折(词尾变化)形成语法形式。例如,перепис—ать—перепиш—у,лампа—лампу。按照语法关系的方式俄语也称综合语,因为词与词的关系以词本身的形态变化来表示。如例句"В прошлом году я поступил в консерваторию"中的词形变化。然而,俄语也使用分析方法(用虚词和词序表示语法意义)。有着上述特征的俄语是世界上十大语系中有代表性的主要语种之一,在当今国际交往中的作用不可低估。仅就科投资料为例,俄文科技资料占世界科技信息总量的 80% 以上。尽管苏联已经解体,俄语在东欧、蒙古及前各加盟共和国的地位有所改变,但是,俄语作为世界通用语的地位不会动摇。

（二）俄语是一种富于形态变化的语言

俄语是世界上优美而丰富的语言之一（词汇 10 余万），是一种富于形态变化的语言，掌握俄语对于以汉语为母语的人来说是比较困难的。汉语在语言谱系上属汉藏语系，与俄语所属的印欧语系是两种完全不同的语系。俄语是屈折语，形态变化发达，汉语基本上无形态变化，是根词语，用词根构词。我国大学生学习俄语时（对零起点学生来说）已经完成了两个阶段的汉语学习：第一阶段是从出生到上小学以前的学龄前时期，学习口语；第二阶段是从进小学到中学毕业，主要是发展书面语，口语训练在于促进语言规范化。一个大学生习惯于母语（汉语）思维已经 18～19 年，即使在中学学过俄语的学生，俄语思维能力也是很微弱的，所以，学习俄语要建立第二语言系统。

学生学习俄语的经历表明，自身的汉语水平与自身的外语水平呈正相关。著名捷克教育家、教育科学的创始人、语言教学法的奠基者夸美纽斯（Коменский）在 1638 年曾写道："……想教那些还没有掌握本民族语言的人学习一门外语，就如同有人想教一个不会走路的人骑马一样……我们的教学法认为教那些还不懂自己民族语言的人学拉丁语是不合适的，因为我们的教学法确定本民族语言有助于学习另一种语言，并起向导作用。"不过，由于语系的巨大差异，汉语对学生学习俄语有很大的干扰性，使学生的"汉化"毛病严重，不容易在口语、书面语方面接近"地道"，当然，这和学生的学习条件有很大关系。

二、我国学生学习俄语的特点

这里所谈的我国学生学习俄语的特点也是学习俄语的难点。

（一）难以掌握俄语句子结构

众所周知，俄语中名词变格，动词变位，时、体的变化等都是我国学生学习中的"拦路虎"，句法结构的运用，组织基本句式的能力是我国人学习俄语水平总的标志。辞藻简单贫乏远不及句子结构混乱，不符合俄语语法规则所造成的危害大，教师常常提醒一些学生："По—русски так не говорят."。教师所指出的在相当多的情况下是句式上的问题，学生会在一段时间不能按照俄罗斯人的语言习惯去组织句子。

不论各种词形怎么变化，都是为了构成句子服务的。结构方面，俄语句法（синтаксис）因为述谓核心数量的不同而分为单句（простое предложение）和复句（сложное предложение），单句按主语和谓语是否同时出现分为单部句（односоставное предложение）和双部句（двусоставное предложение），按句子中有无省略成分分为完全句（полное предложение）和不完全句（неполное предложение），按句子有无呼语、插入语、独立成分、同等成分等分为繁化句（осложнённое предложение）和非繁化句（неосложнённое предложение），按是否含有次要成分分为扩展句（распространённое предложение）和非扩展句（нераспространённое предложение）；复句又根据联系性质分为并列复合句（сложносочинённое предложение）和主从复合句（сложноподчинённое предложение）。

繁杂的句式，以及在中文句中不存在的一致关系和支配关系在俄语句式结构中的普遍使用，使得学生在学习时难以理解、使用时极易出错。

例如，汉语的"回答问题""请教问题""思考问题""讨论（某一）问题""涉及某一问题"在俄语表达中均有支配关系，均有格的形式："ответить на вопрос"，"обратиться с вопросом"，"думать над вопросом"，"поговорить по вопросу（о вопросе）""касаться вопроса"。俄语及物动词要求的一、四格，不及物动词要求的二、三、五、六格（带前置词或不带前置词），我国学生经常混淆，张冠李戴。

（二）需要积极地排除汉语句子结构的干扰

我国学生学习俄语的另一个特点是需要随时注意排除汉语的干扰。学生已经习惯了的汉语表达方式，常常沿用到俄语学习之中，造成汉化式的俄语错误。汉语有 5 种句法结构关系：代表了汉语词组、短语、句子及复合词构成的方式：①联合结构（如"愉快而幸福"）；②偏正结构（如"伟大的祖国"）；③动宾结构（如"学俄语"）；④补充结构（如"听清楚"）；⑤主谓结构（如"红旗飘扬"）。在汉语句子结构中有许多结构是俄语中少见的，如汉语中广泛使用的动词谓语句中的连动句、兼语句在俄语中只能用主从复合句表示，如果按照汉语的习惯去组织俄语的句子，就会产生错误。

连动句指两个动词或动词短语共用一个主语，有些句式对俄语表达不造成影响，如"下午我们去商店买东西。"有些则不然，如"大家听了这个消息都非常高兴。""书放在宿舍没带来。"兼语句指谓语由一个动宾结构和一个主谓结构套在一起构成,前一个结构中的宾语兼做后一个结构中的主语。如"你请他来。"汉语中一些兼语句在俄语中有相应的表达方式。例如,"这个消息使我很高兴。""请他跳个舞。""先让大伙提提意见。""大家都嫌他说话啰唆。""同事们喜欢他办事公道。"……学生不易出错。另一些兼语句要用俄语自身的表达方式,不能套用,这非常值得我国学生注意。如"我看见他来了。"(俄语为:"Я увидел,что он пришел.")"他叫我今天下午去开会。"(俄语为:"Он мне сообщил,что после обеда будет собрание.")"我还有一个哥哥在北大物理系教书。"(俄语为:У меня другой брат работает преподавателем на факультете физики Пекинского университета)我们常见到学生有这样的错误:"Вошел в магазин я увидел отдел готового платья."[应为:Когда вошёл в магазин(Войдя в магазин),я увидел отдел готового платья.]

三、中国俄语教学的特点

(一)语言形式的教学时间长,并且贯彻全部教学阶段始终

中国俄语教学将语言形式的教学视为根本,理由有二:其一,俄语语言体系复杂,需要系统地教授才能使学生获得完整的知识和基本技巧。俄语言语表达完全呈现在纷繁的形式变化之中,不掌握变化规则,口、笔语交际寸步难行。其二,在中国进行俄语教学有一些不够理想的主、客观条件,我国学生学习俄语的困难较多。如果语言形式的教学分散进行,口语为主,句型为主,归纳法等不足以保证我国学生打好语言基础。

1984年苏联出版的教材《СТАРТ》共18课,供初学者(100学时)使用,教材生动有趣,称得上是好教材。但是,语言规则的安排是不系统的,名词变格按一、四、六、二、三、五的先后次序,动词变位以句型的形式出现,在适当的时候介绍代词的变格、基本数词及时间的表示法,并将其融合在交际性的对话之中。分两次进行的语法归纳仍避免不了许多语法规则的问题的出现,如在学习关于第一格用法的交际对话时很难不涉及其他语法现象,"Это мой родной город."这样一个简单的句子存在"一致关系"的问题。因此,不如系统教授语言规则。需要说明的是,语言形式的训练不是为训练而训练,它一开始就与功能模拟交

际结合起来,只有使语言形式的训练尽可能在情景中进行才有生命力。我国俄语教学的第一个特点涉及语言形式和功能、语言知识和技能、理论和实践、语言和言语等矛盾的对立统一。在教学实践中应当指出,对一种语言形式的理解和掌握反映人的一种文化修养。

(二)交际能力的培养有侧重

学习俄语的学生与学习英语的学生相比,具有开口晚,开口难,口头表达较为准确但结结巴巴或者较为流畅但错误较多等特点。要达到阅读能力强、书写水平高、听力反应快而准、说话流利而无误绝非一日之功。而真正达标者寥若星辰,俄语水平高的人初到俄罗斯最大的感受是少一双"俄语耳朵"。从全国俄语教学来看,"五会"能力的培养要根据教学目的和教学时间而有所侧重,公共俄语应当以培养兴趣为主,其他兼顾;实用性很强的训练班应以其培养目标(如经贸翻译、导游等)为主,其他兼而有之。专业俄语培养胜任口、笔语工作的应用型人才,则应"五会"并重,但是要求应当符合实际。对于零起点的俄语专业学生来说,只学 4 年时间要达到很高的水平是不现实的。

(三)采用灵活的教学法

俄语教学不可能有统一的主导的教学法,这是由下列因素导致的:①俄语和汉语差异大;②俄语教学缺乏自然语言环境;③教学目的多种多样;④师资力量参差不齐;⑤学习者人数众多,但是水平不一;⑥教学手段落后。俄语教学将根据不同的教学目的、教学对象、教学条件采用灵活而合理的教学方法,吸取世界上各种教学法的长处,博采众长,取长补短,探索出符合自身教学实际,从而产生良好教学效果的教学法。

四、对俄语教学法本质的认识

俄语教学法作为科学还很年轻,正在不断地发展与完善。经过上面内容的讨论我们可以得到以下的认识。

(一)俄语教学法是一门独立的科学

独立科学的确立是由专门的研究对象决定的。俄语教学法的研究对象是俄语教学的规律及如何运用规律搞好教学的方法。

一方面,俄语教学法有许多相关科学,这些相关科学的基本原理有助于揭示和解释俄语教学过程的本质,这些科学原理能够深化俄语教学原则,丰富俄语教学原则。这样,俄语教学法就不仅仅是单纯地研究语音、语法、词汇的教学,听、说、读、写、译的教学,更是通过研究教学两个主体(学生、教师)的教与学的心理过程,研究完成上述任务过程中的重要心理现象:动机、兴趣、感知、记忆、思维、想象、情感、意志、注意及个性差异(气质、性格、能力)等,以此来研究俄语教学。俄语教学属于语言教学,俄语教学是教育实践,因此,语言学和教育学直接指导俄语教学法。

哲学是任何科学研究的基础,是指示万物规律的。美学则指导我们将俄语教学推向美。俄语教学法的相关科学不仅是在介绍俄语教学法的时候被提及其重要意义,而且它们在俄语教学实践过程中是无所不在的。

另一方面,相关科学对于俄语教学法来说,是精神,是原则,它们替代不了俄语教学本身,也解决不了俄语教学的全部问题。所以,在这本书里要专门探讨诸如基本功训练问题、交际能力培养问题等。

(二)俄语教学法既研究理论,又研究实践

苏联著名学者、教学法专家 B. 柯斯托玛洛夫和著名教学法专家 O. 米特洛方诺娃(О. Д. Митрофанова)在一篇以《教学法是一门科学》为题的文章中说:"目前教学法的研究成果在书刊中广为介绍,但是在教学过程中应用很少。"他们指出,在研究方面还存在一般化的弱点,没有区分出规律性的东西。在实践方面,教师个人的成功经验在试图成为大家都适用的做法时,就没有多大效果了。

这些话令我们深思。俄语教学法必须研究理论,没有理论,行动无章可循,好像航行见不到灯塔。俄语教学法必须研究应用,但是它不是教学个别经验的堆砌,不是局部的、不是偶然的,是俄语教学经验的升华,可以仿效,但又给予个人创造的余地。

总之,俄语教学法不是纯理论的,是具体化了的理论;俄语教学法不是纯应用性的,是抽象化了的实践。

第三节 俄语教学的作用以及与相关学科的关系

一、俄语教学与哲学

哲学是人们对于整个世界的根本观点的体系,指的是辩证唯物主义和历史唯物主义,哲学可以指导任何一门学科的研究。这里我们将俄语教学工作与哲学联系起来,进行俄语教学法的哲学思考,是很有必要的。

(一)思考之一

俄语教学法应当符合辩证唯物论,摒弃主观唯心主义。辩证唯物论是马克思主义对世界看法的理论,它是唯物主义的,不是唯心主义的,也不是机械唯物主义的。按照辩证唯物论的原理,俄语教学要尊重客观实际,也就是尊重世界发展的实际,世界外语教学的实际;尊重我国实际,尊重俄语教学自身的实际。教学中的主观主义表现为保守主义、经验主义、盲目乐观、安于现状。例如,①对国内外外语教学(俄语教学)中的新事物、新进展不感兴趣,对于教学改革持消极态度;②"既不做鸡中鹤,也不做鹤中鸡。"不求有功,但求无过,主观能动性没有得到发挥;本来可以做到的事情,也因为看不到教学实际中的潜力而没有去做;③对教学中存在的问题视而不见,比上不足,比下有余,心安理得,盲目乐观;④唯条件论。夸大自身教学实际的特殊性,强调条件不具备而不去改进教学。

作为俄语教师我们应当尊重的客观实际是:第一,世界发展的实际。当代科学发展越来越走向微观(微粒子世界)。科学理论越来越抽象化、符号化、教学化,需要借助理想实验、模拟方法、纯逻辑方法。20世纪40年代诞生的系统论、信息论、控制论都是以教学作为基础理论和研究方法的。我们应当进一步认识到外语教学(俄语教学)对科学发展的依赖性,时代向我们提出了教学内容的更新,教师知识结构的更新,师生知识结构的转化,以适应社会高度发展的需要。第二,世界外语教学的实际。人类交往的内容和过去不同,语言使交际工具这一概念有了深层的新的含义。世界外语教学为造就21世纪优秀的外语人才而优化教学思想,改造教材,改革教学组织、教学方法,如果我们总"以不变应

"万变",将会被时代所淘汰。第三,中国实际和中国俄语教学实际。中国俄语教学要立足于中国实际的问题,我们反对不顾中国国情的主观主义态度,也反对只强调自身特殊性的唯条件论。

(二)思考之二

俄语教学法应当符合唯物辩证法,摒弃形而上学。唯物辩证法是认识世界的方法,是辩证的,不是形而上学的。辩证唯物主义既是世界观,又是方法论。俄语教学要尊重辩证法则是指:将俄语教学看成一个多种矛盾的统一体。俄语教师要运用对立统一的规律把握俄语教学中的主要矛盾,推动其他矛盾的解决,使俄语教学在矛盾的运动之中提高水平。唯物辩证法注重联系的法则,运动的法则,质、量互变的法则,对立统一的法则。

在我们的教学工作中形而上学的现象是存在的。例如,①孤立地看待教学中的各种矛盾,或排斥,或依赖,因而产生悲观失望情绪;或者因分不清主、次、内、外、偶然与必然,在解决矛盾时眉毛胡子一把抓,结果事倍功半;②习惯教学中的静态,不习惯教学中的动态。按照唯物辩证法的观点,俄语教学不可能静止不动,不可能多少年如一日,静是相对的、暂时的,教学的变革是绝对的、长久的。俄语教学中存在着如下矛盾:①教学目的和教学时间、教学条件的矛盾;②教师和学生的矛盾;③俄语和汉语的矛盾;④语言和言语的矛盾(语言知识和言语技能的矛盾、理论与实践的矛盾、语言形式与语言功能的矛盾、机械练习与言语交际练习的矛盾等);⑤基本功与交际能力的矛盾,基本功与知识面的矛盾(精与泛的矛盾、基础与提高的矛盾);⑥口语与笔语的矛盾(听、说与读、写的矛盾);⑦理解与表达的矛盾(听、读与说、写的矛盾)。我们不应当惧怕矛盾,而应当正视矛盾,看到它们是联系密切的、变化的、转化的、统一的。

二、俄语教学法与语言学

语言学(языкознание,лингвистика)是俄语教学法直接的科学基础。语言学是研究语言的本质、语言的结构(语音、语法、词汇)、语言的起源和发展、语言的分类的科学。语言学帮助我们认识不同语言的共核,认识语言的一般规律。关于语言的本质是争论了很久的问题,辩证唯物主义认为,语言是一种特殊的社会现象,是人类思维的工具和最重要的交际工具,是一种音义综合的符号系统。"思维工具""交际工具"是语言的功能特征,"符号系统"是语言的结构特征。

俄语教学法与语言学的相关性在于以下方面。

(一)"语言是最重要的交际工具",阐明了语言教学的最终目的

列宁指出:"语言是人类最重要的交际工具。"这句话揭示了语言的本质特征及其在交际工具中的地位。

人类的交际工具有语言、文字、棋谱、红绿灯、电报代码、教学符号、化学公式、伴随语言手段等,其中语言是人类最重要的交际工具。语言已有几十万年的历史,文字是在语言基础上产生的,它从属于语言的发展、变化。上述其他形式的交际工具服务领域很窄,离开语言与文字不能独立生存。

中国俄语教学法过去和现在都是以"语言是最重要的交际工具"为指导思想的,只是对"交际工具"内涵的认识有不同。在这个问题上认识的渐进在苏联俄语界也是如此。过去大家认为掌握了语音、语法、词汇规则就是掌握了俄语这一交际工具,这样,将学生的言语交际能力的培养放到了学生走出校门以后。近些年我们在俄语教学中贯彻了交际性原则,对语言是最重要的交际工具的理解逐渐深刻,重视了课堂教学的交际化,以培养学生基本的、未来工作所需要的交际本领。将交际作为手段去达到掌握俄语这一交际工具的目的,使学生通过听、说、读、写、译获得听、说、读、写、译的言语交际能力是大家的共识。

(二)"语言是思维的工具",阐明了语言训练和思维的关系

语言是物质的,思维是观念的,各民族语言不相同,而思维是共同的。语言结构和思维结构不相等,语言发展规律和思维发展规律也不相同。

语言是思维的工具,语言形成思维、表达思维,使交际对象产生共同的思维活动,思维不能脱离语言,没有语言,思维活动不能进行。但是语言也离不开思维,没有思维活动,语言也就没有存在的必要。语言有两个功能,既是人类交际的工具,又是人类的思维工具。

以上简明的原理告诉我们,在俄语教学中应当遵循如下内容。

1)人类思维有共性。如果学生学习俄语时只知道它和自己母语的巨大差异,而不知道人类思维的共性,就会增加学习的困难。而如果使思维的共性为

我服务,就可以增加学习中的积极因素。

2)用俄语思维才能自如地用俄语进行交际,而做到这点是一个漫长的过程。教师认识到思维对俄语交际的制约作用后则需要有计划地、积极地帮助学生了解俄罗斯人表达思想的语言特点。并且从模仿入手(背诵有关语言材料十分有益)到自由运用。

3)在俄语交际中学习用俄语思维。要培养俄语思维能力,只掌握语音、语法、词汇规则是不够的,俄语思维能力的培养必须在听、说、读、写的言语实践活动中进行,必须和接近真实的交际练习综合起来,才有亲临其境的感受。所以,自然俄语环境是培养俄语思维的最好条件。当我们能够纯正地、流利地用俄语交际之时,也是我们能用俄语思维之日。

(三)"语言是一个符号系统",阐明了语言的内部规律

语言符号系统是语言结构上的本质特征。符号是一种标记,用来传递信息,语言也是一种符号,它具备了符号的全部特点:代替性(音义结合)、任意性(约定俗成)、统一性(语言是一个规则系统)、规定性(不能随意更改)。语言又是一种特殊的符号系统,一般的符号系统长期不变,语言这一符号系统要随着社会的变化而变化,随着社会的发展而发展。语言作为符号的几种特性使我们认识到,学习一种语言就要尊重这一语言的自身特点,将"约定俗成"看成自然的事情,细心观察这一语言的特色,培养对这一语言的语感。

语言学的分支"应用语言学"(прикладная лингвистика)、"心理语言学"(психолингвистика)、"社会语言学"(социолингвистика)都和外语教学法有关。"应用语言学"研究语言学习、语言教学、言语病理、口语翻译、笔语翻译、计算机语言、词典学等。"心理语言学"研究儿童母语习得的过程、语言学习和使用的心理过程、母语教学和外语教学等。"社会语言学"研究语言的社会性、语言的社会功能、语言和文化、社会交际中使用语言的特点等。以上这些新学科均从不同的侧面为俄语教学法研究提供了科学依据。

三、俄语教学法与教育学

(一)教育学研究的对象

俄语中教育学(педагогика)这个术语起源于古希腊,它的含义就是关于教

育的科学。古希腊曾有一批奴隶,专门陪伴贵族的孩子上学和服侍他们,当时称他们是"带领儿童的人"。后来,对儿童进行教育和教学的人就称为"педагог",进行教育的专门科学称"教育学"。

然而,教育学的故乡在中国,外国人写教育思想史把中国放在第一位,孔子之后才是苏格拉底、柏拉图等。2 000多年前孔子就提出启发式教学,因材施教,学的概念源于孔子,"教育"二字出于孟子。当然,不能据此否定近代中国的教育和教育理论的滞后,这和我国过去的社会发展,文化、经济、科学、技术的发展有关。

教育学的研究对象可以分四个方面:①教育的一般理论;②教学理论(教学法,дидактика);③教育理论(德、智、体、美育);④管理科学等。下面着重谈谈与本书命题关系密切的教学论。

(二)教学论是俄语教学法的科学基础

教学论是俄语教学法的科学基础之一,因为教学论而提出的教学总论是任何教学活动都应当遵循的普遍规律。我们应当首先是一个合格的教师,然后才是一个合格的俄语教师,我们使课堂教学符合俄语教学规律之前先要符合一般的教学规律。俄语教学法首先要符合一般教学论的原理。

教学论是专门研究教学规律的一门教育科学。科学教育学的创始人、语言教学法奠基人、著名的捷克教育家夸美纽斯拉把自己论述学校教育的著作称为《大教学论》(《Великая дидактика》),教学论在很长时期是指导各科教学的唯一科学。后来,在它基础上产生了各种课程的教学法,俄语教学法是其中之一。这样,教学论就成了分科教学法的基础。

(三)俄语教学法应当遵循的教学论的基本原理

"教学是一个特殊的认知过程",这是教学论的一个最重要的基本原理。教学工作的实质是教师通过自己的努力把一定的人类社会历史经验转化为学生个体的精神财富。

教学的认知过程有自身的特点:

1)学生通过教科书学习人类长期积累的经验,通过书本学习的知识有间接性,学生认识世界与人类千百年认识世界是不同的,他们可在很短时间内学到前人经过漫长的岁月才获得的知识。马克思曾说"再生产科学同最初生产科学所需要的劳动时间是无法相比的"。例如,学生在一小时内就能学会二项式定理。

2)教师指导学生的认知过程。学生有教师引路,而科学家、实际工作者是自己去探索科学的。

3)学生在认知过程中得到全面发展,学习知识,发展能力,培养良好的个性品质。而一般人的认知过程则以认识事物特征、完成一定的工作为最终目的。但是实现上述目标不可一蹴而就。

综上所述,进行俄语教学,一方面,要认识到教学过程的特殊性,既要重视书本,重视知识,又要重视实践,培养能力,同时将思想教育融于教学之中;另一方面,由于学生知识的间接性所固有的消极因素容易使教学过程简单化,教师的语言规则满堂灌,不去注意学生的特点,收不到教学应有的效果。

(四)俄语教学法中的教学论原则

俄语教学法应当包括以下教学论的基本原则(传统的教学论基本原则)。

1. 系统性原则

教学应当是循序渐进的、系统的、连贯的。宋代朱熹说,读书要"循序而渐进,熟读而精思"。这一原则的确定是由于知识本身是系统的,教学认知活动是有顺序的。

教学实践证明,杂乱无章、断断续续地传授知识不利于学生牢固地掌握知识,不利于获得解决问题的能力。教学中出现了违反这一原则的现象时往往要设法补救,恢复教学的系统性。在贯彻系统性原则时应当突出重点和注意灵活性。系统性不是一成不变的,不是形而上学的。俄语教学中知识的传授应当具有相对的系统性。

2. 直观性原则

直观教学也称实物教学,形象化教学,直接观察教学。夸美纽斯说:"可以为教师们定下一则金科玉律。在可能范围内,一切事物都应该尽量地放到感官的跟前。"这一原则的确定是由于教材是人类间接经验的结晶,较为抽象、空洞。同时,学习者是青少年,他们的思维是由形象思维占优势过渡到抽象思维占优势。

俄语教学中(特别是在基础阶段)实物、板书、形象化的语言、比喻等能激发兴趣,可以优化理解和巩固知识,促进思维的发展。直观性原则为教学带来生机。神经生理学家认为,手势、图画、生动的实物对于沟通学生的非语言方面的联系是十分有效的。直观性原则是现代教育、教学原则。

3. 巩固性原则

我国几千年传统教学实践均强调知识的熟记。在西方,夸美纽斯说,没有巩固知识就等于"把水泼到一个筛子上去"。确立这一原则是因为记忆能够巩固学生所学的知识。而巩固知识,形成技能又需要实践。俄语教学中学生言语技能是在大量的机械性的、交际性的练习中形成的。定期使用不同的形式复习所学知识、定期测试是巩固性原则的充分体现。

4. 量力性原则

量力性原则又称可接受性原则。这一原则的确立是因为教学内容和教学组织要符合学习者的生理、心理特点和知识水平。我国古代墨子说:"夫智者必量其力所能至而从事焉。"俄语教学中要防止两种倾向,一是学生负担过重,疲于奔命,最终还是没有能掌握好言语交际本领;二是对学生的潜力估计偏低,教学没有难度,学生得不到探索、创造的乐趣。这些都是忽视可接受原则的结果。

还有不少数学论原则我们这里没有提及。现代教学论特别强调开发智力、培养能力的原则,考虑个别差异、因材施教的原则,这些问题我们将在以后的章节里讨论。苏联著名教育心理学家 Л. 赞可夫(Л. В. Занков)提出的高难度、高速度教学原则旨在发掘学生的学习潜力,使学生个性得到良好的发展。苏联著名教育家 Ю. 巴班斯基(Ю. К. Бабанский)提出的教学过程最优化的原则,人(教师和学生)和物(教学物质条件及教学心理条件)的完整系统,旨在优化组织教学过程,以师生的轻负担最佳完成教学任务。

苏联著名的教育家 В. 苏霍姆林斯基(В. А. Сухомлинский)提出的和谐教学原则主张学生在学习过程中生动活泼地学习,快乐地成长,有充实的精神生活,这对俄语教学是有启迪作用的。

四、俄语教学法与美学

通过前面的讨论我们会意识到教师在某种意义上是一名心理学家、哲学家、语言学家、教育家,通过俄语教学法与美学(эстетика)的讨论我们的结论是:

教师是一名艺术家。

过去我们作为外语教师对外语教学与美学的关系了解很少，因此也就谈不上用美学原则来指导教学。如果我们按照美的规律组织外语教学，就能够使教学成为美的教学，使教学给人以美感，使教学具有审美价值。美的教学是教学优化的集中体现，是外语教学的最高水平、最高境界。这里我们打算用较多的文字描述外语教学与美学的关系，因为这是我们外语（俄语）教学的美的理想，我们是要实现这一理想的。

美学是哲学的一个分支。顾名思义，美学是研究美的科学，它的研究对象主要是美的本质、美感、美的形式、美的创造、美育等。世界上对美的探讨有两三千年的悠久的历史，是从希腊和中国先秦开始的。但是美学作为一门科学只有 200 多年的历史。德国哲学家和美学家鲍姆加登于 1750 年正式发表了《美学》一书。最早的美学是研究感性认识的科学，与当代美学概念不完全相同，自从康德（Кант）、黑格尔（Гегель）的美学著作问世以来，美学的科学体系才得到确立。马克思主义美学认为美的本质特征是：①美是人类社会的产物，在人类社会以前不存在美；②美在人的创造性实践中产生；不是人的所有的实践活动都是美的，人们的美感也是在改造主客观世界的创造性活动中形成的。凡能引起美感的事物一般具有审美价值；③美是实在的、人能感觉到的。

美的形式很多，如自然美，包括无机界自然美、动物美、植物美、宇宙美等；社会美，包括社会产品美、社会人美等。艺术美是美的集中表现，是艺术家创造性劳动的结果。例如，人们去看电影、听音乐、欣赏绘画，这是因为艺术品是创造性劳动的产物，比生活更典型、更深刻、更美。

综观世界上美的事物，我们会意识到其一大特点是和谐。它们自身所包括的组成部分均在各自最佳位置上，相互平衡、协调、统一。如我国故宫建筑风格之美。任何一种美的实践活动最大的特点是自由，给人可以驾驭实践活动的自由，是人的实践技艺的娴熟，炉火纯青，是人从必然走向自由，如成功地发射人造卫星。此外，任何一种美的实践活动都是愉悦的，它给人以美感，这样的实践活动对人来说，是一种享受、是一种乐事，如美术家作画。应当说，美的实践活动已不再是人的负担，而是人的一种自觉需要。

成功的教学是美的、和谐的；不成功的教学是不美的、不和谐的。不和谐的教学表明：教师与学生这两个教学活动的主体不能自由地驾驭教学过程的各种因素、各种矛盾。这里的许多矛盾相互撞击着、妨碍着,统一不起来,教学效果必然受到影响。

（一）俄语教学与美学的相关性

1. 俄语教学与美学有相通之处,美学原则能够指导俄语教学美的创造

俄语教学和其他外语教学一样既是一门科学,也是一门艺术,一门教授俄语的艺术。称俄语教学为艺术,是因为外语教学是复杂的高技艺的教学实践,是创造性的实践。俄语教师要精通自己所教的外国语,掌握它的基本规律,科学地钻研自己传授俄语的技艺,最终塑造出一个个不同水平的、能用俄语工作的、为社会所需的人才。苏灵扬说:"教师之所以成为艺术家,是因为教师的劳动本身就是创作,而且比艺术家的创作更富有创造性。"将一门学生陌生的语言在一定时间内变成他们比较了解的,而且能够用它进行灵活应用,唯师生的创造性劳动才能解释。

美学的中心课题是艺术美的创造,艺术的三大特征是形象性、情感性、创造性。外语教学也很重视情感价值,教师和学生的积极性是健康情感的集中体现。教与学的成功使师生获得满意、愉快的情绪体验,师生在成功的教学中得到的美感相互影响、相互补充,强化他们进一步教学实践。

美学原则指导我们创造俄语教学美,指的是进行合乎教学规律的创造。实现这样的创造绝非易事,它是教学中各种关系的均衡、对称、完整、和谐,是教学的完美、教学的高境界,达到这一境界的教学就是艺术。

2. 俄语教学和其他外语的教学一样,是特殊的艺术。教学美学的形成与发展将丰富美学研究

外语教学的艺术化是美的规律作用的结果,但是,教学美是一种特殊的艺术美:①教师的高智力、高的外语水平和高超教学技艺相综合（两者缺一则不美）;②教师的创造与学生的积极参与创造相结合。学生是教师创作的对象,但是,学生不是画家手中的画板,他们是活生生的个体,教学的主体。他们不是被动地接受塑造的,发挥学生的主动性、创造性的教学才是美的教学;③教学计划性和应变性相结合。艺术创作有很大的自由性,而教学艺术是在控制系统中进行的,教学艺术表现在规定中的灵活,复杂中的单纯。外语教学在师生频繁的言语交往中进行,教学效果随时得到反馈,教师常常不能超前预想。即兴组织

好练习是教学艺术的特点之一;④教师个人教学风格的形成与它的不断充实相结合。外语教学的感染力还在于教师有独特美的教学风格。美的教学有不可模仿性,就像生活中的艺术品不完全相同一样。然而,个人风格一旦形成模式就会产生惰性,如果不进行充实和进步,就会失去教学艺术的魅力。

(二)俄语教学法的美学原则

1.外在美原则

俄语教学外在美的创造旨在使教师和学生在美的环境中进行俄语教学。诞生于保加利亚的暗示教学法特别强调布置教学环境的重要性。这种教学法安排学生在特定音乐声中进行外语学习。这种学习外语的环境是美的,它陶冶学生的心境,消除学生不必要的心理障碍,使学生在愉快的环境中自然而然地掌握教学内容。然而,教学外在美的含义不仅于此,它有下列四个因素。

1)教师自身的外在美。学生通过教材和教师创造性的施教来学习外语。教师不仅是教学信息的中介者、传递者,更重要的是指导者、组织者。教师应当举止美,着装大方、美观,风度文雅、庄重、热情、亲切、谦虚;教师应当语言美;教师的母语和外语均应当有较深的造诣。语言美除了表现在它的绝对水平上,还表现在教师的外语表达能够合乎学生的接受能力。学生能很好地理解教师是一种美。

2)教学手段运用美。面均有自己的特点,我国学生要获得用外语听、说、读、写、译的自由,往往需要付出长时期不懈的努力。愿望与可能、理解与表达的脱节(想说的不会说,想写的不会写)使学生精神上紧张。再如学生为了获得准确的表达,必须时时接受教师的纠正,一些学生因失误过多、教师纠正过多和纠正方法不当而失去信心。

3)教学集体人际关系美。教学集体仿佛一个小小的社会,教师与学生在课堂上的关系及学生之间的关系对教学效果产生直接的影响。不难想象,在一个人际关系不融洽的环境里是无法搞好外语教学的。在外语课堂上师生之间言语练习的配合默契、天衣无缝是一种美。言语练习中师生相互支持和帮助、愉快的情感交流是人际关系美的极致。教师对每一名学生(不是部分)的爱心是形成外语课堂良好人际关系的保证。

4)教学物质条件美。物质条件美指教室大小适当、光线好、空气好、良好的技术设备等。环境对人的任何一种实践都是重要的,而对以言语交际为内容的外语课堂教学来说,环境就更加重要。

2. 内在美原则

外语教学的内在美集中体现在教师与学生的主动性上,体现在他们内在潜力的充分发挥上。学生能够在课堂上充分施展自己的思维能力、想象力、创造力,而这些能力又全部体现在他们的外语口、笔语表达能力上。"充分"是指不受约束、没有障碍、没有压力,美学强调和谐,强调没有精神重负。正如黑格尔所说:"审美带有令人解放的性质。"

儿童的游戏最符合美学原则。儿童在生活中处处需要依靠父母和其他人,而在游戏中他们完全属于自己,是活动的主人。在游戏中儿童任意想象、任意创造,他们与客体(玩具)的关系十分和谐。此时,不存在任何来自外部、内部的压力与强制,他们感受到的是自由。

成年人的实践活动有很多强制性因素,在外语教学中师生所受的客观约束也很多。例如,成年大学生用母语思维的能力已经形成。母语对学生外语思维能力的形成有很大的干扰。又如一门外语在语音、语法、词汇方面均有自己的特点,我国学生要获得用外语听、说、读、写、译的自由,往往需要付出长时期不懈的努力。愿望与可能、理解与表达的脱节(想说的不会说,想写的不会写)使学生精神上紧张。再如学生为了获得准确的表达,必须时时接受教师的纠正,一些学生因失误过多、教师纠正过多和纠正方法不当而失去信心。

外语教学内在美的基本特征是"自由",是教师与学生完美地自我实现,这是人的最高层次的需要。教师的自由是:能够自由地把握住教学的全过程,有高超的教学机制。学生的自由是没有任何心理压力、自由地获取知识,有足够的时间与空间锻炼自己的言语能力。外语教学内在美的因素有以下三个方面。

1)教师教学情感的升华是教学内在美。作为艺术家,教师对教学倾注自己全部的爱,他去上课不仅是功利的,也是精神上的一种执着追求。在他身上仿佛出现一种超脱,除了想把教学搞好别无他求。正像斯坦尼斯拉夫斯基所说,当演员来到剧院的时候,应当把个人的一切不快和痛苦留在剧院之外。在这里,他的整个人是属于艺术的。教师在课堂上完全属于教学,这无疑是一种美的境界。

2)教师轻松地把握教学进程是教学内在美。把握好教学进程是细心观察教学中的各种矛盾,通晓它们的本质特点,正确解决矛盾的结果。要求教师认真学习有关教学理论,严格治学,积极探索与实验,总结出外语教学的规律,使种种不利因素逐渐向有利方面转化,变成教学成功的契机。"轻松"是教师多年自觉实践的产物。

3)学生能自信地、主动地、独立地学习,是教学内在美的另一侧面。创造条件,使每一个学生要有足够的时间参加言语实践。口头的(对话的、独自的)、笔头的(课上的、课下的),只有在越来越多的实践中见到自己的进步、自己的能力,才能增强自信。没有自信心的学习不是美的学习。其次,每个学生要有较多的机会独立地、富有想象力地、创造性地发表自己的看法,提出问题,解决问题。想象力、创造力有极强的个性特征,学生在发挥极具个性特征的想象力、创造力的活动中容易发现自身的价值。外语教学是有其自身特殊性的创造活动,教师和学生同为审美的主体与客体,他们互相塑造。教师之美塑造了学生,学生之美也塑造了教师。

以上三方面既是理想的,也是现实的。每一方面都可以有不同水平的体现,最高的水平既是最美的,也就是教师与学生的自我实现。

第四节　俄语教学的具体现状分析

一、中国俄语教学的历史特点

我国是一个重视外语教学的国家,我国的外语人才有较高的水平。当然,随着世界科技革命的高度发展,国际间往来的频繁,我国外语人才无论在数量上还是在质量上,都与我国的国际地位不甚相称。

(一)中国俄语教学历史悠久

迄今为止,中国俄语教学已有 200 多年的历史。18 世纪末(1708 年)清朝政府开办了俄罗斯文馆,只授俄语。之后,有京师同文馆、京师大学堂设若干语种,其中就包括俄语。1902 年,清朝政府规定外国语为中学堂必修课,但是直至中华人民共和国前大部分的中学外语教学主要是英语。中国共产党成立前,马克思主义小组创办了上海外语社,派遣革命青年赴苏联学习;中国共产党成立后,俄语得到更加广泛的普及。延安的外语教学为当代俄语教学奠定了良好的基础。1946年,哈尔滨外语专科学校成立,中华人民共和国之初设立北京外国语专科学校,在短期内培养出一批又一批优秀的俄语人才这样的成绩是和延安的俄语教学经验分不开的。

中华人民共和国初期是中国俄语教学的大发展时期,中苏关系的发展使俄语在二十世纪五六十年代初有一定的普及。全国各级学校普遍开设了俄语课,同时,政府派出了相当多的留学生去苏联直接学习各种专业,同时俄语教学增加了精训任务。俄语教学稳定而繁荣发展的时期是1949年至20世纪60年代初期。改革开放后,俄语教学也经历了整顿和发展。1981年,我国成立了《中国俄语教学研究会》(КАПРЯЛ),至此我国俄语界(中小学俄语、大学公共俄语、高校专业俄语)有了教学与科研的指导机构。我国俄语教学的理论与实践正向纵深发展,形势喜人,中国俄语教学研究会自成立以来做了大量的工作,组织了多次全国性的教学与科研专题研讨会,开展了国内外学术交流活动。1985年后,中国俄语教学研究会走向国际,中国俄语教学与研究受到国际俄语同行的瞩目与赞许。

(二)中国俄语教学自成体系

我国是一个大国,由于种种原因,培养外语人才的途径相当单一,即通过在国内的各种学习机构的教学来实施,不同于世界上的其他许多国家的外语学习者,我国学生不可能数次到目的语言国家进行言语实践。

中华人民共和国成立至今,我国俄语界出版了许多按教学大纲编写的系列教材,供中小学生、高等学校俄语专业及非俄语专业的学生使用。这些教材体现了我国俄语教学与研究的实际成果以及作者们辛勤奋发造就优秀建设人才的崇高精神。在我国国内进行俄语教学有一定的困难,缺少应当具备的许多条件,但是几十年来我国俄语教学的成绩十分显著。苏联教育科学院院长、普希金俄语学院院长、著名学者、教学法专家 B. 柯斯托玛洛夫(В. Г. Костомаров)认为中国俄语教学不仅取得了很大成就,而且形成了自己的教学途径。如今,几所重点学校在编写更理想的俄语教材。看来,我国在逐渐形成有中国特色的俄语教学。自1981年"中国俄语教学研究会"成立,创办了学会刊物《中国俄语教学》,虽然园地有限,但是它和其他外语教学刊物(包括俄语)一起大大推动了俄语教学与研究的发展。

二、中国俄语教学与教学法研究现状

（一）概况

目前世界上有近 60 个国家的 600 所大学开设俄语专业课程。我国开设俄语专业课程的历史较为悠久,学习者有 50 万～60 万人。我国对俄语的研究水平不低,特别是在中华人民共和国后的 40 多年里,一支有一定实力的俄语科研队伍在勤奋耕耘,收获了一大批研究成果。同时,我国俄语界对新学科的出现和发展也是十分关注的,但是对于俄语言语功能的研究才刚刚开始。当然,从重视语言教学转到同时重视言语教学,继而重视言语交际教学在世界范围内也仅仅是近 20 年的事。我国俄语界文献中记载了不少俄语教学的某一方面的教学经验,换言之,有不少一般教学方法的探讨,而作为教学法理论与实践的研究还较为薄弱,甚至在某些方面还很落后。同时,俄语教学法研究与俄语教学实践还有一定程度的脱节。20 世纪 60 年代中期至 70 年代末,由于社会原因,我国外语教学与外界隔绝,这一段空白大大影响了已有成果的巩固和新成果的开掘。20 年来只有一本正式出版的《俄语教学法》教材,尚未见到以高等学校为对象的《俄语教学法》。

随着世界科技革命的蓬勃发展,国际各方面交往的日益增多及我国改革开放政策的深入实施,我国的俄语教育将走向振兴。作为俄语教学的重要理论建设之一的俄语教学法研究将会呈现新的局面,有中国特色的俄语教学法将会真正地形成与完善。这种特色就要求俄语教学考虑我国国情及在我国进行俄语教学的特殊性如下三点。

第一,我国是幅员辽阔的国家,外语列入初等教育、中等教育、高等教育的必修课,国家十分重视外语教育,每一阶段的教学均有教学大纲。学生由中学升入大学参加外语统一考试,俄语考生也不例外。10 多亿人口的国家在同一时间进行统一的外语测试,这在世界上是绝无仅有的。目前各类俄语学习者数量很大,遍及我国许多省、市、县、区。俄语教学有地区特点,水平不一,条件各异。各地均有自己的特殊情况,因此,俄语教学法的研究必须考虑国情。

第二,俄语和汉语是两个差别很大的语言体系,汉语为分析语,基本上无形态变化。俄语是屈折语,形态变化非常丰富。这一语言的差别给俄语学习带来很大的干扰和困难,仅靠一种教学法,如听说模仿、分析语法进行翻译,是不能全面掌握口、笔语能力的。而基本功不过关,不经过专门的理解和训练则谈不上正确的言语交际。值得注意的是,在国内进行俄语教学,缺乏语言环境,更增加了教学的难度,俄语教学法研究要考虑这一因素。

第三,我国俄语教学在不同阶段有不同的培养规格、不同的教程,有中小学俄语(初中俄语、高中俄语)、大学公共俄语(本科生俄语、研究生俄语)、专业俄语(基础阶段俄语、提高阶段俄语)。每一种教程都有自己的教学目的(如培养阅读能力;培养听、说、读、写四会的能力等),有规定的学时,每一种教程有自己的教学法。

第四,师资力量。一般来说,俄语教师所习惯的教学法体系自然不是最新的,而具体组织课堂教学的方法更具有明显的个性差异。学习某种和多种更有长处的教学法不是一件简单的事情,需要理论准备,敢于实践,不畏困难,勤于总结提高。需要时间与精力。还需要教学技术手段的配合。不言而喻,推行某一教学法还和教师自身语言水平直接相关。这也是教学法研究要考虑的问题。

应当指出,语法翻译法是中华人民共和国初期主要的外语教学法,至今仍被采用。在条件许可的学校中教师则加以改进,减少这一方面的弊病,不断注入新的血液。俄语与我国的革命和建设事业有着特殊的关系,语法翻译法培养了许多翻译人才,他们将科学技术、文学艺术介绍到我国来,起到了重要的作用。20世纪70年代末至今我国俄语教学根据上述特点主要采用综合法,即博采众长,不是采用世界上某一种教学流派的教学法,而是将他们的长处视为一种原则,根据教学的不同目的加以贯彻。例如,自觉实践法强调自觉实践的原则,考虑母语的原则,可为我所用。

功能交际法是世界外语教学法发展的趋势,运用了社会语言学、语言学、心理语言学的研究成果,更能体现语言是交际工具的本质,其核心是交际性原则,应当采用。直接法中的听说法、视听法的精华被我国俄语教学作为一门单独的课型"视听说",专门训练学生视听说能力,听说领先、读写在后的训练方式在学生学习的初级阶段适当采用是有其优越性的。换言之,教学原则的实施还可以根据不同的教学阶段而有所侧重。可以说,"听、说、读、写并举"和"阶段侧重"是具有我国特色的教学法原则。

(二)中小学俄语教学

中华人民共和国后,中小学俄语教学一直在统一的大纲和教材的指导下有计划地进行着。广大教师及俄语教学法研究工作者做出了很大成绩,为高等院校输送了不少优秀毕业生。中小学俄语教学研讨的问题如下。

1. 关于能力的培养

中学俄语不是知识课而是实践课,这是没有争议的,但是,它是怎样的一门实践课?以笔语为主还是以口语为主?还是口、笔语并重的?培养学生获得什么样的语言能力和言语能力?这是教学法研究的一个中心课题,是指导思想问题,也是教科书和教学法的依据。

目前中学外语(英、俄、日语)教学大纲均把阅读能力的培养作为主要目的,听说能力作为一般目的。第一种意见是,高中毕业生的外语水平是"高分低能",即考试成绩分数高,而能力低下。能力低下多指听说能力差,而读写也不尽如人意。一些教师认为高校俄语升学考试左右教学,偏重知识,题目繁多,即使是升入高校的佼佼者,大多数学生也发音不准、语调欠佳、语法不过关、口头表达能力微乎其微。第二种意见是,"高分低能"的提法值得商榷,升学考试正是按照中学大纲的要求设计的,题型多正是为了达到较宽的覆盖面,试题有一定的实践性。没有一定能力(阅读、书写及其他初步能力)是不可能达到高分的。口语能力差是事实,这是多方面因素造成的。原则上讲,每一位俄语教师都希望学生全面地掌握语言,获得全面的俄语技能。但是,困难大于可能(教学条件差、学生基础差、教师俄语水平有限、班级人数多、教学时间不足),就心有余而力不足,或者干脆无能为力,普通中学或条件很差的三类学校能够达到大纲最低要求就很不容易了。第三种意见是,高中毕业生一部分升学,一部分走上社会。中学几年的外语学习足以奠定一个学生今后各种途径深造外语的基础。过去可以说,大多数中学毕业生毕业后只接触文字工作,而不使用口语,现在这种看法恐怕就跟不上形势的发展了。因此,中学俄语教学在以培养阅读能力为主的精神下积极贯彻交际性原则。将交际能力的训练作为扩大知识面、提高阅读能力的手段是很必要的。听说能力的增强也可以激发学生学习的积极性。当然,在条件尚不具备的一些班级,一些教师担心听说训练的开展影响总进度的完成,最终哪一种能力也没有得到集中训练也是可以理解的。

2.关于大面积提高中学俄语教学质量的问题

多年来,在中等学校学习俄语的人数有几十万人,但是,达到基本要求的人数很不理想,两极分化严重,掉队率高。对不少中学生来说,学习时间和学习成绩不成正比。一些高中毕业生对"Сколько лет вы учились русскому языку?"这样简单的问题不能脱口而答,对 20 以下的数字还不能一一正确说出来。如果这种状况继续下去,则很难提高我国中学俄语教学的整体水平。目前一些学校着力进行实验,分班复式教学,提出不同的教学要求,因材施教,取得了可喜的成果。一些学校科学地分析两极分化的教与学的原因,并且首先从教师改进教学人手,改造教学方法,激发学习动机,提高学习兴趣,调动学习中的情感因素,培养学生的成功感,帮助学生确立正确的学习方法等。

(三)大学公共俄语教学

中国的大学公共俄语教学硕果累累。公共俄语教学水平在某种程度上代表我们民族的一种外语水平,一种外语修养(而专业俄语体现了我国对这一语言的学术研究水平),公共俄语和其他公共外语科目一样有很大的普及性,它培养受高等教育的未来各种人才具有用俄语直接获得信息的能力。2007 年出版的《大学俄语教学大纲》(第二版),提出公共俄语教学的目的:"培养学生具有较强的阅读能力、一定的听和译的能力、初步的写和说的能力,使他们能以俄语为工具,获取专业所需要的信息。大学俄语教学应帮助学生掌握良好的语言学习方法,打下扎实的语言基础,提高文化素养,培养学生语言运用能力、交流信息能力,以适应社会发展和经济建设的需要。"

对于公共俄语教学一直存在两种声音:一种是以打下坚实的语言基础为目的,在学习过程中,按照语言学体系,语音、词法逐步系统学习。因为公共外语的整体课时不足以支撑课堂讲授中建立一个完整的体系,所以这种方法通常讲不完,剩下的需要学生自学。该教学法的优点是利于学生建立俄语体系,打好俄语基础,方便之后继续自主学习,缺点就是在有限的时间内大量词汇、语法的讲授容易使学生产生抗拒心理。另一种意见是在公共俄语教学期间,以培养学生兴趣为主,除了讲授一些简单、实用的词汇、语法之外,更多地介绍俄罗斯的历史、国情、文学、艺术等传统文化,提起学生的兴趣,使更多的学生产生继续系统学习的渴望,修俄语双学位以系统学习。

（四）俄语专业教学

目前专业俄语在高等院校或独立设系或附设在外语系内，学制 4 年。近年有两种生源：非零起点，学过俄语 3～6 年的新生；零起点，完全没有学过俄语，学过 6 年英语的新生。一般入学后不论什么起点授课，培养目标大都为口、笔译工作者或俄语教学、研究工作者。专业俄语一般分两个阶段，基础阶段和提高阶段，或称低年级阶段和高年级阶段。这两个阶段密切相关，但是均有各自的独立性。

1. 基础阶段专业俄语教学

基础阶段指一年级和二年级的教学阶段。从各院校的基本情况来看，长期以来基础阶段的教学是成功的。基础阶段有统一的大纲、固定的教材、较固定的师资配备，教学法指导思想是明确的，即打好基础。2012 年新版《高等学校俄语专业教学大纲》中"基础阶段教学大纲"更加重视交际能力的培养，较好地贯彻了科学性、先进性、实用性和可检查性原则。近年来，基础阶段的教学法思想发生了深刻的变化，也产生了教学观念的深刻变化。

1）关于"基本功"的内涵和教学内容的变化。三要素说：20 世纪 80 年代以前我国俄语界对"基本功"的认识是较为一致的，即语音、语法、词汇三方面的知识、技巧、技能，这三个方面就是教学内容，听、说、读、写的言语活动是手段。掌握语言知识和运用语言知识的能力就意味着掌握了一门语言。70 年代西方出现功能教学法、交际教学法，70 年代末苏联将交际原则作为对外俄语的主导原则，近 20 年心理学、语言学、社会语言学、心理语言学、应用语言学中有不少新的研究成果，这一切使我们有必要重新认识"基本功"和教学内容。这种观点仍旧是三要素说，不过已注意到言语教学。持这种观点的人认为应当将听力训练、口语训练、阅读训练、书写训练作为教学内容，这些训练内容应当最大限度地具有交际意义，也就是说，它们应是人们真实俄语交际的逼真模拟、微缩，与人们真实的俄语交际非常相似，非常接近。五要素说：这种观点认为"基本功"包括语音、语法、词汇、修辞学、国情学五要素。"修辞"指口、笔语能力符合交际场合、社会身份，表达的得体性。"国情"指学习者应当了解目的语言国家的文化、风俗习惯等。持这种观点的人强调五要素说反映了时代的要求，他们赞同在基础阶段同时进行言语交际能力的培养。七要素说：这种观点认为"基本功"

指语言三要素(语音、语法、词汇)和言语四要素(听、说、读、写)。持这种观点的人认为语言基本功和言语基本功是教学内容,这种意见和第一种意见相同,均将"四会"作为教学手段和教学学目的——即通过听、说、读、写达到掌握听、说、读、写的这一最终目的。

"基本功"是我国外语教师对外语基本能力的提法,已沿用了许多年。其内涵对大多数俄语教师来说是:达到语音、语调的基本要求。达到正确运用语法规则的基本要求和达到正确使用词汇的基本要求。在大多数俄语教师看来,基本功体现在口、笔语的正确性上,开口、提笔错误百出是基本功差的标志。无怪乎一些教师认为宁肯实践能力差一些,也要有清楚的语法概念和正确地理解语言材料的能力。俄语教学实践表明,基础阶段教学不能走两个极端:①只满足于基本功训练,不重视交际能力的培养,将语言能力的培养与言语能力的培养割裂开来,或者对言语交际能力的培养持消极态度,寄希望于学生毕业后工作实践的训练;②重视交际能力的培养,只顾交际训练,忽视口、笔语交际中语言知识的掌握,忽视言语成品的质量(语言的正确性)。目前绝大多数教师都能认真学习言语交际理论,在培养俄语基本功经验的基础上注意言语交际训练,将正确理解与正确表达结合起来,在缺乏语言环绕的条件下创造可能的交际情景,力求使学生亲临其境,大大缩短课堂与社会的距离,缩短学校与学生未来工作岗位的距离。

2)关于"交际性原则"在基础教学中的地位。交际法与交际性原则是两个相关而又不相同的概念。交际法是一种配套教学体系,有教学大纲、专门的教材、教学手段、教学组织、师资条件及测试标准。鉴于它有一定的要求,缺少其中某些条件不能称作《交际法教程》。苏联著名教学法专家 A. H. 舒金(A. H. Щукин)认为,交际法首先运用于短训班或其他以提高口头交际能力为目的的学习者。对俄语专业来说,使用交际法的最佳时期是"口语入门"阶段和其他发展口语的阶段。交际性原则,或积极交际原则是1976年国际俄语教师协会第三次代表大会正式提出的苏联外语教学法的主导原则。这一原则之所以被视为主导原则,是因为外语教学的根本目的是教会学生正确地运用外语进行口、笔语形式的交际,作为原则它不是唯一的,而是与其他教学原则并存的。

俄语教学的交际性原则于20世纪70年代末传入我国,目前也是我国专业俄语教学的主导原则。尽管各地区、各院校贯彻这一原则的程度不一,但是越来越受到教师的重视,并将其置于教学原则中的主导地位。过去在俄语界大家对交际性原则一无所知,一直把培养语言技巧与技能作为教学目的,近20年日益强调言语实践。苏联一些教学法专家也指出,过去大家习惯于教语言,而不习惯于教言语。当然,以语言为教学目的、手段和以言语为教学目的、手段的教学法思想不是现在才产生的,多少年来一直流行的通过阅读学习阅读的语法翻译法和通过说话学习说话的直接法就是这些教学法思想的体现。如今,大家的认识提高了一步,认识到既要教语言,也应当教言语,教言语交际,教有交际意义的言语,因为并非所有的言语实践均有交际意义。纵观目前基础阶段教学实践,实施交际性原则的宗旨是:

1)教学内容是人们口、笔语交际中常见的课题,教材按有利于积极交际的课题来安排(按照功能意向)。例如,"《Знакомство》《Наша семья》《Наш институт》《Занятия по русскому языку》《Экскурсия по городу》《Телефонный разговор》《Магазин》《Спорт》《Визит врача》"等。

每一课题的一组语言材料主题同一,但有不同侧面,用大量的同一主题的言语交际练习,集中训练专题口、笔语交际能力。众所周知,传统教学只用单一的课文,材料单薄,难以推动言语交际练习的运转。

2)教学方法上的要求是将言语训练置于接近真实交际的情景之中,或许难以做到教学全过程交际化,但是,可以做到凡是进行言语练习就尽量使这些练习带有交际的目的,使练习和实际生活的情景相似。如学《打电话》一课,可以设计给在系里工作的老师打电话办某事。学《就医》一课,可以设计我国学生看望生病的俄罗斯学生。学生在接近其实交际的情景中学习交际,印象深、效果好。这样,在课堂学习的内容可以立即用于日常生活中。

3)在中国国内进行俄语教学,在运用交际性原则的时候,教师应当将它与自觉性原则相结合,这里不妨称之为"自觉的交际性原则"。自觉性强调理解和掌握规则,有利于交际性原则的贯彻。

2. 提高阶段专业俄语教学

提高阶段指三、四年级教学阶段,在专业俄语教学是一个复杂的教学法课题。如果说基础阶段教学目的明确,教学组织井然有序,那么提高阶段的教学目的比较笼统,学生准备考研或是准备就业是两条完全不同的道路,学习内容和方法也就不尽相同。高年级教学阶段的特点是教学时间少、教学难度多、各种矛盾集中,这一阶段的教学时间不足两年。学生要撰写毕业论文,部分学生要准备报考研究生,大部分学生要为毕业找工作花去不少时间,这些都直接影响课堂教学。没有了语法课,高级俄语的周课时也变成了三年 6 学时四年级 4 学时,几乎只是低年级精读、语法课配套学时的一半。高年级教学长期以来呈不稳定状态,一个很重要的原因是超负荷,许多问题交织在一起,一组问题得到解决,而另一组问题日益尖锐,此起彼伏。这些矛盾的来源有三个:

第一,学生学习目标不一致,或考研或就业,开始分流,而考研和就业所学内容又有很大出入,课堂教学不好掌控。

第二,来自高年级本身提出的高要求。高年级不仅要打好基本功,也要扩大知识面,而且要适应社会需要,即广度、深度、速度均不可少。语言能力不可少,言语能力也不可少,高年级自身提出的要求过多,而实现要求的条件有限。

第三,来自社会的要求。社会需要质量高的、全面发展的俄语人才,要求毕业生具有独立工作能力,能听、能说、能读、能写、能译,社会希望他们的语言基础厚实、知识面广。

高年级教学处于学校教育的“前沿”,国内外形势的变化、社会政治与经济状况直接反馈到学校的培养目标和培养规格上,这是社会要求与教育要求的矛盾,事实上,提高阶段的教学往往处于被动地位。

高年级教学阶段研究的问题是:培养什么样的人才?中华人民共和国之初综合性大学俄语专业培养俄罗斯语言文学研究人员,即语文学家,一些外语学院培养外事翻译。20 世纪 80 年代,俄语教学实践表明,只注意基本功的培养,以不变应万变,不结合社会实际的封闭式教学是不可取的。然而,只注意交际能力的培养,或只侧重某些方面能力的培养(如经贸方面),而不注重基础训练也是不可取的。以上两种倾向均没有生命力。从近年毕业生分配的走向来看,70%～90%的毕业生从事企、事业单位和公司的翻译工作。当然还不能据此就把培养翻译人员确定为俄语专业的培养目标,但对这种社会需求,必须重视。因此。比较一致的意见是培养厚基础、宽口径的应用型人才。某些测试调查表明,即将毕业的学生基本功方面还存在着许多问题,也就是词形变化、基本句式、词的基本用法(区分词义)的错误较多,尚不能很好地把握词与词之间的一致关系、支配关系,表达不能言之有物,有时逻辑混乱、不连贯等。厚基础的含义在于学生应当有丰富的语言知识,扎实的言语基本技能。宽口径指学生有较宽的知识面,有较高的文化素养,并且有较好的适应能力。应用型人才指学生应当成为社会需要的实用人才,有较强的实际工作能力。

≪≪≪ 第二章　现代外语教学法的主要流派与特点

第一节　翻译法

翻译法是用母语翻译课文的词、句、语段、语篇以进行外语书面语教学的一种方法。翻译法即语法翻译法（грамматико－переводный метод），也叫古典法（классический метод）、传统法（традиционный метод），旨在培养掌握语法规则的能力。通过外语和母语的互译学习外语，语言材料多为原著、文学名著，以提高阅读水平。

语法翻译法是一种古老而传统的教学法，其指导思想是将掌握语法规则和正确翻译语言材料作为学习外语的根本途径，源于十八九世纪的欧洲。16 世纪之前，拉丁语作为欧洲各国的官方语言，不仅用于教育、商务、宗教和政府公务等领域，也用于日常的口语交际。然而 16 世纪，随着罗马帝国的衰落，法语、意大利语和英语取代了拉丁语的地位，开始逐渐成为人们用于口头及书面交际的通用语言。拉丁语虽然不再是一门活的语言，但却成为欧洲学校中的一门重要课程。17—18 世纪的欧洲，古典拉丁语的教学以阅读维吉尔、奥维德、西塞罗等人的经典作品，分析拉丁语的语法和修辞成为多数学校拉丁文课程的主要教学方法。16—18 世纪的英国开设有"文法学校"，学生要接受严格的拉丁文法训练，背诵语法规则、变位和词形变化，并且借助双语对照的语篇进行翻译和写作练习。具备一定的基础知识之后，学生就进一步学习高级语法知识和修辞知识。拉丁语被认为具有最严谨、最有逻辑性的语法体系，因而拉丁语的学习被认为是训练推理能力及观察、比较和综合能力的良好方式，有助于训练学生的心智，提高人文素质。18 世纪英语、法语等现代语言作为外语进入欧洲学校课程之后，人们自然而然地沿用了教授拉丁文的方法。这种教学法因其对语法、阅读和翻译的重视而被称为"语法翻译法"，成为世界上使用时间最长，影响范围最广的一种教学法。

语法翻译法的语言学基础是萌芽于 18 世纪晚期、盛行于 19 世纪的历史比较语言学。历史比较语言学主要研究语言的发展史，通过比较各种语言不同时期在语音、词形、屈折变化、语法结构上的相同特点来建立语言谱系,考察语言和民族心理的关系。自从 1786 年英国的威廉·琼斯的论文证明了梵语与拉丁语、希腊语和日耳曼语的历史亲缘关系后,历史比较语言学得到了长足的发展。这个时期的语言学家大多认为语言和思维是同一的,一切语言起源于同一种语言并受普遍规律制约,因而各种语言的词汇概念和语法范畴几乎是相同的,只是发音和书写形式不同而已。基于这种认识,语法知识成为外语教学的主要内容,逐字逐句的翻译成为教学的主要手段。

语法翻译法的心理学基础是 18 世纪形成于德国的官能心理学(психология способностей)。官能心理学认为,各种官能(如记忆力、理解力等)可以相互分离,单独地加以训练和培养。背诵无意义的复杂的语言形式能发展记忆能力,进行繁杂的语法训练可以发展心智。因此,语法翻译法主张在外语教学中要通过死记硬背语法知识来发展学生的思维能力,磨炼学生的意志。

语法翻译法的教学目标是教会学生阅读和欣赏经典著作,通过对目的语的语法分析和翻译来更好地了解本族语。教材围绕着语法知识进行组织和编写,每一单元包括一个外语篇章、双语对照生词表、用本族语解释课文中出现的语法知识点、练习(翻译或关于语法知识点的问答题)。课堂上,教师花大量时间讲解语法,偶尔点学生做下翻译练习、大声朗读课文并解释所读内容。掌握口语不是外语学习的目标,口语练习仅限于大声朗读单词、句子或段落。翻译练习的句子是为了体现语法规则而生造的,与真实的交际毫无关系。

语法翻译法的主要特点如下。

1)重视语法教学。学生先学习和每一单元的课文相关的语法规则,背诵双语对照的单词表。语法教学采用演绎法,大量而细致地讲解语法规则,然后在阅读和翻译练习中理解、运用、巩固规则。

2)重视语言对比。教学过程中,对目的语和本族语进行词汇、语法、结构等方面的比较。外语教学的目的是实现两种语言之间的转换,必要的时候可借助词典。翻译是检验学生掌握规则和阅读能力的主要手段。翻译做得好,就表明学生掌握了外语。

3)重读写,轻听说。语法翻译法把口语和书面语分离开来,认为外语学习的目标是阅读经典,开发心智,所以"读写"能力是教学的主要内容。重视阅读能力的培养,忽视听说能力的训练和语言技能的培养。

4)充分利用本族语。教师用本族语组织教学,用本族语讲解语法规则。课堂上的主要活动是语法规则的系统讲解和课文句子的翻译。

由上述特点我们可以看出,语法翻译法的教学效果往往不能令人满意:学生虽然经过多年严格的语法翻译训练,在实际交流中却听不懂最简单的对话;重视语法规则讲解的方法也不适合年龄小的儿童学习者。这种教学法由于其过多地依靠本族语,忽视听说能力的培养,忽视学生的认知情感等因素,练习形式比较单一,课堂教学气氛沉闷等缺点,在现代语言教学史上受到诸多新思潮、新流派的批判。

几乎所有的外语教学研究者都批评过语法翻译法,他们深信一定会有更好的方法来教授外语。然而,语法翻译法经受住了近代外语教学改革的冲击,至今仍有广阔的市场。一种教学法能够延续几百年,说明它有诸多的合理性。语法翻译法重视学生的智力因素,重视培养阅读和翻译能力。事实证明,翻译教学法培养出了大批具备阅读和翻译能力的人才。在以培养阅读能力为首要教学目的的情况下,它不失为一种最佳的方法。我们认为,语法翻译法之所以有着较强的生命力,主要得益于它简便易行和适应性强的优势。第一,目标语不流利的教师也可进行大班教学。语法翻译法对教师的外语水平、组织教学的能力、备课授课的负担、教学设备、班级编制等方面的要求较低。因此,在师资和教学设备较差、班级规模大、教师工作量较大或积极性较差的条件下,语法翻译法往往受到青睐(胡春洞,1990:338)。第二,有助于学生的自学。语法翻译教学法理念指导下编写的教材可供学习者课外自学使用,从入门到高阶,各种水平的学习者均可找到适合自己的材料进行阅读和练习。第三,可以适应不断变化的语言学与心理学理论。语法翻译法中对语法的讲授是顺应时代的发展的,无论是布龙菲尔德的结构主义语言学还是乔姆斯基的心灵主义语言学,他们对语法的研究都可以成为教学的内容。第四,语法翻译法在实践中不断改进。早期的语法翻译法过分强调对语言形式的学习,对词汇有所忽略,不利于学习者阅读课文、理解课文。后来法国的英语教师 Джей Джекотто 和英国的教育家 Тамигтон Джеймса 提出"词汇翻译法",重视词汇的翻译,对学习者掌握词义、理解语言材料的意义有较大的帮助。德国学者 Майкл 提出"翻译比较法",主张通过对比翻译的实践来理解语言材料的内容,开始关注本族语和目的语的差异以及学习者对目的语的掌握。20 世纪的语法翻译法被称为"近代翻译法"(章兼中,1983)。近代翻译法具有以下三个特点:①在教学中注重语音、语法、词汇相结合,以语法为主线;②重视阅读能力和翻译能力的培养,兼顾听说训练;③以本族语为中介,翻译既是教学手段,又是教学目的。

在语言教学理论的影响以及自身的不断调整下,当代的语法翻译法有了很大的发展,不再完全以语法规则为中心,教学活动也开始关注交际能力的培养。语法翻译法简便易行和适应性强的优势使它在外语教学史上一直没有完全被摒弃,可以说,"新的教学方法发展了语法翻译法,吸取了其中的有益部分,弥补了其不足之处"(朱志平,2008:337)。

第二节 直接法

19世纪中后期,欧美各国之间商业发展迅速,政治、经济交流往来日趋频繁,社会迫切需要掌握外语并能用外语进行口头交际的外语人才。外语学习的目的出现了实质性的变化,不再只是阅读经典和磨炼心智,而变成了一种社会实际需要,首要体现在对口语的需要。作为当时欧洲学校外语教学的主要方法的语法翻译法却不能有效地培养口语能力,于是一些学者开始倡导外语教学的改革运动,"直接法"(прямой метод)作为语法翻译法的对立面就出现了。直接法是排除母语做中介而用外语与客观事物建立直接联系的教授外语的方法。直接法认为,语言的本质是一整套说话的习惯。它主张学习外语应该像幼儿学习母语那样,反复操练就能达到脱口而出的程度,其最终目的是使学生具备听说口语的能力。19世纪末到20世纪20年代是直接法盛行的时期,欧美许多教学机构和教师都竞相使用这一方法。倡导直接法的代表人物主要有古安(Франсуа Гуэн,1831—1896),伯力兹(Максимилиан Берлиц,1852—1921)和帕默(Палмер Гарольд,1877—1949)等。其中最有影响的是德国学者伯力兹,他本人通过在美国创办的伯力兹语言学校,运用直接教学法取得了令人瞩目的成功。

直接法的语言学基础是19世纪西欧出现的新语法学派的理论以及在语音研究方面取得的成就。新语法学派(Младограмматики)的代表人物 Пол 于1880年发表了《语言历史的原则》,提出了"类推"在语言中的重要作用,为直接法的模仿操练提供了语言学理论依据。1886年,国际语音学会(Международная

Фонетическая Ассоциация)的成立和国际音标(Международный Фонетический Алфавит,миа)的制定,使语音系统的描写分析与传授成为可能,标志着直接法的成熟。国际语音学会的早期目标之一就是推动现代语言的教学,该学会有五项主张(Ричардс&Роджерс,2001:9):①教授口语;②进行语音训练以形成良好的发音习惯;③采用对话体课文以教授口语短语及习语;④用归纳法教授语法;⑤意义的教学依赖于目的语而非本族语。英国语言学家和语音学家 Генри Мило(1845—1912)的观点对直接法的形成也有较大影响。他指出语言教学的原则应当建立在对语言进行科学分析和对心理学进行研究的基础之上。Генри Мило 在《语言的实践研究》(Практические исследования языки,1899)一书中提出了外语教学法发展的四条原则:①仔细选择教学内容;②确定教学范围;③教授听、说、读、写四项技能;④教材内容的编排遵循先易后难的顺序。

　　直接法的心理学基础是 19 世纪 70 年代由德国心理学家冯特(Вундт Вильгельм,1832—1920)所创建的实验心理学。冯特认为,在语言行为的心理活动中起主要作用的是感觉,而不是思维;是直觉,而不是理智,声音能够引起最强的感觉。这种观点为直接法强调"以口语教学为主""以模仿为主"而无需先讲语法的观点提供了理论依据。另一位德国实验心理学家艾宾浩斯(Герман Эббингауз,1850—1909)对记忆和联想的研究也为直接法提供了理论支持。直接法强调模仿,广泛采用手势、表情、动作、实物等直观手段,充分调动学习者的听觉、视觉等感官,有助于记忆。

　　在教育学方面,捷克教育家夸美纽斯(Амоскоменский Моганн,1592—1670)、法国思想家卢梭(Жан—Жака Руссо,1712—1778)、瑞士教育家裴斯泰洛齐(Петроцци Джон Хайнрих,1746—1827)等人的主张逐渐被公众所接受。卢梭的"自然教育"理论认为教育必须顺应儿童的内在自然的发展顺序。现代教学论的奠基人夸美纽斯提出"直观性"和"简易性"的教学原则,教师应当循循善诱,把自然的过程展现给学生;教学过程要注重由近及远,由易到难,由简单到复杂,由已知到未知,由具体到抽象,等等。因此,直接法强调外语教学要依照儿童习得母语的"听、说、读、写"的顺序;通过视听、模仿、手势、图片等直观方式讲授语义;不讲解语法,而是等到学习者对外语有一定的感性知识之后再用归纳的方法教语法规则、句型结构。直接法利用直观手段,用外语教外语,采用归纳法等正是对夸美纽斯所提出的教学原则的具体化。

《韦氏英语大辞典》将直接法定义为："是教授外语,特别是现代外语的一种方法,它通过外语本身进行的会话、交流和阅读来教外语,而不用学生的母语,不用翻译,也不用形式语法(第一批词通过指示实物、图画或演示动作等办法来教)。"直接法主张把目的语和它所表达的事物直接联系起来,不借助学习者的母语,直接学习、直接理解、直接运用目的语。它有以下主要特点。

1)重视口语教学和语音训练,强调模仿。直接法以培养口语能力为主要目标,强调纯正自然的语音语调,以句子为单位,主要采用问答的方式教学。直接法认为语言是一种习惯,习惯的养成在于多模仿、多练习。

2)用归纳法教语法。初级阶段不进行系统的语法教学,而是在学习者掌握大量的实际语言材料之后,引导其归纳、总结语法规则。在高级阶段需要讲解语法时,使用目的语教授。

3)尽量避免使用母语和翻译。采用动作、情境、实物、图画等直观手段来代替母语的释义功能,以建立意义与形式间的"直接"联系。阅读目标的实现也是基于对语篇的直接理解,使外语与思维直接产生联系,而不借助词典或翻译。

4)关注目的语文化。直接法要求教师在课堂上创设生动有趣的情境为学习者提供了解和使用目的语的机会,教学使用的图画通常也是围绕目的语国家日常生活涉及的口语活动情境所精心设计。

伯力兹是直接法的颇具影响的推行者,他创办的外语学校遍及欧美各国。

直接法强调不以本族语为中介,直接学习目的语,主张用教儿童学习本族语的方式学习外语,注重在实践中培养语言习惯,重视语音和口语教学,利用直观教具等。这些特点有利于激发学生的学习兴趣,能有效地培养学生的听说能力,以及用外语思维、记忆、表达的习惯。然而,直接法在处理本族语与外语、口语与书面语等关系上存在着简单化、片面化的倾向。首先,它过分强调了学生学习外语和儿童学习母语之间的共性,将外语学习等同于母语学习,在外语教学中照搬儿童学习母语的方法。我们知道,母语习得和外语学习是存在着差异的。儿童在习得母语时,只具备先天的语言习得能力;而外语学习者在学习外语时,已经具有母语知识、世界知识和互动技能:就习得过程而言,母语习得基本上是儿童认知逐渐成熟的过程,而外语学习却是母语能力迁移的过程。因此,忽略二者之间的差异是不符合客观规律的。直接法的缺点还在于没有认识到本族语的作用,在外语教学中一味排斥本族语的使用,给教学带来不必要的困难。为了避免使用本族语,对于一些用本族语可以"一语道破"的词语,教师却要费尽心思地用目的语去进行冗长复杂的解释。直接法不对语法进行直接明晰的解释,会导致学习者缺乏目的语的必要知识,难以认识到语言使用中的错误,而造成过早地"石化"。直接法要求教师具备娴熟流利的外语水平或者是本族语者;直接法重视口语练习,适合小班上课,大多数公立学校都很难满足这些要求。

随着 20 世纪 40 年代"听说法"的出现,直接法渐渐淡出外语教学法的历史舞台。相对于语法翻译法,直接法主张教授"活"的语言,突出了外语教学的本质。直接法与语法翻译法的对立奠定了外语教学的传统,"此后的外语教学法大多是在二者的基础上改进形成的,或偏向阅读,或偏向口语交际,依其教学目的和培养目标而变化"(朱志平,2008:345)。可以说,直接法是外语教学史上的一大进步,它对后世的外语教学产生了深远的影响,为后来产生的听说法、视听法、交际法等现代教学法的发展打下了基础,图 2-2-1 所示为直接法课堂图示。有的外语教学法直接吸取了直接法的某些核心理念,如 20 世纪 60—70 年代出现的全身反应法和自然法。

图 2-2-1　直接法课堂图示(Ларсенфримен,2000:24)

第三节　自觉对比法

自觉对比法(сравнительный метод)是指让学生通过分析、对比外语与母语的语法结构达到自觉理解语言材料的一种方法,又称现代语法翻译法。其自觉性原则优于早期语法翻译法,后者曾要求学生背诵语法规则和有关的例句。自觉性原则也优于直接法及演进后的方法,后者以行为主义刺激—反应论为指导,将外语学习变成不自觉的单纯模仿、记忆,而它的自觉性原则旨在透彻地、自觉地理解语言规则,在知识、理论的基础上形成言语能力。自觉对比法的对比原则正是实现上述目的的途径,它认为母语是外语教学中的比较对象,只有在外语和母语的对比中才能正确理解外语。

自觉对比法也叫比较教学法、翻译比较法。此法经苏联教育当局的提倡和推广,在很长一段时间内,成为苏联唯一的正统教学法。东欧、蒙古等国外语教学很长一段时间内也采用此法。20 世纪 50 年代后期至 60 年代初期,苏联外语教学界曾就此法的得失进行过两次大讨论,许多人认为此法是造成苏联外语教学质量长期不能过关的重要原因之一。因此,这种教学法又被教育当局用行政命令的办法停止使用,而代之以自觉实践法。

但自觉对比法仍保持着潜在的影响。在 20 世纪 60 年代教改期间,苏联教育当局用行政命令的办法解决学术问题,并未使自觉对比法派心服口服。该派在沉默数年之后,20 世纪 70 年代又出现复苏的趋向。他们又在苏联心理学新成就——"言语活动论"中找到了对自己有利的论据,个别教学法专家又公开出面宣扬自觉对比法,认为它是"最合乎理想条件的外语教学法",把它称为"苏联教学法",并准备恢复它在教改以前的正统地位。

在苏联大学公共外语教学领域里,自觉对比法一直保持着优势。历年来的大部分教材,仍按这一方法的指导思想编写,还有人专门发表著作,鼓吹此法。

应当指出,提倡自觉对比法的教学法专家中,大部分原先就是坚定的自觉对比法派,20 世纪 70 年代后期,人们所说的"自觉对比法",已不完全是教改以前的自觉对比法,其中已吸取了自觉实践法的某些因素。本书介绍的自觉对比法,指的是教改以前的自觉对比法。

自觉对比法最先是在中小学外语教学中应用,以后也推广到高校外语专业和公共外语教学、业余外语教学、成人外语教学等领域,但仍以中小学外语教学最为典型,在这方面的著作也最多。

20 世纪 60 年代以后,随着自觉对比法在苏联外语教学界地位的改变,该派不同人的教学思想也有各种不同程度的改变。但对其中多数人来说,这种改变是局部的、有限的、非根本性的。

自觉对比法的思想,可以归纳为以下两点:

1)学习外语有助于学生更深刻地理解母语。

2)学习外语使学生有可能把语言同思维分开，获得"语言和思维既有联系又有区别"的基本语言观。而这种唯物主义的语言观，又是科学的世界观的一个有机组成部分。

正因为外语课有普通教育——教养价值，而这种普通教育——教养价值又是其他学科所不能代替的，所以中小学才把它作为一门必修课程开设。

从以上教育学观点中，自觉对比法得出的教学法结论是：

1)外语课不仅是工具课，而且首先是知识课；外语教学中传授外语语言理论知识，不仅是手段，而且更是目的。

2)在传授外语知识时，必须把两种语言加以对比。

自觉对比法把前述教育学原理用之于外语教学，得出以下五点教学法主张：

1)外语课不是纯工具课，也是知识课。

2)外语课的知识，主要指有关外语语法、语音、词汇等方面系统的语言知识，尤其是语法知识，更主要的还指外语同母语对比方面的知识。

3)外语课上学生外语技能的获得，是建立在掌握外语知识的基础之上，而外语熟巧又是在学生掌握外语知识并初步学会运用知识的技能的基础之上，经过大量的反复练习才达到的。

4)外语课上的练习既然是以培养运用语言知识的技能和熟巧为目的，那么整个练习体系就必然侧重语言练习，首先是单项练习。这种练习的目的和作用在很大程度上是为巩固所学言语知识服务的；综合运用语言知识、语言技能和语言熟巧的言语练习，必须也只能建立在语言练习的基础之上，即"语言→言语"的过程。

5)从学习外语知识开始，培养外语熟巧是自觉的学习，否则便是"机械的""直觉的"学习。后一种学习在苏联教育学中一向被认为是"旁门左道"。

有代表性的教材是：①《Учебник русского языка для англичан, элементарный курс》（А. И. Смирницкий и П. П. Свещников, 1935）；②《Русский язык в комвузах》（Под ред. П. А. Дуделя, 1927—1929）。自觉对比法在教学实战中得以发展，并在语言学论据方面（语言类比原则）大大前进了一步，但是在全面发展言语上有严重的弱点。

第四节 听说法

听说法（аудио—лингвальный метод）是以口语为中心、以句型或结构为纲要，重视语音语调，强调模仿，着重培养听说能力的外语教学法体系。也被称为"陆军法""口语法"或"结构法/句型法"。听说法产生于美国，主要代表人物有布龙菲尔德、弗里斯（Фрис Чарльз，1887—1967）、罗伯特·拉多（Робертладо，1915—1995）和特瓦德尔（Тваделл，1906—1982）。1941年太平洋战争爆发，美国正式宣布加入第二次世界大战，亟须派遣外语人才前往各个战场承担翻译等工作。1942年，美国政府启动了"军队特别训练项目"，委托各大学参与研究如何在短时间内培养出掌握口语的外语人才。为适应军事人才对于听说技能的要求，培训项目采用短期强化集中教学，由所教外语的本族语者和受过良好语言学训练的高级教师共同执教，以模仿、复述的方式带领学生进行句型操练和会话练习。这个"军队特别训练项目"为数以万计的学员提供了20多种语言的强化训练，在小班授课、学习者积极性较高的条件下，取得了非常好的效果，被称之为"陆军法"。随着战后留学生和移民人数的激增和外语教学需求的增加，人们开始尝试在大学和中学外语教学中使用这种方法。1957年苏联发射第一颗人造卫星，美国政府认识到外语对于国家竞争力的重要性，决定要加强外语教学，以掌握世界上其他国家的科技发展动态。语言学家的参与以及《国防教育法》的经济资助为这种方法的推广、完善创造了条件。"听说法"在20世纪50年代形成，并一度风靡美国，60年代末开始受到批评，并逐渐走向衰落。

听说法的语言学基础是结构主义语言学（структурная лингвистика），也称作描写语言学（описательная лингвистика）。美国当时一些著名的语言学家，最初是研究印第安人文化的人类学家。要研究印第安人文化，首先必须了解他们的语言。在对印第安语的记录和研究的过程中，美国结构主义语言学形成了自身的不同于欧洲语言学研究范式的描写传统。结构主义语言学强调口语的第一性，把语言看作一个由各种小的语言单位根据语法规则组合起来的结构系统。他们把千变万化的言语分析归纳出有限的句型结构，认为扩展、替换和掌握有限的句型结构就能掌握运用外语的能力。以布龙菲尔德为首的美国结构主义语言学家提出了新的语言教学原则：①语言是口语，而不是文字；②语言是一套习惯;③教语言,而不是教语言知识;④语言是本族语使用者说的话,而不是某人认为应该怎样说的话;⑤语言各不相同。

听说法的心理学基础是行为主义心理学(психология поведения)。20 世纪 20 年代,行为主义心理学的创始人华生(John B. Watson,1878—1958)主张采用客观方法(观察法、条件反射法、口头报告法、测验法),通过可观察到的外显的行为来研究人和动物的心理。华生行为主义又称为"刺激—反应心理学"。斯金纳(1957)把它发展成为新行为主义,提出"刺激—反应—强化"。他认为,人的言语行为像大多数其他行为一样,是一种操作性行为,可以通过各种强化手段获得。其中"强化"是语言学习得以不断持续的关键,语言学习在"强化"的作用下形成一个循环往复的"刺激—反应链"。

结构主义语言学和行为主义心理学都深受实证主义、经验主义和机械主义的影响,共同的哲学基础使得它们一拍即合,紧密携手,成为"听说法"的坚实理论基础。布龙菲尔德受行为主义心理学的影响,把语言看作刺激—反应的过程,提出了一个著名的公式:

$$S\cdots\cdots r \longrightarrow s\cdots\cdots R \longrightarrow R$$

这里大写 S 指外部实际刺激,小写 r 指语言的代替性反应,小写 s 指语言的代替性刺激,大写 R 指外部的实际反应。布龙菲尔德在《语言论》(1933)中用了一个实例来进行说明。杰克和他的女朋友吉尔在一条小路上散步,吉尔饿了,看到树上有苹果(实际刺激 S),于是就说"我要吃苹果"(语言反应 r),杰克听见吉尔的话(语言刺激 s),就爬上树,摘下苹果,吉尔吃到了苹果(实际反应 R)。这一观点反映在语言学和语言教学中,就是认为语言是一种行为,人们学习语言的过程,就是通过刺激反应而养成语言习惯的过程。

听说法的教学目标是培养学生具备本族语者的语言能力,让学生最终学会"不自觉地"运用新语言。这一教学法认为口语是语言的基础而结构是培养说话能力的核心。学习者在设定的情景中操练所呈现的语言结构,更易形成目的语的说话习惯,掌握语言的实质。其主要特点如下。

1)听说领先,读写跟上。听说法把听说能力的培养当作外语教学的主要目标和培养读写能力的基础,严格按照听—说—读—写的次序进行教学。先学习听说,然后"读写"已经会"听说"的内容。

2)反复操练,形成习惯。结构主义语言学家认为语言是一套习惯。外语学习是行为习惯的形成过程,良好的习惯形成于正确的反应,要靠持久的模仿、记忆和反复练习。在操练过程中强调及时纠错。

3)以句型为中心。结构主义语言学家把语言看作一个由各种小的语言单位根据语法规则组合起来的结构系统,而句型是最基本的结构。句型教学主要通过外语与母语句子结构对比,根据由易到难的顺序进行安排,以突出句型的重点和难点。

4)限制使用母语。既然语言是一套习惯,那么就应当把宝贵的时间全部运用于外语的模仿、记忆与操练。因此,在课堂教学中,要尽量不用或少用母语和翻译。

5)用归纳法教语法。语法教学是手段,不是目的,是为了帮助学生正确地模仿新的语言形式、进行练习和养成语言习惯。语法教学靠归纳性的类推,而不是进行演绎性的解释。类推过程包括归纳和辨别,要在充分操练之后再对语法规则进行简略概要的解释。

6)重视文化的教学。学习者掌握了标准的语音和地道的口语,具备在一定程度上应对目的语国家的日常生活情景的交际能力。

7)充分利用现代化教学技术和手段。听说法大量使用录音机、录像机、语音室等视听设备进行句型结构的操练。

8)教师是课堂的中心。课堂上的语言学习主要通过师生的口头互动进行,而互动的内容则是事先确定的情景对话和句型结构。由于强调口语,听说法非常重视教学参考书和录音材料(尤其在初级阶段),教学往往要严格依照教学参考书所设计的顺序通过录音材料进行。

听说法是在结构主义语言学和行为主义心理学的影响之下,为适应 20 世纪五六十年代的美国对外语人才的需要而产生的一种教学法流派。它一方面是对语法翻译法的革新,另一方面又是对直接法的继承和发展。我们来看看直接法和听说法的异同。

直接法和听说法的相同或相似之处表现在:①都重视口语能力的培养;②都重视利用必要的教学设备和教学手段进行形象化教学;③都重视目的语文化背景的教学;④语法教学都采用归纳法;⑤都强调防止学生在练习过程中出现错误(有的主张直接法的语言学家对学生犯错误有不同看法);⑥听说法的句型操练实际上也是来自于直接法。帕默于 1916 年出版的《替换练习 100 例》提供了句型操练的范例。

直接法和听说法的不同之处表现在：①在对待学习者母语的态度上，直接法完全排斥母语的使用，而听说法只是限制使用母语，在一定程度上克服了前者的片面性；②听说法强调语言的结构形式，比直接法教学更具系统性；③听说法强调模仿、记忆，在一定程度上忽视了意义的教学，因而在有效培养学生的交际能力方面稍逊于直接法；④听说法强调严格控制词汇量，要求在对目的语和母语进行充分的对比分析的基础上，根据学生的难点选择语言项目和安排语言项目的先后次序，在对教学系统的考虑上比直接法更为成熟；⑤听说法把语言技能分为听、说、读、写四个方面，这在语言学和语言教学上是一大进步，受到了各种教学流派的普遍承认。

听说法是第一个自觉地把语言学和心理学理论作为理论基础的教学法体系。听说法的产生对"听说领先"外语教学理念的传播、对比语言学的发展和应用、教学机器和语言实验室在外语教学中的运用起到了很大的推动作用。句型操练的做法既避免了语法翻译法烦琐的语法分析，又不像直接法那样对教师的外语水平和组织教学的能力有很高的要求，因此能有效地培养学习者的听说能力。这种做法得到了广泛的认可，在很长时间内占据着教学法领域的主流地位。

听说法主张通过练习和反复模仿来掌握第二语言，其最大优点是学习者对语言听说技巧的直接运用，缺点是对语言的基础知识尤其是语法掌握得不扎实。听说法曾经一度风靡美国，但是它过于强调语言结构的掌握和专注于句型操练使得学习过程较为枯燥，把听说和读写割裂开来，在教学过程中也不关注学习者的不同学习风格，不区分教学对象的不同特点，忽视了学生的创造能力和读写能力，显得有些过于机械化和绝对化。听说法也未能培养出它所承诺的具备本族语者语言能力的外语学习者。因此，进入20世纪60年代后期，特别是随着乔姆斯基语言学革命对结构主义语言学和行为主义心理学的批判，人们开始关注语言学习的心理过程，听说法也就逐渐走向衰落。

第五节　视听法

视听法（аудиовизуальный метод）视觉感受和听觉感受相结合的一种教学

方法,其产生于 20 世纪 50 年代的法国,由法国圣克卢高等师范学院法语研究所推广形成,又叫"圣克卢法",最初运用于成年人法语第二语言短期速成教学。当时大众传播工具的发展十分迅猛,人们开始在外语教学中广泛借助电教手段,如广播、电影、录像、幻灯和录音等。通过运用声光电等现代化设备,把视觉感受和听觉感受相结合,把语言与形象相结合,从而建立起语言与客观事物的直接联系。视听法重视教学过程中语言材料的完整性,也被称为"整体结构法"。视听法吸取了直接法和听说法的优点,并发展了情景视觉感知要素,形成了独特的幻灯情景视觉与同步录音听觉相结合的方法体系,图 2-5-1 所示为听说法课堂图示。

图 2-5-1 听说法课堂图示(Ларсен Фримен,2000:38)

和听说法一样,视听法的理论基础是结构主义语言学和行为主义心理学。视听法强调培养学习者的口语能力,主张外语教学要培养学习者听、说、读、写外语的能力,而不是要求他们掌握语音、语法、词汇等知识。视听法把外语教学过程归结为刺激—反应—强化的过程,视听结合的方法比单纯依靠听觉或视觉来理解、记忆和储存的语言材料要多得多。视觉形象为学生提供形象思维的条件,促使学生自然和牢固地掌握外语。听觉形象有助于习得正确的语音、语调、节奏,获得遣词造句的能力。作为在欧洲大陆发展起来的外语教学法,视听法还在一定程度上吸收了格式塔心理学(графическая психология)的主张,它认为人对语言的认识具有整体性,而且人的视觉、听觉等感知能力也能对刺激形成整体反应,因此,外语教学需要从各个方位向学习者展示目的语,从而使学习者的感知能力得到整体运用(朱志平,2008)。

视听法具有以下主要特点。

1）听说领先，集中强化教学。集中三个月，用 250～300 课时进行强化教学，以掌握基本的口语能力。在口语基础上培养书面语能力。

2）以句型为中心。描写语言句子结构，归纳句型进行教学，是后期视听法教学的重要部分。

3）限制使用母语。用外语讲解以培养语感。

4）创设情景，进行语境教学。图像、录音视听结合，使所学外语与情景建立直接联系。

5）重视整体结构的对话教学。完整的对话是视听法教学的基本单位。对话既有利于培养口语能力，又能使课堂变得更生动活泼。

6）充分利用幻灯、录音等电教设备。

视听法发扬了直接法、听说法的长处，是外语教学手段的一种创新。它改变了原有教学手段的单一性，丰富了教学手段，在教学中广泛使用现代化教学技术设备，使语言与形象紧密结合，在情景中整体感知外语的声音和结构。电化教学的手段直到今天仍然被广泛使用，不断发展的声像技术、多媒体、网络等被运用于外语教学，这是视听法的一大贡献。视听法的不足之处是与它的鲜明特点紧密相连的：过分强调视觉直观作用，忽视对抽象词汇和语法结构的处理和讲解；过分重视语言形式训练，忽视交际能力的培养；过分重视语言整体结构，忽视分析语言的有机构成；过分强调口语，忽视书面语的作用，学习者的阅读、写作能力得不到相应的发展（张庆宗，2013）。

视听法没有得到广泛的应用，是因为它自身具有的局限性。它的理论基础跟直接法和听说法相比没有很大变化，因此其主要教学原则也与二者高度一致。除了声像配合教学这一创新点之外，没有更多的建树。另一方面，视听法的教学目的是短期快速地培养成年人外语口语能力，所以它以口语为主，排除母语和目的语文字等。这些做法显然不能适应长期的外语教学。理论基础和短期教学目的决定了视听法的成果最终只能作为一种配合外语教学的手段，而没能形成颇具影响的教学法流派。

第六节　自觉实践法

自觉实践法的自觉是指理解所学语言材料，在外语交际活动中，注意力集中在所表达的内容上，而不是集中在语言形式上。自觉实践法（сознательно—практический метод）是 20 世纪 60 年代初以来苏联俄语（作为外语）的主导教学法。著名心理学家 В. В. 别里亚耶夫在自己的一些著述中，特别是 1959 年发表的《Очерки по психологии обучения иностранным языкам》一书中，提出自觉实践法这一术语（该书于 1965 年修订再版）。

自觉实践法是针对自觉对比法改革而提出的一种革新的教学法体系。其实，自觉实践法是一种兼取外语教学法历史上两大派：直接法和语法翻译法（其中包括自觉对比法）之长，而又区别于这两大流派中任何一派的综合法或折中法。从直接法吸取了"言语实践"这一精华，而从语法翻译法和自觉对比法那里，又继承了"学习外语从自觉开始"或自觉性原则这一合理内核。他们又力图将两者尽可能有机地统一和结合，于是称之为自觉实践法。

别利亚耶夫指出：自觉实践法这一术语，揭示了最合理的科学外语教学法的两大特点：

1）外语教学的决定性因素是外语言语实践，是无翻译、活用性的言语活动。

2）而外语言语实践活动又必须建立在向学生讲清语言理论知识基础之上。

他还进一步指出，自觉实践法从本质上有别于语法翻译法和直接法：

1）自觉实践法区别于语法翻译法的根本之点在于把教学重点从语言知识转移到言语实践之上，不再把翻译作为教学和理解外语言语的基本手段。

2）自觉实践法区别于直接法的根本之点则在于它不但不排除外语语言理论知识，而且把语言知识作为外语教学的出发点，并对学生进行外语言语训练时，采用活用、积极、创造性的言语为教学的主要内容，并以此代替复用和机械性操练。

最后，别氏特地声明：但有一点必须明确，自觉实践法无论如何也不是语法翻译法和直接法的混合物，因为，要把这两种互相对立、互相排斥的方法联合在一起是不可能的事。

当今自觉实践法的原则已经得到发展和完善，一些原则与 В. В. 别里亚耶夫最初的观点并不完全一致。自觉实践法的主要原则是：①自觉性原则；②交际性原则。自觉性原则旨在学生深入理解语音、语法、词汇、修辞规则、国情常识的基础上进行言语实践，考虑母语，适当地使用对比翻译手段。交际原则旨在创造模拟和真实的交际情景来进行言语实践，掌握外语。自觉实践法的生命力在于它有着坚实的心理学和语言学理论基础。苏联著名语言学家 Л. В. 谢尔巴(Л. В. Щерба)院士关于语言、言语、言语活动的理论,心理学家 Л. С. 维果茨基(Л. С. Выготский)和 А. А. 列昂季耶夫(А. А. Леонтьев)的言语活动理论,П. Я. 加里彼林(П. Я. Гальперин)创立的智力活动分阶段形成的理论是这一教学法的心理学、语言学的理论基础,在自觉实践法 30 年的实践中证实了其科学性。当然,在不同的国家由于不同的教学目的,不同的学习者,使用这一教学法会出现不同侧面的缺点,如笔语、阅读能力弱、口语能力欠缺等。

自觉实践法的主要教学对象是俄语专业学生、进修生,有一定基础的研究生、进修生。有代表性的教材是:

1)《Учебник русскогоязыка для студенов—инотранцев》(И. М. Пулькина,1975);

2)《Изучаем русский язык》(Н. Потанова,1972);

3)《Учебник русского языка》(МГУ,1974);

4)《Практический курс русского языка》(Под ред. Г. И. Володиной,1977);

5)《Русский язык для всех》(Под ред. В. Г. Костомарова,1978);

6)《Учебник русского языка для иностранных студентов—филологов》(Основной курс—первый и второй год обучения)(Е. И. Войнова и друрие,1981)(Систематизирующий курс—третий и четвертый и пятый год обучения)(Н. А. Лобанова,И. П. Слесарева,1980)。

第七节　认知法

20 世纪 60 年代乔姆斯基提出"转换生成语言学",猛烈地冲击了当时在美国占主导地位的结构主义语言学和行为主义心理学,而这二者正是听说法的理论基础。乔姆斯基的语言理论是理性主义的,而结构主义语言学是经验主义的,二者有着本质的不同。乔姆斯基认为,语言是受规则支配的体系:人类学习语言绝不是单纯模仿、记忆的过程,而是创造性活用的过程。人类天生具有学习语言的潜能,儿童正是利用这一潜能(语言习得机制,LAD)将抽象规则内化,使之成为语言运用的基础。这些有限的规则将语言的深层结构转化为表层结构,从而生成无限的句子,于是人类能够听懂从来没有听过的句子,说出从未学过的话语。行为主义理论将语言学习等同于其他方面的学习,受制于"刺激—反应—强化—联结"的规律,语言的习得是形成习惯。语言学习的本质是什么?人们是怎样学会语言的?什么方法能有效促进外语习得?人们开始质疑听说法的诸项教学原则,并探索新的教学法。于是,以转换生成语言学为理论基础的"认知法"(когнитивный метод)在美国出现了。作为听说法的对立面,认知法强调充分发挥学生的认知能力,重视对语言规则的理解,并在此基础上全面培养学生听、说、读、写的能力。

认知法又称"认知—符号法"(когнитивно—символический метод),最初由美国心理学家 Кэрол Джон.(1964)在"语法翻译法的现代形式"一文中提出。由于它重视语法的作用,有人又把它叫作"新语法翻译法"。认知法重视发挥学生的智力作用,强调认知语法规则,是着眼于培养实际而又全面的运用语言能力的一种外语教学法体系。

认知法的语言学基础是乔姆斯基的转换生成语法理论。转换生成语法认为语言是受规则支配的体系,人的语言能力是先天性的,人脑具有一种语言习得机制。人类学习语言不是机械模仿和记忆的过程,而是不断理解、掌握语言规则、创造性地运用语言的过程。因此,认知法主张从学习语言规则入手,培养学生创造性地运用语言的能力,形成了自己的教学观,即语言学习是通过对它的各种语音、语法和词汇形式的学习和分析,从而对这些形式获得有意识的控制的过程。

认知法的心理学基础是认知心理学。认知心理学主张学习外语是一个感知、记忆、思维、想象的过程,是大脑积极思维的结果。瑞士心理学家皮亚杰在20世纪60年代提出了"发生认识论",认为掌握新知识是一种智力活动,是外界刺激与主体反应双向交流的结果。美国心理学家布鲁纳(Джером Брунер,1915—2016)认为了解语言的基本概念、原理和规则等"基本结构"有助于学习者认知。而且,外语教学要以"学习者为中心",主张"发现学习"。认知心理学家奥苏贝尔(Дэвид Опел,1918—2008)倡导有意义学习,重视基本概念和规则的理解。认知法教学主张把第二语言作为一个知识体系来掌握,通过分析讲解,理解语音、词汇、语法知识的规则和掌握语言的基本结构,达到培养外语交际能力的目的。

认知法的主要特点有六项,如下。

1)以学生为中心。教师要了解学生的年龄特点和外语学习的心理认知过程,培养学生具有正确的学习态度、坚定的学习信心和顽强的学习毅力。教师还要懂得学生的智力活动结构和发展过程,为学生提供易于发现规则的足够的语言材料和情景,从已知到未知,引导学生自己去进行"发现学习"。

2)用演绎法讲授语法。在理解语言知识和语言规则的基础上操练外语,强调有意义的学习和有意义的操练。认知法的核心是理解、记忆和使用的综合。理解是前提,操练是手段,记忆和使用才是目的。

3)听说读写齐头并进。认知法主张外语教学一开始就进行听、说、读、写四种能力的综合训练,全面发展。通过耳听、口说、眼看、手写多种感官刺激,可以收到更好的学习效果。听说是训练口头语言,读写是训练书面语言,二者相辅相成。通过读写强化听说能力,通过听说提高读写能力。

4)合理利用母语。在理论方面,乔姆斯基的普遍语法认为各种语言都具有一定的普遍性、共同性。因此,学习者母语的语法知识、概念、规则会迁移到外语中去,从而促进外语的学习。在实践方面,认知法倡导者认识到成年人学习外语和儿童学习母语的不同之处(成年人缺乏儿童学习母语的语言环境、儿童学习母语是大脑成熟的过程而成年人是在掌握了母语的基础上学习外语的、成年人学习外语是有意识的学习)。因此,进行外语教学时要适当利用母语,进行必要的母语与所学外语的对比分析,使教学更具有针对性和预见性,帮助学生逐步养成用英语思维的习惯。

5)分析语言错误。听说法强调及时纠错,以免学习者的错误变成习惯。而认知法认为学习过程中出现的错误是难免的,因此要容忍学生的语言错误,对错误进行分析和疏导,不能见错就纠,而是只纠正主要错误。

6)广泛运用电化教学手段。认知法认为直观教具和现代化教学手段可使外语教学情景化、交际化,有助于创造外语环境,增加使用外语的机会,强化外语教学过程,是在缺乏语言环境的情况下高质量进行外语教学不可缺少的条件。

从上述特点可以看出,认知法除了同之前的教学法一样关注教学内容("教什么")和教学方法("怎样教")之外,在认知心理学理论影响下开始关注教学对象,即"怎样学"的问题,这是外语教学的一个重大进步。然而,与听说法相比,认知法并不占居绝对优势(章兼中,1983)。认知法和听说法在美国一度形成对峙的局面:一方面是许多中小学风靡认知法,另一方面是不少大学还在继续使用听说法;一方面是美国国内的外语教学在推行认知法,另一方面是美国的不少机构在对个英语教学中依旧坚持使用听说法(朱志平,2008)。尽管认知法吸纳了乔姆斯基的语言理论,却没有像听说法那样关注语言学对语言结构描写的成果,因此,它缺少有关教学内容的应用研究,这使得它在"教什么"的问题上缺少实际内容。尽管认知法在理念上与认知理论具有一致性,但是,认知理论对于语言加工过程和学习策略的许多研究尚处在雏形阶段,不能为外语教学提供具体的指导。认知法作为听说法的对立面而产生,给外语教学带来了更多的选择,但是,由于它完全抛弃了听说法的合理内核,也使得自己的教学主张缺乏系统性和可操作性,不能十分有效地指导外语教学的实践。因此认知法作为一个新的独立外语教学法体系还是不够完善的,必须从理论上和实践上加以充实。

第八节 功能法

功能法(функциональный подход)是以语言功能—意念项目为纲培养学生交际能力的一种比较新型的外语教学法体系。语言在社会中的功能是指语言行为,即用语言叙述事情和表达思想,如表示询问、请求、邀请、介绍、陈述、同意、拒绝、感谢、道歉、希望和害怕等。意念是功能作用的对象,是指从特定的交际需要和交际目的出发,规定所要表达的思想内容,即提问谁(кто)或什么(что),所以又叫功能—意念法(функционально—содержательный подход)。由于交际功能是语言在社会运用中最本质的功能,又是外语教学中最根本的目的,所以功能法又叫交际法(коммуникативный подход)。

功能法创建于20世纪70年代初期的欧共体国家,中心是英国。70年代,西欧各国的政治、经济、科学、文化飞速发展,交往日益频繁。为了加强相互间的政治、经济、军事、科学和文化方面的联系与合作,成立了欧共体。随着欧共体成员国的扩大,使用语言的增多,带来了语言不通的重大问题。于是,外语成了欧共体合作交往的重要工具。因此,改革共同体成员国的外语教学,制定统一的外语教学大纲,设计统一的教材和测验标准是提高欧共体成员国外语教学质量的根本措施。经过一百多位专家的三年努力,欧洲主要语言的教学大纲

《入门阶段》(《Этап ввода в действие》)和英语、法语、德语、意大利语、西班牙语以及威尔金斯的《意念大纲》(《Функционально—содержательная программа》)等相继问世。这意味着功能法的诞生。

社会语言学是功能法的语言学基础。社会语言学是研究人类社会中使用语言进行交际的规律的一门科学。它研究语言结构变异和社会结构变异之间的系统对应关系,以及它们之间一方对另一方的因果关系。它还研究语言和社会的关系及语言在社会中的功能。社会语言学一改过去语言学各流派着重研究语言形式、语言结构,而侧重研究语言的社会功能。社会语言学家认为,语言的社会交际功能是语言的最本质功能。因此,功能教学法是以社会语言学为理论基础,以交际功能为纲的一种教学法体系。

社会心理学和心理语言学是功能法的心理学理论基础。社会心理学和心理语言学认为,言语交际一是用语言表达什么思想内容,即意念;二是怎样运用语言表达思想内容,即语言表达形式和表达方法。因此,功能法提倡从意念到表达的教学途径。心理语言学还研究第二语言习得的心理过程。它阐明外语学习的认识过程,学生是怎样用语言理解和表达思想的,语言是怎样和思维的过程联系的。心理语言学还认为,外语教学质量的高低取决于教师和学生、教学内容和教学方法等诸因素综合作用的结果。在诸因素中,学生是内在因素,内因起决定作用。学生在言语交际中犯语言错误是正常现象。因此功能法不苛求纠正学生所犯的语言错误。

功能法的教学原则如下四条。

1)交际、情景性原则。培养学生的言语交际能力是外语教学的主要目的。交际是在语境中用话语进行的,因此,语义连贯的句子所构成的话语是外语教学的基本单位。外语教学要在成段、成篇的话语中进行。言语交际是外语教学活动的依据和出发点。要使学生掌握言语交际能力,必须用外语上课,在课堂进行师生之间的言语交际活动,实现课堂教学过程交际化。言语交际活动又总是在特定的情景中进行,并受情景制约,所以外语教学要在学生日常生活、学习和未来工作最迫切需要的情景中进行。

2)功能、意念相结合的原则。功能是指用语言叙述事情、表达思想和传递信息;意念是指用语言表达什么内容。编写教材和实际教学必须将常用的功能和意念结合起来。

3)话语是外语教学的基本单位。功能法反对以语音、单词、句子、课文等顺序教学，也反对以句子为教学基本单位的机械式的句型操练，主张以话语为教学的基本单位。话语是言语交际的重要形式，是功能法教学的支撑点。因此，无论是句子还是语音、词汇、语法、句型结构，都应综合地运用在表述情景的整篇话语中去学习。

4)不苟求纠正学生的语言错误。学生学习外语的过程类似幼儿学习母语的过程，常会出现语言错误。这是自然现象、正常现象，不必苟求纠正。外语教学要把学生的注意力集中在言语交际的内容上，不要集中在个别语音、词汇、语法、句子结构等语言错误上。但对于那些影响交际理解性的错误还是应该注意纠正的。

功能法的优点如下：

1)注意培养学生的外语交际能力。

2)强调外语教学过程交际化。

3)以话语为教学的基本单位。

4)以功能项目为纲进行外语教学。

5)不苟求纠正学生的语言错误。

功能法的缺点如下：

1)对功能项目的确定标准，对功能项目的统计、分类及安排的先后教学顺序论证得不够充分。

2)如何科学地协调功能意念项目与语法、句型结构的关系需要进一步探讨。

3)需要进一步处理好有错必纠与有错不纠的关系。让学生在交际中自己纠正语言错误不符合我国的国情，因为在国内没有像幼儿学母语那样的外语环境。

当代外语教学法借鉴了功能法的"外语教学过程交际化的原则"，把"情景性"优化为"语言与情景密切结合的教学原则"，把"以话语为教学的基本单位"改进成"以语篇为教学单位的原则"，把"不苟求纠正学生的语言错误"完善成"既要准确、又要流利的教学原则"等。

第三章

俄语教学中的语言知识与言语技能

第一节 语言知识

一、语音

（一）元音和辅音

所有语音都可以分为元音（гласные）和辅音（согласные）。其区别主要在发音动作和声学效果方面。

1）发元音时气流自由通过口腔，不遇到任何阻碍。发辅音时气流要克服口腔的阻碍。元音和辅音在发音动作上的基本区别也决定了它们其他方面的差异。

2）元音是纯粹的乐音，它们是气流通过喉头时声带震动而产生的。周期性的震动形成了音调和乐音。元音的波形图是一条主要音调在震动周期内部不断重复的波（如图 3-1-1）。

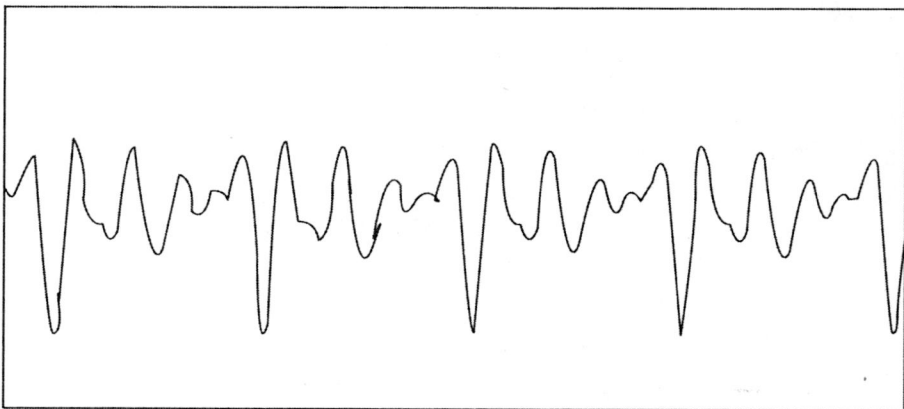

图 3-1-1　元音[o]（37 毫秒）在词 кот 中的波形图（四个重复的震动周期）

辅音的特点是有噪声存在。噪声是非周期性的音,它产生于气流对各种阻碍的克服。辅音的波形图反映的是非周期性,声音震动时没有规律性的重复。清辅音都是噪声,浊辅音有噪声的成分,也有乐音的成分。

3)对元音来说,发音时气流较弱,而发辅音时则需要较强的气流来冲破阻塞。当把手掌放到嘴边慢慢发 oca 这个词时,能很容易辨别出发元音[a]和发辅音[c]时气流上的强弱。

4)在发元音时口腔内肌肉的紧张程度是比较均匀的,而发辅音时肌肉在形成阻塞的部位比较紧张。发一下[и]和[j]就能明显地感受到这一点。

5)俄国学者博戈罗季茨基(B. A. Богородицкий)把元音称为张嘴音,把辅音称为闭嘴音。要想把元音发得越响亮,嘴就要张得越大,要想把辅音发得越响亮,发音器官就应该贴得越近。分别小声和大声地发一下[a]和[c],就很容易感受到发音器官运动的差别:要想大声发[a],嘴巴就必须张大,要想大声发[c],舌头就应当紧贴下齿。

6)另一位俄国学者、著名语音学家潘诺夫(M. B. Панов)提出了另外一个区分元音和辅音的方法:元音可以喊出来,单纯辅音是不可能喊出来的。

(二)元音的声学分类

元音是纯乐音,由于声带震动而形成。嗓音在喉头上腔获得了特殊的音色。嘴和喉头是造成元音之间差异的谐振腔。这些差异主要取决于谐振腔的大小和形状,它们会随着嘴唇、舌头和下颌的运动而变化。每一个元音在发音时都具有独特的、专属于该音的发音位置。

元音的分类依据三个指标:①双唇的状态;②舌位的高低;③舌位的前后。

根据双唇的状态,俄语元音分为圆唇元音和非圆唇元音。发圆唇元音时双唇靠近,圆撮并前伸,缩小出气口,增加共振腔的长度。圆唇元音有两个[o]和[y]。它们圆唇的程度是不一样的,前者较后者要小。

根据舌位的高低,俄语的元音可分为高元音([и],[ы],[y])、中元音([э],[o])和低元音([a])表 3-1-1。在发高元音时舌头处于最高的位置,下颌与上颌微微分开,嘴形成一个窄口。因此,语音学中也常把高元音叫作窄元音。发低元音时下颌一般降到最低的位置,嘴形成一个宽阔的开口。所以低元音常被称为宽元音。

根据舌位的前后，俄语的元音可以分为前元音（[и]，[э]）、央元音（[ы]，[a]）和后元音（[y]，[o]）表3-1-1和图3-1-2。在发前元音和后元音时舌头相应地集中在口腔的前部和后部。不过舌头的形状是有区别的：发前元音时舌前部向靠近上颚前部的地方抬起，发后元音时舌后部向靠近上颚后部的地方抬起。发央元音[ы]时舌头集中在口腔中部，舌中部抬向上颚中部，发央元音[a]时舌头则比较平直。

表 3-1-1　俄语元音的简表

双唇状态　舌位前后　舌位高低	非圆唇音		圆唇音
	前元音	央元音	后元音
高元音	и	ы	y
中元音	э		o
低元音		a	

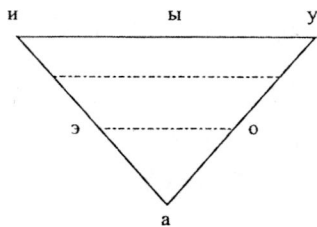

图 3-1-2　元音三角图

下面是元音发音空间的梯形图，见图3-1-3。

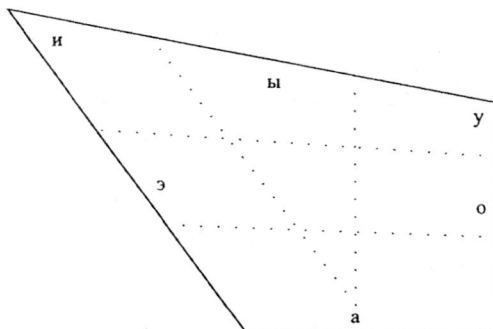

图 3-1-3　元音发音空间梯形图

元音梯形图反映了口腔构造和舌头运动的特点:舌头在口腔内的下部和后部移动范围小,在口腔的上部和前部移动范围大。

将元音按舌位的高低前后划分并不能涵盖元音的所有变化。例如,有一个音,发音时嘴比[и]开得稍大,舌位比[и]稍低。这个音被称为"开[и]",标记为[иэ],意指倾向于[ə]的[и]音。还有一个音叫"闭[ə]音",它比[ə]音口型稍闭,舌位稍高。在精确的音标法中被标记为[эи]。因此,开元音和闭元音体现了发音中的细微差异,主要表现在口型开合以及舌位抬高的程度。

如果把有细微差异的音视为不同的音,那么可以列出一个更加精确详尽的元音表。潘诺夫提出了一个具有五个前后音和五个高低音的图表(当然,这也没有穷尽所有的俄语元音)如表3-1-2所示。

表 3-1-2　五个前后音和五个高低音

高低＼前后	前部	前中部	中部	中后部	后部
高	и	ӱ	ы		у
高中部	иэ ӟ·эи		ыи		
中部	э	эı	ə		о
中低部		ä	аэ	ʌ	
低			a		

元音[ə](在另一种音标中被标记为[ъ])是标准语中最常见的音之一。它一般出现在一些非重读音节里,比如在以下单词中:п[ə]рохо́д,в[ə] допа́д,го́р[ə]д,о́бл[ə]ко,вып[ə]х[ə]ть。它极少出现在重读音节中,例如在表示遗憾惋惜时发出的 да 一词中:[д ə?]([а]表示声骤合,声门撞击)[ə][处于从[ы]到[a]这个连续发音链的中间位置。

和[a],[ə],[o],[y]相比,[ä],[ӟ],[ö],[ӱ]在发音位置上更靠前上部。它们一般位于两个软辅音之间:пять[пäт'],петь[пӟт'],тётя[т̈öт'я],тюль[т̈ӱл']。

当前元音[и],[э]位于两个软辅音之间时在音标中一般标记为[и],[ə],或[и],[э],或[ï],[ё]。

当元音[э]位于软辅音后、重音前一个音节时一般标记为[э"]:в[э"]снá,б[э"]гá,p[э"]ды 等,这是 э 化发音法的特点,属于传统的发音标准,现代标准语中一股采用 и 化发音法,如:в[и°]снá,б[и°]гá,p[и°]ды。

元音[э]的发音位置位于硬辅音之后的重读音节,比如:ант$\left[\begin{smallmatrix}э\\-\end{smallmatrix}\right]$нна м$\left[\begin{smallmatrix}э\\-\end{smallmatrix}\right]$p,ш$\left[\begin{smallmatrix}э\\-\end{smallmatrix}\right]$ст。

元音[и°],[ы°],[a°]只出现在非重读音节中,如[и°]скри́ть,д[ы°]ши́,в[a°]дá 等。传统的 o 化发音法会把[a°]读成非圆唇元音[Λ]:一个介于[a]和[o]之间的音(图 3-1-4～图 3-1-7)。

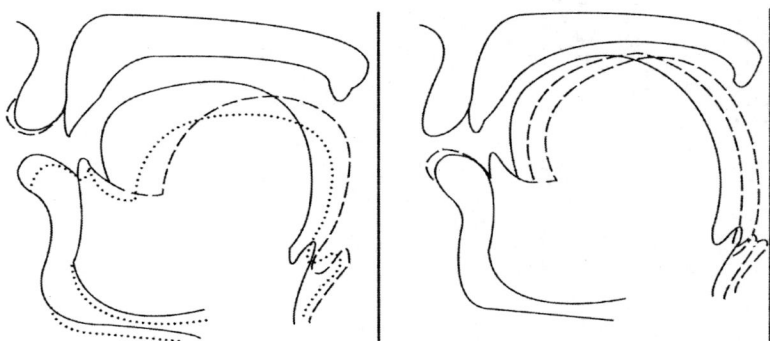

图 3-1-4　元音发音示意图

——[и]　　　　　　　　—— [э]

------[ы]　　　　　　　------[о]

— · —[у]　　　　　　　······[a]

图 3-1-5　语音的 X 射线示意图

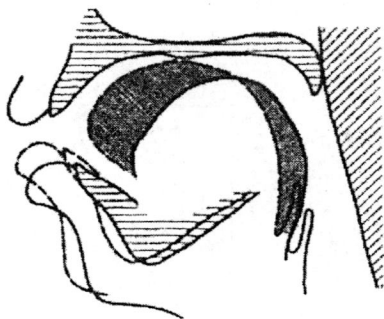

图 3-1-6　语音的 X 射线示意图

———— [o]

------ [ö]

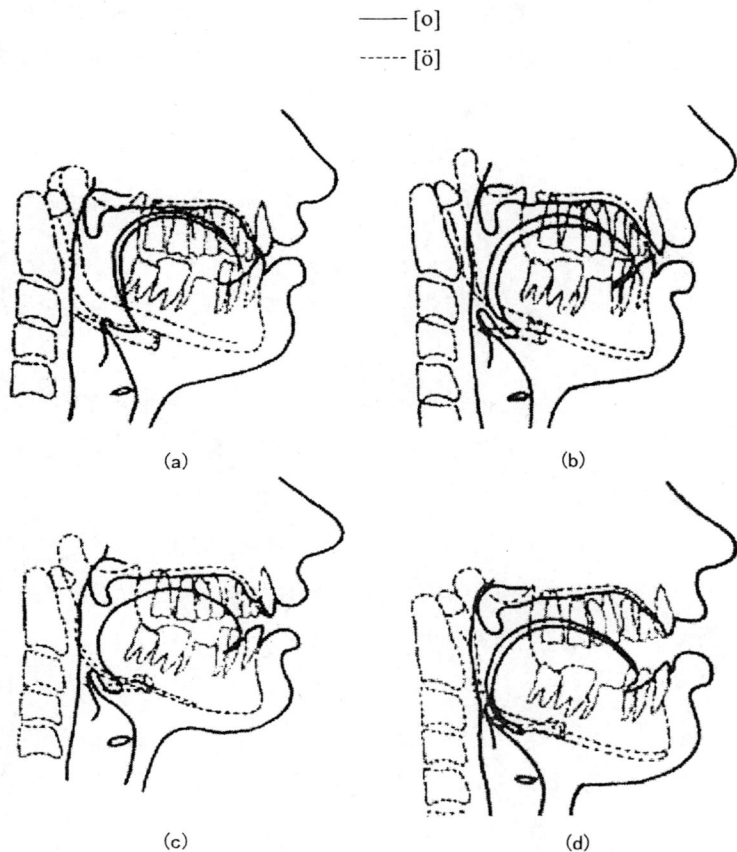

(a)　　　　　　　　　　　　(b)

(c)　　　　　　　　　　　　(d)

图 3-1-7　语音的 X 射线示意图

(a)[ы];(b)单词 посидеть 中的[ə];(c)косá 中的[aᵊ];(d)[a].

　　X 射线图展现了舌头的形状及其在口腔中抬升的位置,并展现了上颚与舌头之间的间隔。上述元音也可以如图 3-1-8 所示。

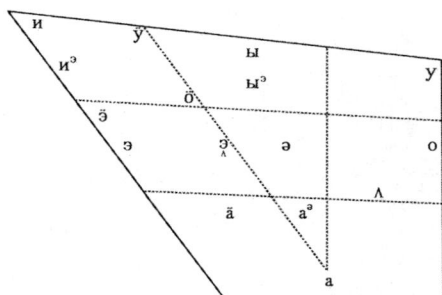

图 3-1-8　元音梯形图

当然,这些图表也没有穷尽所有的元音。如果进行更细致的考察还可以区分出语音的一些更细微的随位变体。比如在 дам 和 дал 这两个词中,元音一般标记为同一个[a],但实际上这两个元音的发音是有区别的。在 дам 中的[a]是央元音,在 дал 中的[a]是中后元音。因为[л]这个音把前面的元音的舌位向后拉了。再如,在 домá 和 далá 两个词中非重读音节的那个元音标记为同一个[aə],但在更精确的音标标记中它们是不一样的:前者为[даəмá]后者为[дʌлá]。在这里同样是[л]这个音对非重读音节的发音位置产生了影响。

通常在音标标记中元音[y]在重读和非重读音节上都标注为同一个音。但实际上发非重读音节上的[y]时舌头并不抵达最高位,处于高中元音的位置。准确的标记应该为[y°]。

对元音发音产生影响的还有其他的一些因素,它们可以通过更为细致的语音分析得出。需要指出的是,不同的语音学家对元音的特点及相互关系有不同的理解,所以他们描绘的元音图表也是各不相同的。

(三)辅音的声学分类

俄语辅音通常按照以下五大区别性特征分类:① 发音部位(место произношения);② 发音方法(способ произношения);③ 噪音水平(响/噪)(уровень шума,〈сонорность/шумность〉);④清/浊(глухость/звонкость);⑤硬/软(твердость/мягкость)。

辅音的发音位置取决于完成发音动作的积极器官以及与积极器官接合或贴近的消极器官。简言之,发音位置就是口腔中气流遇阻的地方。

如果积极器官是下唇,那么就会产生双唇辅音(губно-губные согласные)—[п],[пʹ],[б],[бʹ],[м],[мʹ](此时消极器官为上唇)和唇齿辅音(губно—зубные согласные)—[в],[вʹ],[ф],[фʹ](此时消极器官为上齿)。

如果积极器官是舌头,那么辅音的特点取决于两个因素:①参与形成阻碍的舌头的部位(舌前部,舌中部,舌后部);②与舌头接合或贴近的消极器官(牙齿,上颚的前部、中部或后部)。

前舌音可以是齿音(舌前部朝向牙齿)—[т],[тʹ],[д],[дʹ],[с],[сʹ],[з],[зʹ],[н],[нʹ],[л],[лʹ],[ц],也可以是前颚音(舌前部朝向上颚前部)—[р], [р́]，[ш]，[ш́]，[ж]，[ж́]，[ч]。

前颚辅音也叫齿龈辅音，因为发这些辅音时舌背前部最靠近的地方是齿龈。中舌辅音同时也是中颚辅音啪[j]，[j̄]。后舌辅音要么是后颚音—[к]，[г]，[х]，[у]，[н̄]，要么是中颚音—[ќ]，[ѓ]，[х́]，[у́]，[н́]。[н́]和[н̄]这两个音是后舌鼻音，在俄语中很少见。只有当[н]，[н́]在单词中位[к]，[г]于之前，并且[к]，[г]之后还是辅音时，这两个音才发为[н́]和[н̄]。比如пу[н́]ктир，фра[н̄]кский，ко[н́]гресс，де[н̄]гнева。

辅音发音的方法是指使气流在口腔中形成阻碍和克服阻碍的方法。成阻有三种方法：发音器官贴近时形成缝隙阻碍，发音器官之间完全贴合形成阻碍，以及积极器官在语流中颤抖而形成阻碍。根据这三种方法所有的辅音可分为三类：擦音、塞音和颤音。

擦音是指气流通过发音器官形成的缝隙时摩擦器官边缘而产生的音。擦音中的[л]和[л́]在成音时气流是从舌边通过的，通常又叫作边音（боковой согласный）其他音在成音时气流是从贴近的发音器官中间通过的，所以称为中继音（серединный согласный）：[в]，[в́]，[ф]，[ф́]，[с]，[с́]，[з]，[з́]，[ш]，[ш́]，[ж]，[ж́]，[j]，[х]，[х́]，[у]，[у́]。

对擦音来说，缝隙的形状和长短也是区别性特征。辅音[с]，[с́]，[з]，[з́]被称为圆擦音，因为发这些音时舌前部靠近上齿背及齿龈，形成一个纵向槽状的狭长圆缝。其他的中继音都是些平擦音，在发音的时候缝隙是平而且宽的。

擦音[ш]，[ж]有两种发音方式。一种是双焦擦音（двуфокусный щелевой）发法：舌尖连同舌前部上抬与齿龈后沿构成缝隙，形成第一个焦点；舌中部下陷，舌后部向软颚抬高，形成第二个焦点。另一种发音则是单焦发音发法，即不形成第二个焦点，在这种情况下[ш]，[ж]是单焦擦音。这两个辅音的特点是发音时形成的缝隙较长，因此它们又被称为长擦音。

根据克服阻塞的性质塞音可分为鼻塞音、爆破音、塞擦音和非爆破音。

鼻塞音的特点是口腔完全闭合，颚帘放下，气流自由通过鼻腔：[м]，[м́]，[н]，[н́]，[н́]。除鼻塞音外还有一些辅音是口腔塞音，发音时颚帘抬起，紧贴喉咙后壁,这样气流只能从口腔呼出。

在发爆破音时首先要让气流完全阻塞,提高口腔内压,然后猛然开启发音器官,气流冲出而产生爆破的音响。

爆破音可以划分为两种类型:一种是口腔爆破音,气流从口腔出来。这样的音有:[п]、[п']、[б]、[б']、[т]、[т']、[д]、[д']、[к]、[к']、[г]、[г']。另一种是喉咙爆破音,气流在颚帘与鼻咽后壁骤然分离之后经鼻腔出来,而双唇或舌与上齿继续保持闭合状态。这样的音有:[п^м]、[п'^м]、[б^м]、[б'^м]、[т^н]、[т'^н]、[д^н]、[д'^н]。我们可以看到,发喉咙爆破音的一个条件是其后必须有发音位置相同的另一个鼻音,如:нэ[п^м]ман,су[п'^м]молочный,сы[п'^м]медленней,о[б^м]ма́н,о[б'^м]ме́н,обра́[т^н]но,о[т^н]нас,о[т'^н]нёс,пя[т'^н]ница,мо́[д^н]нный,по[д'^н]нять。当把手掌靠近嘴来发两组音:нэп 和 нэпман,пять 和 пятница,能够感觉到,当发[п]和[т]时气流经过口腔,当发[п^м]和[т^н]时则不经过。所以喉咙爆破音又称为喉辅音。

发塞擦音和发爆破音一样,是从发音器官的完全闭合开始的。但在发声后期闭合的器官并不骤然打开,而只开一个出气的小缝。例如这两个音:[ц]和[ч'],它们有时被标记为另一种形式:[ц]被标记为[т̂с],[ч']被标记为[т̂ш']这种记音方法表明了音的多样性。但[т̂с]并不等于[т+с](正如[т̂ш']也不等同于[т'+ш']),[т̂с]是一个融合音,而[т+с]则是两个音。下面几个音组的发音是不一样的:о целевой 和 от солевой,о цепной 和 отсыпной,о цыпке 和 отсыпке',这些音组的前一个词中是[ц](=[т̂с])音,后一个词中则有两个音与之对应。塞擦音[т̂с]在发音的前期和后期只是有点像[т]和[с],却并不完全与它们一致。

塞擦音可分为中塞擦音和侧塞擦音。中塞擦音发音时出气孔在嘴的中间,比如[ц]、[ч']。发侧塞擦音时出气孔在舌的两侧,比如[т̂л]、[т̂'л']、[д̂л]、[д̂'л']。从这里我们可以看到,当[т]、[т']、[д]、[д'],后面紧跟着[л]、[л']时它们发侧塞擦音。例如,у́т[т̂л]лый,пя[т̂л]лет,ло́[д̂л]льш,по́[т̂'л']линный。

非爆破辅音只有一个成阻期,它们不像爆破音和塞擦音有两个成阻期。非爆破音类似于英语中的不完全爆破音,当一个爆破音位于相同发音位置的爆破音和塞擦音之前,或一个塞擦音位于同类塞擦音之前时,它们都要发成非爆破音。例如:по[д—д]óмом,полка,знa。

非爆破辅音一般认为是对爆破音和塞擦音成阻时间的延长,但实际上非爆破辅音是一些独立的语音单位,具有音位的某些特征。发浊的非爆破音时,声带震动,口腔成阻,气流呼不出去。比如,当我们发[б]时双唇紧闭,发[д]时舌尖紧抵上齿,发[г]时舌头紧贴上颚后部,只要最后气流不出来,就是非爆破音[[б]﹂﹥,[[д]﹂﹥,[[г]﹂﹥。而在清的非爆破音位置上只有口形,而没有发声。非爆破清辅音的波形图上显示的是一条没有任何波动的直线。但是尽管没有发声,非爆破清辅音对其前面的元音口形会产生影响。比如,当发[[ап﹁﹥﹁时,元音[a]发完后双唇是闭合的,而发[[ат﹁﹥﹁时,发完[a]后舌头和上齿突然形成阻塞,发[[ак﹁﹥﹁时,发完[a]后舌后部和上颚后部突然形成阻塞,所以您听到的是几个不同的音,这一点在光谱图上也得到了证明。这样,根据元音发完时的口形我们就可以知道后面的那个辅音是什么,尽管它没有发出来,只起一个成阻的作用。

爆破音、塞擦音和非爆破音的发音示意图可以简示如图 3-1-9 所示。

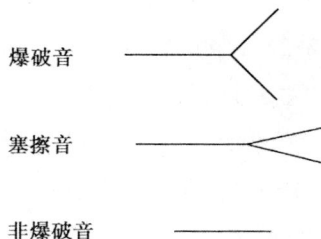

图 3-1-9 爆破音、塞擦音和非爆破音的发音示意图

颤音([p],[p'])是在气流呼出时震颤舌尖而形成的,通常伴随着舌头与上齿龈和后齿龈不断开合。颤音的发音特点是舌头与消极器官的点状接触以及成阻时间短暂。与塞音相比,颤音的阻塞较轻,时间更短。

当发[p],[p']时舌尖有时候并不与上颚相接触,这种情况在发[p']时更为常见。此时[p],[p']可以被视为擦音。这种发音方式最典型的位置在重音之后元音之间,如 гарь,Bap:Vrr,或者是在词尾,如 дверь,корь 等(图 3-1-10)。

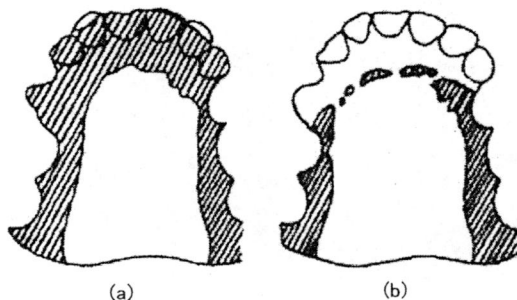

(a)　　　　　　　　　　(b)

图 3-1-10　фата 和 пора 的发音颚位图

(a)фата 一词中[т]音的颚位图；(b)пора 一词中[р]的颚位图画线部分

是舌头与牙齿和上颚相接的部位

　　在大多数位置上[р],[р́]只有一次重读,即舌头只接触上颚一次,当它们与辅音相连时,特别是当它们在两个辅音之间,而后一个辅音是下一个词的词首时,[р],[р́]要重读两次。比如:трава́,фо́рма,пря́мо,го́рько;зубр вы́шел,дека́брьморо́зный。当需要加强发音力度时,在任何位置上都可以对[р],[р́]进行三次以上的重读。

　　前舌辅音可以根据舌尖的状态和舌背前部的形状来划分。当舌尖紧张并朝向上齿时,形成的是舌尖辅音,比如[л];当舌背前部凸起向上,舌尖处于消极位置时,形成的是舌背辅音,除了[л]以外的所有的齿音和除了[р́]以外的所有前颚软辅音都是舌背辅音。发齿音[т],[т́],[д],[д́],[н],[н́],[л],[с],[с́],[з],[з́]时,与上齿接触或靠近的是舌背前部,此时舌尖不紧张,而且在大多数情况下([т],[д],[н]除外)是垂向下齿的。在发[ш́],[ж́],[ч́]时舌头的形状同前,不同的是它回到了牙龈区以及与之相连的上颚牙龈后的部位。发[р],[р́],[ш],[ж]时的特点是舌尖抬起朝上,伸到牙龈区以及与之相连的上颚部分。这类辅音叫作顶辅音(какуминальный согласный)。

　　根据噪音的水平(噪音的强度)辅音又可分为响辅音[м́],[м́],[н]和噪辅音[н́],[л],[л́],[р],[р́],[j]和噪辅音[п],[п́],[б],[б́],[ф],[ф́],[т],[т́],[д],[ц́],[с],[с́],[з],[з́],[ц],[ч́],[ш],[ш́],[ж],[ж́],[к],[ќ],[г],[ѓ],[х],[х́]。噪辅音的噪音强度要远大于响辅音,其差异在于发噪辅音和响辅音时发音器官的紧张度、气流通过的宽度以及发音力度等方面的不同。发噪辅音时,口腔中阻碍气流的肌肉要比发响辅音时更紧张,而发响辅音时,气流通过的宽度要比发噪辅音时更宽,所以在言语中发噪辅音时从口腔呼出气流的力度要远大于发响辅音的气流力度。

[j]这个音在一般话语中是响辅音。发音时舌背中部和上颚中部要比发噪辅音擦音更宽,在此位置舌头的紧张度不大,气流力度比发噪辅音要小。但在强调的情况下所有这些指标都会发生变化。试着平静地发一下单词 моя[maᵊjá],然后再带着强烈感情发同一个单词,我们会发现,语气加重时发[j]的缝隙变小,舌头在形成缝隙的部位紧张度加强,气流的力度加大,此时[j]音变成了噪辅音。

清浊辅音的区别在于发音时有无嗓音。发音时声带靠近并在气流通过时发生震颤就形成了嗓音。浊辅音都是带嗓音的,如:[р],[л],[м],[н],[j],[б],[в],[г],[д],[ж],[з]等,浊辅音又有浊响辅音和浊噪辅音,它们之间的区别在于,发浊响辅音时嗓音要远远多于噪音,而发浊噪辅音时正好相反。当只有噪音没有嗓音时就形成了清辅音:[к],[п],[с],[т],[ф],[х],[ц],[ч'],[ш]等。发这些音时声带处于放松状态。

俄语辅音系统存在两个重要的对立,一个是清浊对立,另一个是软硬对立。俄语中大多数辅音都是清浊成对的,比如:[п]—[б],[ф]—[в],[т]—[д],[с]—[з],[ш]—[ж]等。[ц]是清音,但有一个与之相对的浊音[д͡з],它的发音位置与[ц]相同,只是后面一定有一个浊辅音相随,如:пла[д͡з]да́рм,Шпи[д͡з]бе́рген,коне[д͡з]го́да。类似的清浊辅音对还有[ч']和[д͡ж'],清辅音[ч']在浊辅音前面时发成[д͡ж']音,例如:на[д͡ж']базы(начбазы = начальник базы),мя[д͡ж']заби́ли(мяч забили),до[д͡ж']говори́ла(дочь говорила)。[y]在一些词中可以构成清辅音[х]的对立浊辅音,如:дву[y]годичный,мо[y]зелёный,и[y]ждали。

响辅音也有清浊的对立,比如:[р]—[[р̥]],[р']—[[р̥']],[л]—[[л̥]],[л']—[[л̥']],等。清的响辅音可以出现在词尾清辅音之后:метр,кос[м]。当清辅音在词尾时,尤其是在具有情感色彩的言语里时,它构成浊响辅音[j]的对立音。如отда́硬辅音和软辅音的区别特征在于发音部位的不同。发软辅音时舌头集中于口腔前部,发硬辅音时则集中于口腔后部。试比较:[в']ил—[в]ыл,[п']ил—[п]ыл,[л']ёг—[л]ог,[р']яд—[р]ад.这一发音动作上的主要区别必然引起一些辅助发音动作的不同。发软辅音时由于舌部前移而产生颚化现象——舌背中部抬向硬颚,同时喉腔变宽变大。所以软辅音除[j]外都是颚化音。对[j]来说,舌背中部抬向硬颚中部不是辅助发音动作,而是基本发音动作,所以[j]是一个颚辅音。发硬辅音时由于舌头后移而使喉腔变窄变小——这种现象称为咽头化。所以硬辅音都是咽化音。此外在发硬辅音时可以观察到软颚化现象——舌背后部抬向软颚。

软颚化现象最明显地表现在[л],[р],[ш],[ж]几个音上面。它们的软颚化往往伴随着舌背中部的下弯。而一些唇辅音的软颚化却没有舌背中部下弯的现象,如:[п],[б],[ф],[в],[м]。软颚化最少的唇辅音是:[т],[д],[с],[з],[н],[ц]。前颚单焦辅音[ш],[ж]可以发成弱软颚化音,也可以不带软颚化。凡发音时能观察到软颚化现象的辅音都是软颚化音。至于后舌音[к],[г],[х],[y]由于它们的基本发音动作就是舌背后部抬向软颚,所以它们是软颚音,而不是软颚化音。因为后者只是一个辅助发音动作(图 3-1-11～图 3-1-13)。

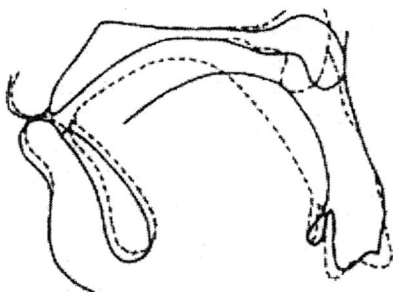

图 3-1-11　辅音的 X 射线图

—— [п] 在 aпá 中的发音　　　　　　---- [п'] 在 aпя́ 中的发音

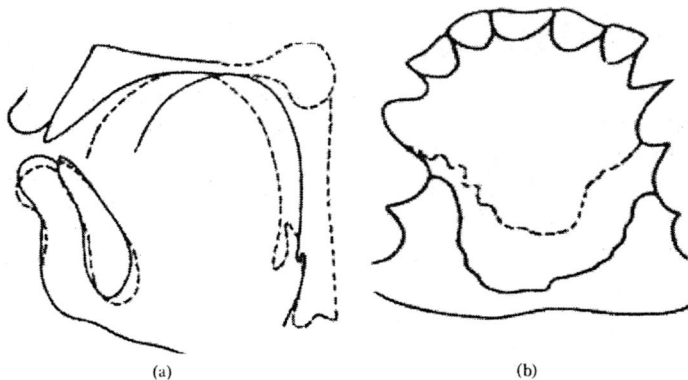

(a)　　　　　　　　　　　　(b)

图 3-1-12　[к]и[к′]的 X 射线图和[к]и[к′]的颚位图

——[к]在ак中的发音情形　　　　　　　——[к′]在акя中的发音情形

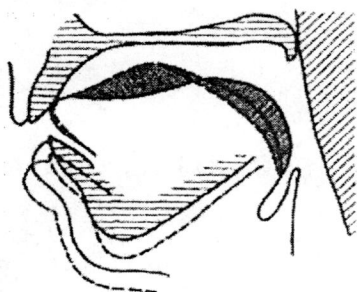

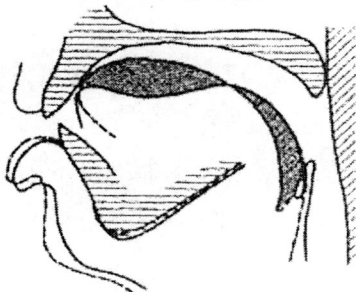

(a)　　　　　　　　　　　　　　　(б)

图 3-1-13　音在 X 射线图上显示的颚化和咽头化

(а)[л]—[л′];(б)[ш]—[ш′]实线表示硬音,虚线表示软音。

阴影部分右斜线区是颚化区,左斜线区是咽头化区

绝大多数辅音都能形成软/硬对应的辅音组,如:[п]—[п′],[б]—[б′],[ф]—[ф′],[в]—[в′],[м]—[м′],[т]—[т′],[д]—[д′],[с]—[с′],[з]—[з′]等。[ц]是一个硬音,但当软辅音[т]位于软辅音[с]之前时,它们一起构成了[Ц]的软音形式[ц′],如:пя[ц′]ся,ма[ц′]Серёжи.[ч′]是一个软音,但当它位于[ш]之前时发硬音[ч],如 лу[ч]ше 试比较:лу[ч′])。另外当[т],[д]位于[ш]之前时它们与[ш]音一起构成 Ч 的硬音形式[ч′],如:о[ч]шатну́ться(отшатнуться),по[ч]шути́ть(подшутить)。音组 дж 在词尾时也发成硬音[ч]:имидж—и́ми[ч],колледж—ко́лле[ч],хадж:—ха[ч]。硬音[ш]相对的软音是[ш′]:[ш′]ча́ем,мо́[ш′]ный,[ш′]ка 硬音[ж]的对应软音为[ж′],这个音一般总是在两个相同的音在一起发长音时出现,我们看例子:во[ж′:]и,дро́[ж′:],ви[ж′:]ать,这种软化[ж]的发音逐渐成为一种趋势,现在许多讲标准语的人都是这么发如下单词的 вожжи,дрожжи,визжать(当然也可以发成硬音长音[ж:])。只有 й 没有相对应的硬辅音。因为对其他软辅音来说,舌背中部抬向硬颚只是一个辅助发音动作,而对软辅音[j]来说,这个动作却是它的基本发音动作。

在下面这张表上罗列了现代俄罗斯标准语的基本语音和一些重要特征(每个小方格中左边是清辅音,右边是浊辅音,上面是硬辅音,下面是软辅音)。当然,挂一漏万的现象永远是存在的,随便就可以举出几个例子。比如在以下几组相对应的词中相同的音发音动作却是有差别的 сад 和 суд,дам 和 дум,таз 和 туз,在元音[а]前面的辅音发音时双唇不紧张,而在元音[у]前面的辅音发音时

双唇要圆撮并前伸。在这些词(суд,дум,туз)将发未发之际嘴唇已经先行摆好姿态。

这种辅助发音动作我们称之为唇化(来自拉丁语 labium—嘴唇),相应的辅音[c°],[д°],[т°]叫作唇化音。这些音和[c],[д],[т]不仅在发音动作,而且在听觉上都是有区别的(这个区别可以通过下面的方法检验:当开始发 сад 且这个词时在发完第一个辅音后停住,然后开始发 суд 这个词的第一个辅音)。在俄语中辅音的唇化总是与它们的位置有关,一般都位于[y]或[o]之前,还有当它们位于被唇化的辅音之前时也会相应地被唇化,比如[c°т°ул],[c°т°ол]而在没有被唇化的辅音之前则不会被唇化,比如[стал]。这一规则没有例外,所以在注音时一股都不标出。

此外,还可以根据紧张程度这一辅助特征来判别清浊辅音。清辅音要比浊辅音紧张程度更强。这是因为发清辅音时,位于喉头上方的肌肉——双唇和舌头的肌肉——更为紧张。肌肉的紧张表现为肌肉的扩张和拉伸。

这一点在 X 射线图和颚位图上看得很清楚。图 3-1-14 清晰地显示了发辅音时舌头与上颚和牙齿接触的区域。

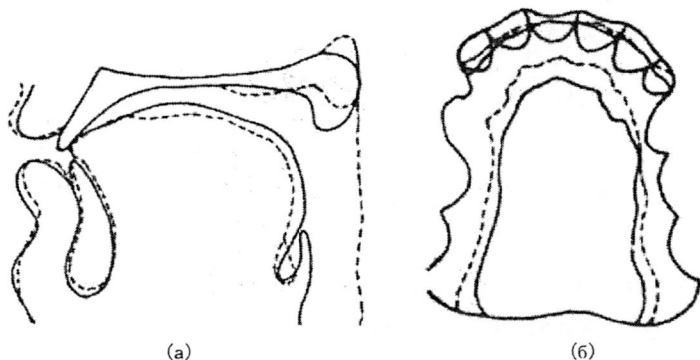

(a)   (б)

图 3-1-14　发辅音[т],[д]时的 X 射线图和颚位图

(а)X 射线图,(б)颚位图

清辅音在发音时肌肉更为紧张是可以理解的。因为我们必须对发清辅音时没有噪音作一个补偿,否则它们听起来要比浊辅音的听觉效果差很多。所以必须加强音的噪音程度来提高听觉效果,于是发音时发音器官必须更加紧张,以制造更紧的阻塞,从而使得需要更强的气流来冲破阻塞,其结果必然导致发清辅音时噪音偏高。

在标准语的一般语流中,清辅音是紧张的,而浊辅音不紧张。无噪音和紧张,有噪音和不紧张——这是辅音两个相互联系的指标,其中有噪音/无噪音是主要指标,紧张/不紧张是辅助指标。

[п]与[б],[т]与[д],[с]与[з],[ш]与[ж],[к]与[г]等辅音之间的主要区别就在于发音时有无噪音存在。然而在没有噪音的低语时,主要的区别性指标就变成了紧张/不紧张。所以我们即使是在低语时也可以区分下列词:там 和 дам,шар 和 жар,питóн 和 бидóн,собóр 和 запóр,кóрка 和 гóрка 等。

在区别软/硬辅音的时候也可以把紧张/不紧张作为一个辅助的区分指标。硬辅音不如软辅音紧张。这一点和清/浊辅音的区别一样,表现为软辅音比相应的硬辅音具有更广的发音区域以及更持久的发音时间。

(四)音节

音节(слог)是语流中最小的发音单位,音节的基本特点是音节内部各个音素在声学和发音动作方面的紧密融合。从发音器官的活动上看,音节是一个不可分割的整体。

对音节的研究通常归结为两个方面,一是音节的语音本质,二是音节划分的原则。

1.音节理论:成音节音和非成音节音

关于音节的理论有好多种,每一种都从一个方面客观地反映了音节的本质问题。最早的音节理论,是元音中心说。该理论认为,只有元音才是成音节音,才能作为中心组成音节,而辅音都是非成音节音,不能组成音节。因此,有多少元音,就有多少音节。但是,这一理论没有将音节作为一定语层中的单位进行研究,也没有提出语流中音节之间的界线和划分原则等问题。随着对语音研究的进一步深入,新的理论不断出现,比较有代表性的有呼吸器官说、肌肉紧张说、合张运动说和响度说。

呼吸器官说认为,音节是音的组合,一个音节在发音时只有一次气流呼出。这种界定的优点是非常直观,可以用如下方法进行检验:在燃着的蜡烛前发 дом 一词,火焰抖动一次,发 рука 时火焰抖动两次,发 молоко 时火焰抖动三次。但这种界定并不周延,当我们发单音节词 сплав 时,蜡烛的火焰却抖动两次,发[п]音时双唇的闭合将气流分为两段。当我们发 ay!时,蜡烛的火焰却只抖动一次,尽管这里有两个音节。

肌肉紧张说(由著名语言学家谢尔巴提出)认为,发音器官在工作过程中,肌肉紧张程度的最大和最小两个极限不断发生交替,这种交替与相应的响度变化,决定了音节的划分,界线就在肌肉紧张程度与响度二者的最小极限处。这种看法和我们发音时的直接感觉比较接近,但是,在发音时发音器官的所有肌肉几乎都参与了活动,有的紧张,有的松弛,紧张和松弛的时间和程度也各不相同,要受到音质、音强、音高等各方面因素的制约,究竟哪些肌肉的活动对划分音节是起决定作用的,目前还无法弄清楚。

合张运动理论认为,俄语中最小的发音结构,应是发音器官一次性合张运动的结果,也就是辅音发音时器官的闭合和元音发音时器官的张开,算作发音器官活动的一次循环。这一理论,是以音节内各音发音时,发音器官的相互影响为出发点的。当音位呈辅音—元音排列时,彼此间影响比较大,融合比较紧。但是,当音位呈元音—辅音排列时,彼此间的融合不紧密,影响就比较小。

当代俄语语言学中比较流行的是阿瓦涅索夫(Р. И. Аванесов)等人主张的音节响度理论(сонорная теория)。根据这一理论,音节是响度不同的音组,音节中的各个音在响度上是不同的,其中最响的是成音节音,其余的音是非成音节音。丹麦语言学家伊斯佩尔森根据音的响度按由弱到强的顺序分出了10个等级:①清擦音;②清塞音;③浊擦音;④浊塞音;⑤鼻音;⑥边音;⑦颤音;⑧高元音;⑨中元音;⑩低元音。

根据音节响度理论,元音作为最响的音一般都是成音节音,而辅音一般都是非成音节音。不过对音节的划分不是根据音的绝对响度,而是根据相邻音之间的相对响度:有几个响度高峰就有几个音节。这样一来,辅音在一些情况下也可以成为成音节音。比如在词 рубль[ру—бл']中就有两个响度高峰,其中一个就是由响辅音[л']形成的。又如俄罗斯人叫猫的时候发的音:кс—кс—кс。在这个语气词中有三个响度高峰,即三个音节,它们全是由清辅音[с]构成的。除了响度以外,紧张度也是判断辅音是否成音节音的一个标志:成音节辅音比非成音节辅音更加紧张。

以成音节音起始的音节称为凸首音节,比如:[он],[ил],[а—ист]。以非成音节音起始的音节称为非凸首音节,比如[сам],[да—ска]。以成音节音结束的音节称为开音节,如:[да—л́и],[за—ко—ны],[т'и—гр];以非成音节音结束的音节称为闭音节,如:[стол],[край],[заи—ч́ик]。

2. 音节划分

不同语言中对音节的划分各不相同。在俄语中音节划分是一个非常复杂的问题,至今还没有一个圆满的解决方案。

语言学家一致认为,在音节划分的时候,一个单词内部位于两个元音之间的辅音一般都随后一个元音组成音节,如:до—ма,во—до—пад,пе—ре—го—во—ры,如果两个元音之间有一组非成音节辅音且第一个是 й 时,则 й 一般划归前一个音节,如:тай—гá,вой—скá,чáй—ник,кóй—ка,стóй—ло 等。如果一个单词里两个元音之间有若干个辅音,那么对音节的划分不同的语言学家有不同的看法。词与词之间的音节划分也是如此。

1)谢尔巴的音节划分原则。谢尔巴在法国语言学家格拉蒙之后发展了成音节和非成音节音的肌肉紧张理论。根据这一理论,音节是由肌肉紧张的强弱形成的。位于声波波峰的就是成音节音。按照肌肉紧张的强度可以分为前强辅音和后强辅音。前强辅音是指肌肉在发音的初始紧张,后强辅音是指肌肉在发音结束时紧张。一般来说,后强辅音构成音节的起始,前强辅音构成音节的结束。

于是,谢尔巴的音节划分原则如下:

如果两个元音间有两个或三个辅音,那么音节划分的位置由重音的位置决定。如果重音落在两个元音中的前一个元音上,则音节划分的位置应该在第一个辅音之后,如:кóл—ба,фонáр—щик,бáн—тик,пя́т—ка,плáк—са,кáм—ни,кác—са,вáн—на;如果重音落在后一个元音上,则其间的所有辅音都随后一个元音组成音节,如:ко—лбасá,па—сту́х,пу—скáть,ка—фтáн,о—тцá,ре—мни́,ка—сси́р,коре—ннóй。这一规律可以表达如下:ЃС—СГ,Г—ССЃ,(Г 表示元音,С 表示辅音)。

对音节划分位置产生影响的还有词的词素切分。在这种情况下音节的划分可能违背上述规则:рас—писáть,рас—тáять,рас—ссóриться,под—ры́ть,под—пере́ть,вы́гон—ка。

谢尔巴甚至允许重读的元音后面形成开音节:есте́—ственный,ó—ттепель(试比较:есте́с—твенный,óт—тепель)。他同时指出,在按音节发音时,对非重读音节哪怕是极小的发力也可能导致其成为重读音节,并将后面音组中的辅音拉到前一个音节中。而在具体的言语中由于这样或那样的原因将词的非重读音节重读的情况是很常见的。

以上两种情况是有悖于谢尔巴提出的音节划分的基本规则的。需要指出的是,这些规则是面向按音节发音的情况的,在这种发音情况下语音词的结构发生了变形,任何一个音节在强调的时候都变成了重读音节,按照谢尔巴的规则,当它在一组辅音前时应该是闭音节。

关于实词与实词结合部的音节划分,谢尔巴认为应该以词为界线,而不是遵循词内部的音节划分规则。如:хо́дит\о́коло—ходи́\то́лком,куст\акации—на чеку́\ста́ла.

2)阿瓦涅索夫的音节划分原则。阿瓦涅索夫根据音节响度理论提出了自己的音节划分原则。他认为,词的所有音节(词首音节和词末音节除外)都遵循响度渐强的规律。换言之,从音节前部到高峰——即成音节音——响度是逐渐加强的。如果是开音节,则最响处落在音节末尾;如果是闭音节,则在成音节音之后响度减弱。阿瓦涅索夫用数字把音按响度分为三等:元音最响为3,响辅音为2,噪辅音为1。

当两个元音间辅音组呈如下排列时:3—1—2—3,3—1—1—2—3,3—1—1—3,3—1—1—1—3,3—2—2—3,音节的划分一般都在前一个元音之后。这是响度渐强规律的最佳体现:辅音组之前的音节以最大的响度结束,而辅音组所在的音节同样走向最大的响度。我们看例子:су—кно́,ба—тра́к,в—бла;то—скли́вый,пё—стрый,по—здра́вить;со́—пка,пу—сти́,ра—сса́да,и—зба́;ло́бзик,а—бба́т;торже—ство́;во—лна́,упо́—рно,по—нра́вился,А́—нна。在这种情况下辅音组之前的音节是开音节,它的响度渐强是必然的,不论前面是什么辅音:1—2—3,1—3,2—3,当然前面也可能是两个响度一样的音:1—1—3,2—2—3,1—1—2—3 等。

当两个元音间的辅音组呈如下排列时:3—2—1—3,3—2—1—2—3,3—2—1—1—3,即辅音组里是响辅音在前时,在音节的划分一般落在响辅音之后。这样前一个音节成为闭音节,响度在词尾相应减弱,而后一个音节则完全符合响度渐强的规律。如果音节分界线仍然落在第一个元音之后,则后一个音节则出现强——弱——更强的现象,完全破坏了响度渐强的规律。

　　这一划分原则也适用于辅音组中第一个辅音是 й 的情况。因为 й 比其后的噪辅音或响辅音都响,如果把 й 划入后一个音节,则又破坏了响度渐强的原则。所以在具体的划分中 й 都是随前一个音节的:вой—ди́,зай—цы,тай—га́,чай—ник,стóй—ло,пой—му́。

　　阿瓦涅索夫之所以排除了词首音节和词末音节,是因为在这两个音节中有可能发生例外情况,比如在词首音节中辅音组呈响辅音＋噪辅音的排列时,响度渐强的规律就被破坏了,比如:рта,ртуть,ржёт,ржанóй,ржáвый,рдеть,лгу,лба,льгóта,льна,мга,мха,мшистый,МСТА,Мценск 等词都属于 2—1—3 或 2—1—1—3 的排列;在词尾音节中辅音组可能出现噪辅音＋响辅音的排列,比如:быстр,шустр,мини́стр,добр,мудр,вепрь,дряхл,вобл,рубль,вопль,драхм,лохм,соблáзн,песнь,казнь,等等(3—1—2,3—1—1—2)。当然,如果最后一个响辅音变成成音节音,那么它仍然符合响度渐强的规律,但在其他情形下,阿瓦涅索夫认为,它与响度渐强律是相抵触的。

　　然而有研究表明,不管在什么情况下,词首音节和词尾音节都符合响度渐强的规则。如果响辅音没有变成音节音,那么它在实际发音中会自动把响度降到和后面辅音持平的水平。比如在 ртуть 这个词中,如果 р 变成成音节音,则标记为 3—1—4—1(按照潘诺夫的标记法),如果 р 没有变成成音节音,则标记为 1—1—4—1,也就是说,р 的响度降低到和清辅音 т 相同的水平。所以,不论在任何情况下,响度渐强的规则都是有效的。

　　同样,在词的中间音节中响辅音也会把响度降到与相邻辅音持平的水平。比如在 моржи 一词中可能出现两种不同的音节划分,当 р 发响音时,强度标记为 3—4—3—2—4,音节划分为 мор—жи,当 р 的响度降低到与 ж 相同的水平时,强度标记为 3—4—2—2—4,音节划分则为 мо—ржи。在 поршень 一词中当 р 的强度标记为 3 时,音节划分为 пор—шень,当发生清化,响度降到 1 的水平时,音节划分则为 пор—шень。

　　阿瓦涅索夫认为,在一个词的词素结合部进行音节划分时同样遵循词素内音节划分的规则,只有一种例外,即当两个相同的辅音相邻发长音时,这种情况一般出现在前缀和词根连接的部位,或者是词根与后缀相接的部位。此时音节划分的位置就落在两个相同的辅音之间:бе[з\з]ву́чный,ра[з\з]накóмился,во[з\з]ри́лся,бе[с\с]вя́зный,бе[с\с]пóрный,ра[с\с]лышать,ра[ш\ш]выря́ть, ра[ш\ш]нирова́ть, пелопоне́[с\с]ский, эскимо́[с\с]кий, пропаганди́[с\с]кий (пропаганди́[с\с]кий), су́[ш\ш]ность.

在单音节的前置词与其后的词相连构成语音词时，其音节的划分和词内部的音节划分是一样的：по—доси́ной, бе—зотца́, и—зо́зера, бе—зтро́йки, бе—згро́са。所以下面两组语音词的音节划分也是一样的 иско́та́ 和 изко́та́, искита́ 和 изкита́，它们都位于辅音组之前。如果出现两个相同的辅音相邻发长音的情况，则音节划分线的位置落在两个相同的辅音之间，例如：и[с\с]кота́, и[с\с]кита́, бе[с\с]ло́в, бе[з\з]во́на, и[з\з]рачка́, и[с\с]воего́, бе[ш\ш]ва́，а также по[т\т]ро́ном, по[т\т]вои́м 等。

同谢尔巴一样，阿瓦涅索夫也认为，实词之间的音节划分一般按词的界线为分界线。

3）邦达尔科的音节划分原则。邦达尔科认为，俄语中所有的音节都是开音节，只有一种情形例外，就是当两个元音间的辅音组是以 й 打头时，й 必须划归前一个音节（这样前一个音节就成了闭音节）。这种划分法基于一个假设，即同一个音节内各个音之间的联系要比不同音节之间音的联系更紧密。在此前提下可以得出如下结论：如果在音组 ГССГ 中音节的划分在辅音之间（ГС—ГС），那么第一个元音和随后辅音之间的相互影响应该比两个辅音之间的相互影响要大，而在另一种划分法中（Г—ССГ）则情况正好相反。

邦达尔科随后证明，实际上 Г—ССГ 的情形更常见。他以圆唇音对其前辅音唇化的现象为例。在发音实践中圆唇音前面的所有辅音都会发生唇化现象，无论重音的位置何在。如：па́сту[па́сᵒтᵒу] 和 посту́[паᵊсᵒтᵒу́], ма́рку[ма́рᵒкᵒу] 和 озерку́[аᵊзᵞирᵒкᵒу]，在这两组词中，第一个元音都是非唇化音，但从音标看，它们对后面的辅音并不产生影响，真正对辅音产生影响的是圆唇音。所以可以得出结论：在 ГССГ 的组合中音节划分的位置应该在第一个元音之后，整个辅音组应该被划到第二个音节里。

但还有另一种情况，即第一个元音是圆唇音，第二个元音是非圆唇音。在这种情况下圆唇音对后面辅音的影响不大，比如在 пу́сто[пу́стᵊ] 和 у́са[у́сᵊ] 两词中，圆唇音[у]对后面辅音[с]的唇化影响很小，只影响到三分之一个辅音。所以这两个词的音节划分仍然是在第一个元音之后。

软辅音[p′]对其前面元音的影响也不大,所以在词 rópe 和 rópько 中音节的分界线都在[p′]之前。

邦达尔科认为,无论是词内部词素之间的界线还是词外部词与词之间的界线都不是音节划分的标志。比如,在词组 были стужи 和 Борис тужит 中,辅音音组 ст 在两个词组里都被唇化了——[c°т°],所以,在连贯语流中音节的划分应该是超越词的界线的:бы—ли—сту—жи,Бо—ри—сту—жит。又如,在句子 Мать укажет вам дорогу 和 Катю каждый знает 中,мать 和 Катю 两词里的辅音[т′°]都被唇化了,而这两个辅音后面的元音在性质上又都是一样的,所以在这两种情形下都应该划为开音节:

ма—т́у—ка…,ка—т́у—ка…

如果一个词以辅音结尾,且后面是停顿,那么就出现了末尾开音节的情况。例如,如果末尾是爆破音,那么它就会获得强烈的送气,在功能上起到元音的作用,所以 кот 这个词在注音上会被注为 ко—тэ;如果末尾是响辅音,那么它们要么被元音化,要么被清化,获得与爆破音相近的效果。

邦达尔科的这一理论最初是想证明一个音节内各个音之间的联系要比音节之间音的联系紧密。这种观点尽管得到了广泛的认同,但是它的解释范围是很有限的,在许多语言和方言中都能找到大量反例。

目前在俄罗斯语音学界比较通行的是阿瓦涅索夫的音节划分法,其根本原则是在诸如 ГССГ 和 ГСССГ 这样的语音组合中,音节的划分根据相邻辅音的响度和长度来确定。

在语流中一般不进行音节划分,因为在语流中音节之间是没有界线的,音节内部和音节之间的音都是连读的,从一个音流向另一个音,甚至借助仪器都无法观察到音与音之间的界线。所以在一般的日常语言中是不谈音节划分的,而在静态条件下对单词或词组所做的音节划分在语流中却不起作用,因为语流中相邻的音之间可能会发生同化、相互适应以及发声动作融合等现象。

二、词汇

（一）概述

词法学（морфология）是语法的一个部门。它研究的是词的语法类别及其语法意义、语法范畴和语法形式等。

1. 语法意义（грамматическое значение）

词既是词汇单位，又是语法单位，因而必然同时具有词汇意义和语法意义，两者是一个不可分割的整体。词汇意义是词的具体意义，体现在词的词干中，每个词都有其独特的词汇意义，是约定俗成的。如 город—"城市"，подводный ……"水下的"，читать……"读"等。语法意义则是词的一种抽象意义，体现在构形词缀中。如 город—阳性、单数、第一格等/городов—复数、第二格等。可见，语法意义主要是用来表达词与词之间的语法联系和语法关系，如：Мы поем песню。

语法意义是抽象的，因此，不同的词可以具有相同的语法意义，如：поем，идем，читаем，слушаем—复数、第一人称。

一个词也可以有若干个语法意义，如：поем—第一人称、复数、现在时、非完成体、陈述式、主动态等。

综上所述，语法意义指的就是一系列词所共有的概括的抽象意义。

2. 语法手段（грамматическое средство）

任何语法意义都要有一定的标志，即通过一定的语言材料表示出来。我们将表示语法意义的语言材料称为语法手段。

俄语中表达语法意义的语法手段大致有下列七种。

1) 词缀（аффикс）。词缀是表示语法意义的主要手段，包括构形前缀、构形后缀和词尾。词尾是运用最广泛的语法手段，可表示性、数、格、人称等诸范畴的语法意义，如 книгу 中的词尾-у 即可表阴性、单数、第四格等语法意义。有的词看上去似乎没有词尾，但也表示一定的语法意义，这种现象在语法上称作零词尾，如：студент—阳性、单数、第一格；книг—复数、第二格；читал—阳性、单数、过去时等。

构形前缀或构形后缀加在词根或词干上，词即获得新的语法意义。如 про＋

читать——→прочитать,获得完成体这一语法意义;再如 читать 的词干 чита¯ 加上构形后缀¯л组成的词形 читал 即表示阳性、单数,过去时等语法意义。

О л‖ ‖‖‖‖ чита ‖‖‖‖ ‖ книг ‖.

2)语音交替(чередование звуков)。语音交替是加词缀的辅助性语法手段。如 день—дня,сижу—сидишь 等词或词形的语法意义首先是靠加词缀这种语法手段来体现的,而语音交替(е/零位音,ж/д)只是一种补充手段。

但在某些场合语音交替又是独立的语法手段,如在 собирать—собрать,посылать—послать запирать—запереть 等词的形式中,и,ы 与零位音的交替,и 与 е 的交替均构成了动词不同的体的形式。

3)重音(ударение)。重音也是加词缀和语音交替的辅助手段,如 вода́—во́ды 两个词形中,单数与复数的语法意义主要靠词尾 а,ы 表示,重音只是辅助手段;再如:вытира́ть—вы́тереть,体的语法意义主要是用语音交替来表示,重音同样是辅助手段。

当然,在某些场合重音也可以是唯一的语法手段。如 воды́—во́ды,词尾相同,只有靠重音才能区分出单数二格与复数一格来。又如 выреза́ть(非完成体)—вы́резать(完成体)亦然。

4)异干构型(супплетивизм)。所谓异干构型指的是通过不同的词干来构成某一词的不同的形式。如:человек(单数)—люди(复数),сын(单数)—сыновья(复数),хороший(原级)—лучше(比较级),я(第一格)—меня(第四格),брать(非完成体)—взять(完成体)等。

5)虚词(служебные слова)。虚词主要指语气词、前置词以及助动词等,也是广泛用来表达语法意义的一种手段。如:будем работать,писатл бы,пусть посидит,более яркий,к коммунизму,от кино 等。

6)词序(порядокслов)。词序也具有区分语法意义(即格的意义和词类等)的功能。如 Мать любит дочь(母亲爱女儿)这一句中,主语和补语的一四格形式相同,只有靠词序区分,即谓语前的名词作主语,谓语后的名词作补语。可见,这一句如改变前后词序,其格的语法意义将随之改变,而整个句子的语义也同时发生变化;Дочь любит мать(女儿爱母亲)。又如:ответ(письмо)Румынии(二格)Венгрии(三格)/ответ Венгрии(二格)Румынии(三格)。

7)语调(интонация)。语调也可表示语法意义,如动词不定式 встать,用一般语调则没有附加的语法意义,但若用命令语调就会获得命令式这一语法意义 встать!

上述七种语法手段,前四种为综合性语法手段,后三种为分析性语法手段。

3. 语法形式(грамматическая форма)

语法形式指的是通过语法手段体现语法意义的形式。具体而言,就是一个词在词汇意义不变的情况下,利用语法手段所构成的各种变化形式。如 книга,книги,книге,книгу 等;再如 читаю, читаешь, читает, читаем, читаем, читай, читал бы, буду читать 等。可见,一个词可以有若干个不同的语法形式,其词汇意义相同但语法意义却不同。

一个具体的语法形式可能同时体现几种语法意义,如 студента——阳性、单数、第二格等。反之,同一种语法意义亦可用不同的方式来表达,如复数二格便可分别用词尾—ов,—ей,零词尾等来表达:студентов,товарищей,ребят。

上述三者的关系可解为:

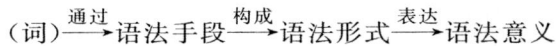

$$（词）\xrightarrow{通过}语法手段\xrightarrow{构成}语法形式\xrightarrow{表达}语法意义$$

4. 语法范畴(грамматическая категория)

语法范畴指的是具有同类语法意义的语法形式的总和。例如所有格的语法形式构成"格"这个语法范畴。现代俄语中主要有性、数、格、时、体、态、人称、式等语法范畴。这些语法范畴每一种又至少包含两个或两个以上相关的语法意义,如数的范畴包含"单数""复数"这两个语法意义,性的范畴——阳性、阴性、中性(3),格的范畴——第一至六格(6),时的范畴——过去时、现在时、将来时(3),体的范畴——非完成体、完成体(2),态的范畴——主动态、被动态(2),人称范畴——第一、二、三人称(3),式的范畴——陈述式、命令式、假定式(3)。

(二)词的形态结构

词的形态结构是指词的词素组成和词素结合的方式。

1. 词素(морфема)

词素是词内最小的、不可再分割的结构部分,具有物质意义、构词义或语法意义,如:под—вод—н—ый,со—про—вожд—а—ть 等等。

词素是通过一个词与其同族词的比较而划分出来的,如比较 гордый,гордость,гордиться 等词,划分出词素 горд⁻(词根);比较 выбежать,вывоз, выходной 等词,划分出词素 вы¯(前缀);比较 черный,белый,красный 等词,划分出词素¯ый;词尾);比较 помощник,школьник,колхозник 等词,划分出词素¯ник(后缀)。

2. 词素的类别(типы морфем)

词素按其功能以及在词中的位置可分为词根和词缀,词缀(аффиксы)又包括前缀、中缀、后缀、尾缀和词尾。

1)词根(корень)。词根是一组同族词不可分割的共同部分,表示词的基本词汇意义,是词的结构核心。试分解下列各组词的词根:

красн—ый,красн—ота,красн—еть

куп—ить,по—куп—атель,по—куп—ка

рук—а,руч—ной,руч—ка

各组词中具有基本词汇意义的共同部分 кран,куп,рук(ч)均系词根。而这些一组组具有相同词根的词我们称之为同根词(однокоренные слова)或同族词(родственные слова)。

词根是每个词不可缺少的词素。有些词根(或加词尾)可以单独构成一个单词,这样的词叫根词(корневое слово),如 дом,стол,очень,там,вод—а,неб—о 等。

2)词尾(окончание)。词尾是位于后缀后(无后缀时则位于词根后)的词缀,是词形变化的标志,它没有词汇意义,只表示语法意义。如:

дет—ей ——复数、第二格

провожа—ет ——现在时、单数、第三人称

учительниц—а ——阴性、单数、第一格

有词形变化(变格、变位)的词类才有词尾:名词、形容词、数词、代词、动词等。

词尾一般用来构成语法形式,但在某些情况下,同时亦起构词作用:кум(男干亲家;(方)老哥)—кума(女干亲家;＜方)大嫂);супруг(丈夫)—супруга(夫人)。

至于零词尾(нулевая флексия)通常出现于下列情况:名词的阳性单数一格形式(стол,дом),名词的复数二格形式(гор,пуль),形容词、形动词的阳性短尾形式(красив,напечатан),动词过去时阳性形式(читал,узнал),动词命令式第二

人称单数形式(читай,верь)。

需要注意的是,不变格的外来词其末尾的元音字母不是词尾,如 кино,такси,кофе,кенгуру(袋鼠)等。

3)前缀(префикс)。前缀是位于词根之前的词缀,具有构词或构形的功能。

具有构词功能也就是可以构成新词的前缀称为构词前缀(словообразующий префикс),如 автор(作者)/со—автор(合著者),моральный(道德的)/а—моральный(不道德的),бить(打)/раз—бить(打碎)等。

具有构形功能也就是可以用来构成词的语法形式的前缀称为构形前缀(формообразующий префикс),如 читать(非完成体)/про—читать(完成体),добрый(原级)/пре—добрый(最高级)等。

有的前缀既可视为构词前缀,同时又可看作构形前缀,如 писать(写;非完成体)/пере—писать(重写;完成体)。

某些词可以同时含有两个或两个以上的前缀,如:до—при—зывник(应征入伍前受军训的人),по—на—делать(逐渐做出许多)等。

4)后缀(суффикс)。后缀是位于词根之后的词缀,表示附加的词汇意义或语法意义。

用来构成新词的后缀称为构词后缀(словообразующий суффикс),如:камень(石头)——ⁿн⁻:камен⁻н⁻ый(石头的,石造的)/⁻щик:камен⁻щик(砌石工,泥水匠)/⁻е⁻:камен—е—ть(变得像石头一样硬)/⁻ист⁻:камен⁻ист⁻ый(多石的)等。

用来构成词的语法形式的后缀称为构形后缀(формообразующий суффикс),如:нов⁻ее 和 нов⁻ейш⁻ий(новый 的比较级和最高级形式),учи—л(учить 的过去时形式),сид—ящ—ий(сидеть 的形动词形式),нес—я(нести 的副动词形式)等。

有些后缀不仅可以赋予词的意义色彩,而且还可以使其具有一定的修辞意味。这类后缀被称为修辞后缀(стилистическийсуффикс),如:дом⁻ик(表小),дом⁻ишк⁻о(表小、表卑),дом⁻ищ⁻е(表大),дом⁻ин⁻а(表大,表卑)等。

一个词也可以同时具有两个或两个以上的后缀,如:слов⁻ар⁻н⁻ый,воспит⁻а⁻тель⁻н⁻ый 等。但在某些情况下,这些后缀也可能简化分析为一个复合后缀(сложный суффикс):жела⁻тельн⁻ый,вмеша⁻тельств⁻о 等。

5）中缀（интерфикс）。中缀是没有具体意义的辅助性语音成分，只起连接作用，如下。

¯в¯：пе¯в¯ец，жи¯в¯учий（生命力强的），разли¯в¯ной（注入用的；装瓶的）

¯й¯：купе¯й¯ный，реле¯й¯ный（继电器的），шоссе¯й¯ный

¯ш¯：вчера¯ш¯ний，сегодня¯ш¯ний，тогда¯ш¯ний，ныне¯ш¯ний

¯л¯：жи¯л¯ец（居住的人）

¯о¯：пар¯о¯ход，басн¯о¯писец（寓言作家）

¯е¯：пыл¯е¯сос，овц¯е¯ферма（养羊场）

6）尾缀（постфикс）。位于词尾之后的词素称为尾缀。尾缀不发生变化，过去相当长的时期曾被分析为语气词。尾缀大致有以下四种形式：

¯ся(¯сь)：занимаюсь，занимаешься

¯ка：пойдем——ка，почитай——ка

¯то：какой——то，чья——то

¯нибудь(¯либо)：кого¯нибудь，какой¯либо，чей¯нибудь

¯те：пойдем¯те，едем¯те

3. 词干（осново слова）

词干是指去掉词尾、尾缀和构形后缀剩下的部分，表示该词的词汇意义，如стен¯а，подводн¯ый，нов¯ейший，писа¯ть，занима¯юсь等。不变化的词只有词干：нельзя，всегда，такси 等。

词干与词根的关系及区别就在于，词干包含的是词的词汇意义，而词根只表示词汇意义中的基本内容。试比较：

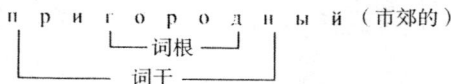

п р и г о р о д н ы й （市郊的）
└──词根──┘
└────词干────┘

词干пригородн¯表示的正是"市郊的"之意，而词根"¯город¯"却仅仅表示"城市"这一基本词汇意义。

词干和词尾的界限常常是词中不变化部分和变化部分的界限。按照词的构成方式，词干可分为非派生词干和派生词干。所谓非派生词干（непроизводная основа）指的是仅由词根构成的词干，如 дом，стен¯а，бел¯ый，ст¯о，он，нес¯у，вчера，под，ли 等；而派生词干（производная основа）指的则是包括词根和前缀、构词后缀以及中缀在内的词干，如：стенн¯ой，вагоноремонтн¯

ый(修理车辆的)，певец，летчик，пригород，подоконник(窗台)等。

（三）构词法（словообразование）

构词法指的是语言中构成新词的规则的总和。近年来构词法已逐步从语法学中分解出来形成一门独立的学科——构词学。

俄语中新词的产生主要有两种：一种是借用外来语构成新词，如：багаж(法语)，баскетбол(英语)，хлеб(日耳曼语)，товарищ(突厥语)，грамматика(希腊语)，чай(汉语)等。另一种则是以俄语中已有的词素为材料，按照构词模式构成新词。这里将着重介绍构成新词的几种主要构词模式：

1. 词缀构词法（аффиксальный способ）

借助词缀构成新词，这是最主要的构词方法。词缀构词法又可细分为：

1）加前缀法（префиксальный способ）。前缀＋动词＝新的动词：пере—читать，раз—любить；前缀＋名词＝新的名词：контр—удар，не—счастье；前缀＋形容词＝新的形容词：до—военный，а—моральный。

2）加后缀法（суффиксальный способ）。名词后缀：учи—тель，учи—тель—ниц—а，лет—чик；形容词后缀：глаз—аст—ыймам—инасфальт—ов—ый(沥青的)；动词后缀：бел—е—ть，черн—и—ть，лентяй—нича—ть(偷懒)；副词后缀：красив—о，глуп—о。

3）加前后缀法（префиксально—суффиксальный способ）。指同时加前缀和后缀所构成新词的方法。

构成名词：под—окон—ник，на—рукав—ник(套袖)，со—курс—ник

构成形容词：между—народ—ный

构成动词：при—земл—и—ться，у—сил—и—ть

4）去词缀法（безаффиксальный способ）。指去掉原词的后缀构成新词的方法。如：осмотреть→осмотр，подходить→подход，тихий→тишь，глухой→глушь

2. 形态—结构构词法（морфолого-синтаксический способ）

又称词类转化法，即指通过词类属性的转化而构成新词的方法。如：

столовая——形容词→名词

сладкое(甜食)——形容词→名词

ужас(很)——名词→副词

утром———名词→副词

батюшки———名词→感叹词

благодаря———动词→前置词

3. 语义构词法(семантический способ)

指通过词义的分裂产生新词的方法。如：

кулак(拳头)———кулак(富农)

перо(羽毛)———перо(笔尖)

слог(音节)———слог(文体,笔法)

язык(舌,舌头)———язык(语言)———язык("舌头",指为探取情报而捕捉来的敌军人员)

4. 复合构词法(словосложение)

指由两个或两个以上的词或词干(或词干中的某一部分)结合而成新词的方法。复合构词法可分为：

1)合干法(основосложение)。由两个词干结合成一个新词。用这种方法构成的词通常叫复合词(сложноеслово),如：

пар—о—ход,парт—билет,мед—сестра,черн—о—волос—ый,пяти—лет—ний,благ—о—дар—и—ть,стал—е—вар(炼钢工人)等。

2)复合缩写法(сложносокращение)。复合缩写法指取两个或两个以上的词干部分构成新词的方法,主要用来构成名词,所构成的词也称作复合缩写词(сложносокращенноеслово)。如：

СССР———Союз Советских Социалистических Республик

МГУ———Московский ордена Ленинаио Чрдена Трудового Ленчначорэена Ленина и ордена и ордена Красного

Знамени государственный университет имени М. В. Ломоносова

ООН———Организация Объединенных Наций

СЭВ———Совет Экономической Взаимопомощи

ВУЗ———Высшее учебное заведение

РАЙКОМ———Районный комитет

КОМСОМОЛ———Коммунистический союз молодежи

МАГ———Магнитофон

рок——рок—и—ролл

复合缩写词的构成方法丰富多样，这仅从上述例词便可略见一斑。

3）溶合法（словосращение）。溶合法将词组中的各名词按其原有的语法形式溶合而成新词，就叫溶合法。如：

сей час——сейчас

сего дня——сегодня

с умасшедщий——сумасшедший

быстро растворимый——быстро—растворимый（速溶的）

долго жданный——долгожданный

в низ——вниз

на верху——наверху

4）组合法（словосоставление）。组合法指用连词符将两个同类词结合到一起从而形成一个单词的方法。如：

генерал—майор（少将），премьер—министр（总理，首相），город—герой（英雄城），диван—кровать（沙发床），роман—газета（小说月报）

（四）词 类

1. 概述（общее понятие）

词类是指由共同的语法意义及其表达形式结合起来的词的语法类别。

俄语现有的词类是根据词的概括意义、形态特征和句法功能这三大标准划分出来的如下。

1）每一类词都有自己的概括意义，如名词有事物意义：скромность，окно，бег；形容词有特征意义：красный，добрый，вчерашний，книжный；动词有动作意义 скакать，ехать，интересоваться；数词有数量意义：два，трое，оба，четверть 等。

2）词的形态特征指的是词的语法范畴、形态变化体系及构词特点，如名词有性、数、格等语法范畴，有数和格的变化体系，有不同于其它词类的构词词缀和构词模式。

3）词的句法功能是就词在句中的句法作用及其搭配能力而言的，如形容词在句中通常作定语或谓语，一般与名词搭配连用。

2.俄语的词类体系（система частей речи в русском языке）

现代俄语中共有十大词类,根据语法意义的不同分为实词、虚词和感叹词:

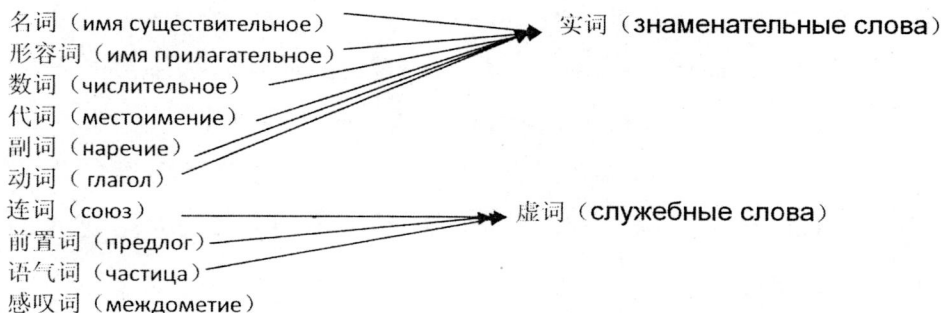

名词（имя существительное）
形容词（имя прилагательное）
数词（числительное）
代词（местоимение）　　　　　　　　　实词（**знаменательные слова**）
副词（наречие）
动词（глагол）
连词（союз）
前置词（предлог）　　　　　　　　　　虚词（**служебные слова**）
语气词（частица）
感叹词（междометие）

几个术语解释如下。

1)实词——具有独立的词汇意义,表示事物与特征,能够在句中充当句子成分。

2)虚词——无称谓功能,表示各种关系或语气,在句中不能单独充当句子成分。

3)感叹词——一种特殊的词类,只表述而不称谓各种情感和意愿,无形态变化,不作句子成分,但可独立成句。

3.词类的转化现象（переходные явления в области частей речи）

事物在一定条件下的相互转化是其发展变化的一种形式,而语言作为一种发展变化的事物亦同样具有这么一种形式,譬如俄语中词类内部的词在一定的条件下的相互转化。

俄语词类的转化现象可归纳为如下四类。

1)名词化（субстантивация）,指其他词类的词在一定条件下获得名词的语法意义从而转化为名词的现象。如:

形容词的名词化:ученый,столовая,гостиная（客厅）,мороженое（冰激凌）,рабочий,близкие（亲人）,молодые（新婚夫妇）。

形动词的名词化:будущее,командующий,трудящиеся,подсудимый（被告人）。

数词、代词、副词、感叹词、虚词等均可名词化,举例如下:

a. И опять идут одиннадцать, у каждоготретьего——свой язык, собственная нация.

b. Мое《я》погаснет, точно лампа, у которой прикрутили фитиль.

c. Да！здравствует наше прекрасноесегодня и ещё более прекрасноезавтра！

d. Начали с утра，теперь вот караул приходится кричать.

e. Всегда ждут нас，где мы не думаем，разные скверные《но》.

2）形容词化（адъективация），即其他词类主要是形动词、代词、数词等转化为形容词，如：уважаемый профессор，образованный человек，уважаемый профессор，образованный человек 等。

3）代词化（прономинальзация），当其他词类一旦获得指代功能，便产生代词化现象。如：

名词的代词化：

a. Вдруг говорятмне：человек（＝кто—то）пришел.

b. Петр—мужчина（＝он）смелый.

形容词的代词化：

a. После известного（＝некоторого）колебания остановился он.

b. Целую（＝всю）ночь работать будем.

数词的代词化：

a. К тебе приходил один（＝какой—то）молодой человек.

b. Один（＝некоторые）играют в шахматы，другие поют.

形动词代词化：по данному（＝этому）вопросу，в определенных（＝некоторых）условиях，следующим（＝таким）образом

4）副词化（адвербиализация），可以副词化的词类主要有：

名词，如：ужас（极其），страсть（极其），дома，капельку（稍微），утром，рядом，верхом，осенью 等。

副动词，如：сидя，шутя，молча，лежа 等。

数词，如：пятью（五倍，五乘），шестью（Шестью шесть—тридцать шесть.）等。

最后需要指出的是，上述词类转化只是部分的词在一定的条件下所具有的功能，但就整体而言，绝大多数词都是不能转化的。因此，这种词类的转化现象并不能破坏词类的整个体系。

三、语法

(一)语法的基本单位和语法的门类

语法单位(грамматические единицы)或广而言之的语言单位(языковые единицы)是从语言学的角度区分出来的。在现实的言语中并没有这种区分,而且普通的语言使用者也未必会有这种意识。А. М. Пешковский 曾说过,如果问一个没有文化的农民,语言里有没有 п 这个语音,有没有 над 这个词,有没有 стола 这个词,他会不知所云的 …… 可见,他并不知道这些语言单位(Пешковский,123)。

语法是由各种不同的单位组成的严谨的体系。根据对象的不同特点和不同的理解可以区分出多种类型的语法单位。但是,语法体系中最主要的单位是两个,一个是词,另一个是句子。这是因为,一方面,相比于其他语法单位,这两种语法单位更容易在现实言语中被觉察到;另一方面,在世界文化传统中,词和句子自古以来就被视为语言单位。

词是语法的基本单位之一。词是语音和意义(词汇和语法意义)的有机结合。它的自身机制十分复杂。作为语法单位的词在语法中有着极其广泛的作用,这源自词的多种潜在的语法能力。词有构造能力,可以派生出其他的词,词有形式体系和词法范畴,词又是其他语法单位(词组和句子)的构造成素,因此又有与其他词联系的能力。因此可以说词及其形式是集多种形式和结构关系、语法意义和多方面的语法特性于一身的综合体。同时,词作为词汇单位又在语法中发挥着另外的作用,渗透了整个语法体系,使语法单位的构造与组织、语法规则的形成和语法理论的研究脱离不开词汇语义的作用,可以说,语法学离开了词汇—语义方面的研究是不全面和不完整的。

语法的另一个基本单位是句子。句子是交际和报道的最小单位,是按照一定的语法(句法)模式构造的,具有一整套形式和交际聚合体并在语调上成形。句子有一系列独特的语法范畴,如述谓性范畴、客观情态范畴、语义结构范畴、实义切分范畴等,正是依靠这些范畴,句子由一个潜在的语法单位成为一个实际的报道单位。同时,句子同词一样,也有组合能力,同其他句子组合后构成各种有连接词和无连接词复合句甚至篇章。

除了词和句子外,我们还可以在词和词的组合的层面上区分出其他一些语法单位,如词素、词组、简单句、复合句等。这里需要特别说明的是词素。词素是词和词形中最小的表义部分,利用它可以构成词及其形式。词素的构词和变词的能力和现象是性质完全不同的,属于语法的不同领域,俄罗斯语言学界历来把它们放在不同的学科门类里进行研究:在构词法中研究构词的词素,在词法学中研究构形的词素。

这样,现代俄语的语法一般分成三个分支门类:构词法、词法和句法。需要说明的是,这是狭义理解中的语法。广义的语法还包括语音,相应的语法学还包括语音学,例如苏联科学院80年《语法》就是这么做的。本书采用的是狭义的语法概念。

构词法包括词的构成和派生、根据现有抽象模式构词的方法和规则。一切与词的构造有关的现象都属于构词法范畴。构词是一种复杂的现象,它既与语法有关,同时也与词汇有关。

词法包括词类及其变化形式和规则、形式体系和形式范畴以及词类内部的词汇—语法类别。一切与词的抽象语法意义及词的形式变化有关的现象都属于词法范畴。

句法包括词与词之间的联系和规则以及在此基础上形成的词组、简单句和复合句等句法单位,甚至还包括联句成篇的规则。一切同词的组合、句子的构造与组合有关的现象都属于句法学范畴。

这样,这三个分支门类各成一个体系,是语法这个大体系下的子体系。因此可以说,语法是一个"体系的体系"。三个子体系紧密相连,互为依存,尤其是词法和句法更是相互作用,相互交叉,许多现象(如动词的时、式、态和名词的格等)既有词法的属性,也有句法的属性,既可以放在词法中研究,也可以放在句法中研究。往往只有两方面的研究结合起来才能使这些现象得到全面的诠释。

(二)语法形式与语法意义

在现代语言学中,很重要的一个原理就是语言单位有形式和意义两个方面。所谓"形式"(форма)是指语言单位物质的和外部的表现,在口头语言中由语音符号来体现,在书面语言中由文字符号来体现。语言学家们一般认为语言单位的形式主要是其语音外壳,因为文字符号比语音符号出现得晚。语言的形式可以细分为几种类型,诸如语音形式、词汇形式、语法形式等。相比较而言,"意义"(значение)的概念更为复杂,语言学家对它的认识和定义也不尽相同(倪波等,2;束定芳,18-20),例如,著名的奥地利语言学家维特根斯坦曾经说过:"意义就是使用。"一般来说,意义是语言单位的内容,是客观事物、现象、性质、关系等通过人的意识在语言中的反映。语言单位的意义在语言单位里是虚拟的(виртуальное),即由该单位所能表示的东西来决定。语言单位的意义只能在具体的话语中实现,或者说,在它的使用中实现,因为这时语言单位是同具体的客体联系的,即同它在话语中现实表示的事物所联系。根据形式和意义的特点,我们也可以把形式和意义看成是语言单位的两个不同的层面,即表达层面(план выражения)和内容层面(план содержания)。语言形式和语言意义是相辅相成的两个方面。一方面,语言形式是语言意义的物质载体。可以说,没有语言形式,语言意义也就不复存在。索绪尔说:"物质单位只有依靠意义,依靠它所具有的功能才能存在。"(索绪尔,192)另一方面,语言意义是语言形式存在的价值,失去了意义,语言形式也就没有存在的必要了。同时,形式的变化和意义的变化是紧密地联系在一起的,任何形式的变化都会伴随着意义的变化(Апресян1967,57)。关于形式和意义,索绪尔还说道:"语言可以比作一张纸:思想是正面,声音是反面,我们不能切开正面而不同时切开反面……"。(索绪尔,158)

语法形式(грамматическая форма)作为语言符号是语法意义赖以存在的基础,是语法意义的物质表现和语法意义得以常规表达的载体。俄语中用来表达语法意义的形式手段比较丰富,有词缀和词尾(包括零词缀和零词尾)、音位交替、重音、异干、重复、虚词、词序、语调等。俄语词的语法形式不仅表示自身的词法意义,而且还表示该词同周围的词的句法关系。对于语法学来说,语言中的语法形式是最为重要的。也可以说,语法学就是研究语言形式的科学(当然,这种说法不是很正确、很全面,较为妥当的说法是:语法学的主要任务之一是研究语言的形式并把它作为研究语法体系其他方面的客观依据)。以前的语法学家更关注的是词的语法形式,也就是说,语法形式更多的是放在词法学里进行研究的。在词法学里,语法形式是指一定词类的词的形式变化,它们或具有一整套的词法意义,或具有其中某一个意义(如名词的复数一格形式、动词的现在时单数第一人称的形式、形容词的比较级形式等)。可变化的一个词的所有形式构成这个词的聚合体。词法中的语法形式可分成合成形式（синтетические формы）或简单形式（простые формы）和分析形式（аналити）或复杂形式（сложные формы），后者是实词和虚词的组合（如 более сложный，самый трудный，буду читать，читал бы），是一个词的形式并作为一个整体起一个词的功能。此外，语法意义也可以用混合方式表达，即把合成形式和分析形式加以综合（如：Я пишу，к тому），在两个形式中重复表达某一个语法意义（СРЯ1995，222）。现在语言学家也注意到，句子也具有一整套语法形式。自从句子结构模式理论诞生以来，这种观点得到了越来越多的学者的认同。句子的语法形式是指一定的句子结构模式的形式变化，表达一定的句法意义（如句子的现实情态形式和非现实情态形式）。一个句子结构模式的所有变化形式构成这个句子结构模式的聚合体。

语法意义（грамматическое значение）是一系列词、词形或句子所固有的概括和抽象的语言意义，是语法形式的内容，通过语法形式得到常规表达。由于语法有三个分支门类，因此语法意义包括构词意义、词法意义、句法意义及其他一般和个别语法意义。在构词学范围里，抽象的语法意义是派生词词内手段表达的构词意义，具体表现为主体意义（如行为的发出者、性质的载体等）、转换意义（如行为和性质的物化，即名词化）、变化意义（如指出性质表现的程度等）。在词法学范围里，抽象的语法意义是词类意义（如名词的指物意义、动词的过程意义等）和词法范畴的范畴意义和范畴内对立的个别意义（如不同的时间、数、性的意义等）。在句法学范围里，抽象的语法意义是述谓性意义（句子内容对现实的关系）、词组和句子的成分之间的各种关系、各种语义成分的意义（如语义主体、客体等）、句子的主题—述题结构关系、复合句各成分之间的关系等。在语法意义的体系中，对客观现实事物和现象以及它们之间的联系和关系的抽象是分层级的，例如，行为的抽象概念是过程特征，是从动词的一般意义和更具体的范畴意义（如动词的时、体、态等意义）中抽象出来的，事物之间的各种关系以及事物同行为的各种关系是用各种格和前置词表达的。根据语法意义的抽象程度，语法意义可以分成范畴意义（кате гориальное значение）和个别意义（частное значение）。前者具有更高的抽象程度，是属于一大类词或句子的，如名词的指物意义、动词的过程意义等；后者的抽象程度较低，只是属于一小类词形或句子形式的，如名词的性、数、格的意义、动词的时间和人称意义等（Гр. 70，

302)，有的意义并不是一类词都有的，如态的意义并不是所有动词都有的。范畴意义的基本特征是：①必然性，即这个意义必然要实现于某一个语法类别的所有形式中；②不变性，这是某个语法范畴的普遍意义，相对于其他个别的变体意义；③系统相关性，即该语法意义是某个语法类别区别于其他语法类别的基本的、系统的特征；④封闭性，即拥有一套完整的语法形式手段体系（Бондарко 1978，143）。根据语法意义的功能，语法意义又可以分成两种类型，一种是称名（номи нативные）或指涉意义（референциальные значения），即非句法意义，是对语言外现实事物和现象的反映指称，如数、空间、时间、工具等意义；另一种是关系意义（реляционные значения），即句法意义，是语言单位之间的意义联系，如复合词的词干之间的意义联系（联合构词意义）、词组和句子中词形之间以及复合句分句之间的意义联系（如主从和并列联系等）。另外一种特殊的语法意义是说话者对语句内容和交际对方的关系（态度），这包括主观情态、主观评价等意义。此外，根据同词汇意义的关系，语法意义还可以分成纯语法意义（собственно грамматические значения）和词汇—语法意义（лексико грамматические значения）。前者如格和数的意义，后者如名词的性和动词的体等（Гр. 70，302-303）。对于语法形式而言，语法意义是第二性的，因为语法意义的认识是要通过语法形式的。

（三）语法意义和词汇意义

任何一个实词都兼含有两个意义：词汇意义和语法意义。语法意义同词汇意义有着密不可分的联系，但同时又受到一定词汇——语义类型的词的制约与限制并与词汇意义形成对立。词汇意义的载体是词的词干。与语法意义不同，词汇意义缺乏常规的表达，而且不一定具有抽象性质。而语法意义的载体是词的各种语法形式和表达手段，其中词尾是最主要的表达手段。语法意义通过各种关系的表达对词汇意义进行补充，因而语法意义也经常称为形式意义（формаль—ные значения），这是语法意义同词汇意义的第一个区别。

第二个区别表现在这两种意义不同的抽象程度上。语言学家认为，语法意义是属于一类词的，在一个词的词汇意义同一、不变的情况下通过一系列的语法形式表达出各种语法意义（Головин，29-30）。相比较而言，词汇意义是个体的，它表达于某个词的一整套形式之中以及这个词与其他词的相互关系之中，而构词意义比词汇意义范围更大一些,是属于一组词的,它是通过某一组词的生产词干和派生词干之间的形式—语义关系表达的。从对现实的反映和概括的,角度来看,词汇意义、构词意义和语法意义按抽象程度不同分布在三个层次上:①词汇意义是语言对现实反映和概括的第一个层次,是语言对事实概括的材料;②构词意义是第二个层次,同时又是语言对事实(即词汇)概括的第一个层次;③语法意义是第三个层次,同时又是语言对事实(词汇和构词)概括的第二个层次。这基本上符合历史上对语言研究循序渐进的过程,先区分出词汇,而后是构词,最后是语法(Головин,29)。因此可以说,语法意义比词汇意义更抽象,甚至像 бесконечность 和 скорость 这样的词也没有语法意义抽象(СРЛЯ1999,189-190)。

语法意义与词汇意义的第三个区别在于词汇意义是语言外的意义,因为它体现的是词的语音与外部世界的事物和现象之间的联系,而语法意义是语言内的意义,它首先体现为语言单位之间的聚合和组合关系。语法意义和词汇意义作为两种相对独立的、本质上不同的意义,属于不同的语言层面。语法意义是语言内部体系方面的因素决定的抽象意义,伴随着一定的语法形式和语法范畴,可能因语言的不同而有差异,例如格的意义就不是每个语言都有的。词汇意义则较少受到语言内部体系方面的因素的制约,而同外部客观世界和人的认识与概念有关。

语法意义与词汇意义的第四个区别在于语法意义的表达具有必然性,而词汇意义则不一定有这种性质。换句话说,语句可以在语法上成立,但在词汇上可以不成立,词汇上成立的、但语法上不成立的不能是语句。Л. В. Щерба 杜撰的句子就是很好的例证:Глоая куздра штеко будранула бокра и кудрячит бокренка。虽然这个语句从词汇意义方面来看不能成立,但是却清晰地体现了语法意义。相反,词汇意义正确、但语法意义不通的词的组合却不能成为语句,试比较:* Я видишь молодому девушки。(星号上标表示错例,下同)当然,这并不是说语法学可以脱离词汇意义研究语法意义,只是相比之下,语法意义具有更顽强的表现力。

总之,虽然语法意义与词汇意义之间存在着这样或那样的区别,但是在研究它们时不宜人为地割断它们之间的联系。对于语法研究来说,只有在有机地结合词汇意义的基础上才能更好地研究语法意义。

（四）语法范畴

在语法学中，语法范畴是最为重要的语法抽象和语法概念。从 Л. В. Щерба 和 А. М. Пешковский 开始，俄罗斯语法学家们就不断探讨这个问题（Щерба，7；Пешковский，57）。综合起来大致有以下五种观点：①有的学者认为语法范畴是语法意义和语法表达手段的统一体（Гвоздев，103）；②有的学者认为语法范畴应该看成是一种通过意义上互相排除的对立形式表达的关系（Штелинг，55）；③有的学者认为语法范畴是用一定的形式手段表达的对立的语法意义的体系（Маслов，154）；④有的学者认为语法范畴是表达同等的语法意义的形式的总和（Иванова，57）；⑤还有的学者认为语法范畴是同等的语法意义的总和（СРЯ1995，223）。综合各家的观点，可以认为，语法范畴不仅仅是几个形式或是一套形式，而是形式之间的关系。一个词可能有许多形式，但这并不一定能构成语法范畴。所以语法范畴既不能仅看成是表达层面上的东西，也不能仅把它放在内容层面研究。在当代俄语学界，对语法范畴的定义作出最明确表述的当推 А. В. Бондарко。他认为，在对语法范畴进行研究时不能把形式和意义割裂开来，语法范畴是"具有同等意义的形式系列互相对立的体系"（Бондарко1976，10-11）。这个观点已经被具有较高学术权威的苏联科学院1980 年出版的《俄语语法》所采纳（Гр. 80，Т. 2，455）。在这个体系中起决定作用的是范畴特征，如时间、人称、态等概括意义，能把个别不同的时间、人称、态的意义统一为一个整体。学者们广泛认为语法意义是语法范畴中第一位的，语法范畴就是实现同一个共同语法意义的词形的体系。但范畴的必要特征是其意义和形式体系的表达的统一。对于语法范畴而言，第一个要素是对立（противопо ставление 或 оппозиция），不仅包括形式上的对立，而且包括意义上的对立（Никитевич，11），因为语言的范畴必须有对立的成分，这是语言范畴的一个重要特点；第二个要素是范畴中对立的成分要有同等的意义（Бондарко1976，16）或构成范畴的特征，例如，在数的范畴中，对立的两个成分的同等意义是数，在性的范畴中，对立的三个成分的同等意义是性。

对立的概念源自索绪尔的著名论断：整个语言机制都是围绕着同一和差别在打转。后来得到 Н. С. Трубецкой 的发展并运用于语音学的研究之中。需要注意的是，不是任何差别都是对立。对立的成分之间不仅要有差别，而且要有共同的特征。可以说,没有对立就没有任何语法范畴,语法范畴的本质就在于它是在形式和意义上对立的语言现象的总和。对立的形成条件是对立的成分之间不仅有差别,而且还有共同的特征。后者是比较的基础,而区别特征(разли чительные или дифференциальные признаки)是比较的依据。对立可以定义为在语义上有一个特征相同,而其他的特征不同。对立的基础是某个抽象的常体或不变体(инвариант),现实的成分则是变体(варианты),带有补充的特征。根据对立成分之间的关系,对立有不同的种类。比较常见的是 Н. С. Трубецкой 指出的两种:① 等值对立(эквиполентные, эквивалентные, или равнозначные оппозиции),即诸对立成分处于平等的关系之中;② 存缺对立(привативные оппозиции)或二元对立(бинарные оппозиции),即对立的成分中有一个有某种特征,而另一个没有这种特征,对应于逻辑学中的排他律(даи нет),因而也称为二元对立。同时,有特征的这个成分不仅可以表达自身的特征,还可以表达对立成分的特征。有特征的这个成分可以叫作"有标记成分"(маркированный член),而没有特征的成分则是"无标记成分"(немаркированный член)(Трубецкой,27-28)。存缺对立的分类法为二分法(дихотомическая классификация)。相比之下,等值对立既不肯定、也不否定某个特征,而是以特征的性质差别为区别特征。根据对立的性质,相应地也可以把语法范畴分成这两类。属于等值范畴的有格范畴等,属于存缺范畴的有时范畴(如现在时可以表示过去时和将来时的意义)、性范畴(如:секретарь,доктор)преподаватель 等表示职业的阳性人物名词可以用来表示女性)等。成分之间的对立(оппозиция между членами оппозиции)除了上面两种外还有第三种:渐进对立(градуальные оппозиции)或对立层级(ступенчатые оппозиции),渐进对立中的成分在同一个特征的程度上不同。这些对立多见于语音、词法和词汇的研究中。除了上面的成分之间的对立外,还有相对于体系的对立(оппозиция по отношению к системе)。相对于体系的对立可以分成等比对立(пропорциональные опоозиции),隔绝对立(изолированные оппозиции)和多维对立(многомерные оппозиции)。当然,有的学者认为,语法范畴还有更多的类型(Арнольд,37-39),或语法范畴也不都是建立在对立的基础上的,也有建立在非对立的差别的基础上的语法范畴(Бон дарко1983,7-19)。例如,А. В. Бондарко 提出,语法范畴不仅建立在对立上,还可以建立在非对立的差别

（неоппозитивные различия）上，这种非对立的范畴采用的是自然分类原则（принцип естественной классификации），这为他后来的功能语义场的理论打下了基础。由于篇幅所限，这里就不详细介绍。

与语法形式和语法意义相应，语法范畴可以分成一般范畴（общие категории）和个别范畴（частные категории）。一般范畴具有很大的普遍性和覆盖面，如词类的范畴、述谓性的范畴等，而个别范畴只是小的语法类别才有的，如体的范畴、态的范畴等。

每一个语法层面都有自己的语法范畴，如构词法范畴、词法范畴和句法范畴等。这些范畴之间存在着复杂和密切的相互关系，相互依存，相互对立，并形成了一个完整的体系。相对来说，语法范畴的理论在词法学中是建立得最为完整的，在构词学和句法学中这方面的研究要弱一些。有争议的问题是构词法范畴是否属于语法范畴，因为它们既没有对立，也没有同等概括的特征。

在词法学中，语法范畴分成构形范畴（словоизменительные категории）和分类范畴（классифицирующие или классификационные категории）或词汇—语法范畴（лексико—грамматические категории）。在前一类范畴中，范畴的各个成分是同一个词的聚合体中的不同形式（如动词时、式、人称的范畴等）；在后一类范畴中对立的成分则不是同一个词的（如名词的性和有/无生命范畴等），而是不同的词。目前就某一个具体的范畴（如动词的体和态的范畴）是属于构形范畴还是分类范畴仍存在着争论。

在句法学中，语法范畴和语法意义相应，可以分成句法表现范畴（синтаксически выявляемые категории）和非句法表现范畴（неси—нтаксическм выявляемые категории），前者与关系意义相应，与词形在词组和句子中的组合有关（如性和格的范畴）；后者与称名和指涉意义相应，抽象表达各种事实、属性、关系和联系等（如动词的时和体的范畴）。有的语法范畴，如数和人称范畴，兼含有这两种范畴的特点。有的范畴（如数、人称）兼含有词法范畴和句法范畴的特点。

语法范畴的成分数量因范畴而异，但至少应有两个，否则形成不了对立。有两个成分的范畴称为二元范畴（бинарные категории），但也有许多范畴有更多的成分，例如，性的范畴有三个成分，格的范畴有六个成分。如果只有一个形式并带有一个意义，则不能成为语法范畴，因为，第一，这里缺乏具体和一般的相互关系;第二,缺少常规性和涵盖性。

需要注意的是,俄语的 категория 一词不仅用来表示范畴的意思,而且还用来表示类别的意思,用于较小的语法类别中(如:категория существительного, категория глагола, категория мужского рода, категория множественного числа),这时,категория 只这个词还是理解为"类别"较好。

(五)形式与意义的关系

一般来说,语法形式和语法意义之间的关系是对称的,这是不言而喻的,是语言符号体系的客观规律。但是,语法形式和语法意义之间也存在着不对称性。表达层面和内容层面的二元不对称性的概念首先是由 С. И. Карцевский 提出来的并得到了普遍的认可(Карцевский)。其实,这个思想也可以追溯到索绪尔关于语言中存在同一和差别的辩证关系的思想。

在宏观上不对称性表现为简约与羡余的不对称性。俄语的词法意义是以简约表达为主的,例如名词和形容词的词尾可以同时表达性、数、格的意义(如:дом,книга,здание,студентки,умный,умная,умное,умные),但是动词的人称意义却要羡余和重复表达(如:Я иду),形容词和被限定的名词也是羡余和重复表达性、数、格的意义(如:новая книга,высокое здание)。在微观上不对称性表现为一种形式可以有多种意义或一种意义可以有多种形式,表达层面上的切分可能同内容层面上的切分不相吻合。例如疑问句除了用于提问外,还可以借助一定的语调、词序和虚词(语气词)表示祈使和请求的意义,试比较:

1)Куда вы идете?

2)Вы не скажете,где находится почта?

一种形式有多种意义就是常见的多义性和同形异义性。这在词的层面是比较多见的,如多义词和同形异义词。在句子的层面上比较少见,这是因为俄语靠比较严格的词形变化和清晰的句法关系限制了多义和歧义的产生。句子的多义性和同形异义性主要产生于词形没有变化的情况中,如典型的例子:

Мать любит дочь.

由于 мать 和 дочь 的四格同一格,形式不能体现句法关系;同时俄语的词序又比较自由,致使这个句子产生了两种意义。

句子的同形异义有纯句法的和非纯句法的两种情况(李勤 1998,153-164)。

纯句法的同形异义主要与一个词可能同时和两个词产生相同的句法关系有关。如：

1）Звонить ему не пришлось.

2）Она попросила его не тревожить.

在这两个句子中，ему 和 его 可以同时和两个动词在句法上有联系，因而产生了不同的意思。

非纯句法的同形异义主要与返身代词和物主代词在句中的使用有关。如：

1）Боец помог санитарке перевязать себя.

2）Профессор попросил ассистента прочитать свой реферат.

由于在这两个句子中分别有两个人物，返身代词 себя 和物主代词 свой 的所指不是很明确，导致不同意义的产生。

一种意义有多种形式的情况主要体现了语言丰富的表达手段，其选用主要与修辞有关。在词的层面上，可以看到同一事物可以有几个称名，例如俄语里面可以用 луна，месяц 等词来表示月亮，用 глаза，очи 等词来表示眼睛，等等。在句子的层面上这种现象要更多见。有时候可以用词汇和句子结构的结合来表示同一种意思。例，如，"俄罗斯有许多民族"这个意思在俄语里可以分别用下面的句子表达：

1）В России много национальностей.

2）Россия—многонациональная страна.

3）Россия многонациональная.

4）Россия отличается от многонациональностью.

另外，还可以用不同的句式来表示同一种语法意义，如上面所提到的祈使意义可以用祈使句、疑问句和假定式句来表达的情况。

（六）语法手段

每一个语法意义在语言形式上都有一定的表达。表达语法意义的语言形式手段称为语法手段（грамматические средства），或称语法标志（грамматические показатели）。俄语的语法手段主要有词尾、构形词缀、辅助词、音位交替、异干、重音、语调、词序等，另外还有一些不是很重要的语法手段，如词干后缀的加长、截短、交替等。这些语法手段分布在语言的各个层面上，包括语音语调、构词、词法和句法等层面。就语法手段的性质而言,所有的语法手段可以归结为两类:①聚合性语法手段;②组合性语法手段。属于聚合性的语法手段有前面六种,其中词尾、构形词缀和辅助词是最基本的聚合性语法手段,其他三种是作为补充手段来配合表达语法意义的;属于组合性的语法手段只有语调和词序,因为它们不参与词的聚合体构造,超出了词的范围,具有线性排列性质。下面我们简单介绍这些语法手段,在后面有关章节还会有详细分析。

1. 词尾(окончание)

俄语作为一种屈折性语言具有严谨和发达的词形变化系统。其中最主要的语法手段就是词尾(关于词尾另见构词学和词法学的有关章节)。词尾大都在词的末尾,表达一定的语法意义,在词组和句子中起联系作用。俄语中可变化的词主要就是词尾的变化。只有极个别的词形变化是在词的其他部位(如形容词简单比较级形式用的是后缀和前缀等)。不同的可变化词类的词尾表示不同的语法意义。一个词尾可以表示一个语法意义,也可以同时表示几个语法意义(如名词的性、数、格等)。属于词尾的还有一种特殊的形式——零词尾。零词尾虽然是形式的空缺和空位,但在其他有关的有形式的词尾参照和对比下也表达一定的语法意义,同时与这些有形式的词尾一起进入词的聚合体。除了构形外,词尾有时候也用来构词。

2. 构形词缀(формообразующие аффиксы)

这里指的是除了词尾之外的其他的构形词缀,如后缀、前缀和尾缀等。构形词缀是俄语中仅次于词尾的主要语法手段,使用的词类范围略小一些,例如构形后缀只用于动词、副词及部分名词中,而前缀只用于动词、形容词和副词中。构形词缀虽然也是聚合性语法手段,但一般只是部分参与词的聚合体的构造(如构成动词过去时的后缀、构成形容词和副词比较级的前缀和后缀等)。

3. 辅助词(вспомогательные слова)

辅助词不具有词汇意义,不指称事物和特征,在句子里不能作为独立的句子成分,只用来构造词的变化形式。辅助词有实词和虚词之分。实词型的辅助词是分析式词形中表达语法意义的那个部分,有构成未完成体动词将来时的助动词和构成形容词与副词比较级形式的辅助词 более,менее,самый 等。虚词型的辅助词有表示词与词之间联系的前置词和与动词一起构成命令式、假定式的构形语气词 пусть 和 бы。在这些辅助词中,只有前置词是具有组合性质的,其他辅助词都是聚合性语法手段,都参与词的聚合体的构造。

4. 音位交替(чередование)

音位交替是一种形态音位层面上的语法手段,指同一词素的不同形式中音位的交替。音位的交替在构词层面上能起到构词的作用,在词法层面上能起到构形的作用,但这主要还是一种辅助性语法手段,必须与词尾和构形后缀一起表示语法意义。只有极少的词能用音位交替表示语法意义,这种情况一般只出现在词的内部,因此也称为内部屈折(внутренняя флексия),如 убирать—убрать〔и/ф〕。通过音位交替可以表示的语法意义有名词的数和格意义、动词的体意义以及形容词和副词的比较级与最高级意义。

5. 异干(супплетивизм)

异干指的是利用其他词的词干来构造新词或表示语法意义。异干也称为异干互补。无论在俄语的构词系统,还是在词法系统,异干形式都是极少数的情况,因为俄语的派生词和词的各种词法形式绝大多数都是用同一词干构成的。因此,异干是一种非能产的辅助性的语法手段。在构词层面,异干可以用来构成表示动物幼崽的派生词等,在词法层面,异干可以用来构成对应的动词体、动词的过去时、人称代词的格形式、名词的复数形式、形容词和副词的比较级形式等。

6. 重音(ударение)

俄语的重音有三种:词重音、语段重音和句重音。这里指的是词重音。词重音在构词和词法层面上都是一种辅助的语法手段。在构词方面,重音的不同能起到辨别不同的词的作用;在词法方面,重音用来区分不同的词形及其相应的语法意义,如名词的数与格、动词的体等。但是,重音作为一种语法手段并不是必然的,也不是常规性地起作用的,例如许多名词的单数二格和复数一格的重音是不一样的,有的词的词形甚至还可能有两种重音位置。

7. 语调(интонация)

语调作用在句法层面上,从这个意义上来讲,它是组合性语法手段,尽管有时候句子可能是由一个词组成的。它有时候单独、有时候同词汇和词序一起表达语句的交际意义,如疑问、祈使、肯定等。同时,语调还能把句子切分成语段,使句子内部的句法关系得以明确化。此外,语调对句子的实义切分也具有很重要的作用,口语中主题和述题的划分以及相应的交际意图的表达都是靠语调得以实现的。

8.词序（порядок слов）

俄语是一种词序比较自由的语言，词组和句子中的语法关系和意义一般都是靠明确的词形变化加以表达的。词序作为一种组合性语法手段只是在小部分情况下发挥作用，主要是当词尾形式没有变化并进而不能区分词本身的词法意义和词之间的句法关系的时候，例如：на два часа—часа на два；Мать любит дочь—Дочь любит мать。

总而言之，俄语的语法手段有鲜明的特色和完整的体系。以上所列举的语法手段大多数是综合性的，即是词和词形本身内部的语法手段，聚合性的语法手段大都是具有综合性质的。同时，还有一些语法手段是分析性的，即它的作用范围超出了词和词形本身，其中不仅有组合性的语法手段，还包括辅助词。另外，有的语法意义的表达还可兼用综合性和分析性的语法手段，如名词和前置词的组合就是这样的，既有词本身的词形变化，又有辅助词（前置词）。有时候辅助词还能使词汇—语义得到进一步的明确，试比较：на месте—в месте，по реке—на реке 等。

四、语言国情学发展的两个趋势

（一）语言国情学的学科性质

通过研读 Е. М. Верещагин、В. Г. Костомаров（1990：37）、В. В. Морковкин（1984：59）、Ю. Е. Прохоров、Т. Н. Чернявкая（1998：6）和 Г. Д. Томахин（1995：95）等俄罗斯学者对语言国情学研究的论文和专著，关于俄罗斯 20 世纪的语言国情学研究，我们得出以下五点结论：①研究者们均认为，语言的载储功能作为语言的重要能力，在语言单位中反映、固定和保存语言外信息，这是语言国情学的理论基础；②语言国情学的研究重点是蕴涵在语言单位中的民族文化语义，不同的研究者给出不同的术语："национально—культурная семантика""сведения о национально—культурной специфике""страноведчеки ценные сведения""национально—культурная специфика речевого общения русской языковой личности""национально—культурный компонент""культурныйкомпонент""кумулятивная семантика строевых единиц языка"；③语言国情学的学科性质

显示出不确定性。语言国情学的发展经历了由普通国情学到语言国情学的过程,这一过程产生了术语上的模糊性:"对外俄语教学的一个方面""社会语言学的组成部分""教学法学科"和"语文学分支"等;④语言国情学的一个研究方向是语言教学法,代表人物是 Е. М. Верещагин、В. Г. Костомаров 和 Ю. Епрохоров 另一个研究方向是语文学,代表人物是 Г. Д. Томахин。形成学习者的交际能力是把语言国情学确定为语言教学法学科的重要原则和标准;⑤对外俄语教学法在语言国情学方面的研究主要有对比研究(Г. Д. Томахин, Б. Н. Фомин)、语言国情学阅读研究(Л. С. Журавлева, М. Д. Зиновьева, Н. В. Кульбина)、语言国情词典编纂研究(И. М. Мокиенко, Ю. Е. Прохоров, В. П. Фелицына, Т. Н. Чернявская, Л. И. Харченкова)等。

　　语言国情学鼻祖 Е. М. Верещагин 和 В. Г. Костомаров 在对该学科下定义时就指出,语言国情学具有语言学和教学法的双重属性:"语言国情学是对外俄语教学的重要方面,它保障教学的交际性,完成普通教育和人文教育的任务,在语言教学法方面实现语言的载储功能,向教学对象输入文化内容(介绍苏联现实生活中的典型现象),教学方法属语文教学性质,通过俄语和在俄语教学过程中介绍国情知识。"(Верещагин, Костомаров, 1983:49)我们通过前一小节的介绍了解到,语言国情学的语言学属性的直接表现是对民族文化语义的探究和描写,也就是词汇背景理论蕴含的精髓。俄学者 Г. Д. Томахин 曾经撰文阐述语言国情学的语文学科性质:"语言国情学可以被看作语文学的一个领域,任务是研究能够鲜明反映民族文化内容的语言单位"(Томахин, 1986:113)。从词的语言国情学理论来说,非等值词汇、部分等值词汇和背景词汇就是语言国情学所关注的语言单位。从本质上来说,语文学旨在探讨词的民族文化语义,与语义学的研究内容有一定交叉。专有名词、普通名词、成语、谚语、俗语、名言警句和文学作品都是语文学性质的语言国情学研究对象。Е. М. Верещагин 和 В. Г. Костомаров 在最新版的专著《Язык и культура》中对语言作为民族文化信息源泉和载体的静态方面的系统描述也是对语言国情学的语文学科性质的证明(2005:16-514)。与此同时,语言国情学倡导的揭示词语的民族文化语义为对外俄语教学法的发展和完善提供了巨大的可能和空间。一个学科拥有两个学科性质使研究者陷入两难境地,同时也使研究者们继续苦苦探索。在这个探索的过程中,语言国情学得到了进一步的发展,语言与文化之间的深层关系研究受到普遍重视,出现了"лингвокультурология"和"лингвокультуроведение"等新术语。我国学者赵爱国在《从语言国情学到语言文化学》一文中也从六个方面反思了语言国情学的研究方向和内容:①语言国情学属于语言学还是属于教学论? ②词汇背景理论在语义层面的解释力究竟有多大? ③语言国情学作为一种教学法如何与传统的国情教学法相区分? ④以词汇背景理论为基础的语言国情学有多大的发展空间? ⑤语言中包含的文化内涵能否用"国情"二字替代? ⑥语言国情学的发展方向何在? 语言与文化研究作为新兴的边缘学科如何体现其综合性和交叉性? (赵爱国,2007:29)由此可见,俄罗斯学者的探索和我国学者的研究不谋而合,语言国情学的双学科性质既成为该学科存在的问题,同时也为该学科的进一步发展奠定了一定的基础。我们认为,语言国情学现阶段的研究已经呈现出两个清晰的趋势——语言文化学研究趋势和跨文化交际学研究趋势。

(二)语言国情学研究的语言文化学趋势

语言国情学的语言文化学研究趋势在语言国情学创始人 E. M. Верещагин 和 В. Г. Костомаров 近几年的论著中得到明显体现。首先,在提出词的语言国情学理论(лингвострановедческая теория слова)即词汇背景理论(теория лексического фона)之后,两位学者继续思考语言国情学新的发展路径。他们从对外俄语教学界对语言国情学学科性质的争议中也认识到,语言国情学的学科理论基础和方法论原则都存在一定的不完善。正像我国学者赵爱国在《当前俄语语言与文化学科建设的几个理论问题》一文中指出的那样,"该学科建设的几个基本理论问题——如学科名称、学科性质以及学科发展方向等至今仍缺乏深入研究,必要的共识也没有达成,从而有碍该学科的健康发展"(赵爱国,2002:53)。针对前一小节中提及的悬而未决的问题,E. M. Верещагин 和 В. Г. Костомаров 在 1999—2002 年期间先后出版了以下几本专著:《В поисках новых путей развития лингвострановедения: концепция рече—поведенческих тактик》(Москва,1999),《В поисках новых путей развития лингвострановедения: концепция логоэпистемы》(Москва,2000),《В поисках новых путей развития лингвострановедения: гипотеза(лого)эпистемы. Мирознание вне и посредством языка》(Москва,2002)。

从以上三本专著的名称中我们可以看到,语言国情学创始人在继续寻找该学科的出路,并对这门学科的继续发展提出两个基本学术思想,即两个新的概念:логоэпистема(语言文化信息单位)和 речеповеденческая тактика(言语行为方式)。吴国华还研究了俄罗斯成语的形象性与俄罗斯文化之间的关系问题(吴国华,2003:275-289)。

我国学者还研究了谚语的语言国情学价值。例如赵国栋指出谚语与成语一样具有民族文化语义,他在对谚语进行分类的同时讨论了其认知功能和交际功能,并从教学法的角度提出谚语是积极交际手段,在教学中应注意对谚语的教授并培养学生形成语言交际能力(吴国华,杨仕章,2005:26-27)。

(三)我国俄语界语言与文化应用研究的新阶段

在语言与文化研究领域,近年来出现了一种整合式研究方法,即将语言、文化、交际、教学等因素放置在一个平面进行研究,这是语言学领域内部出现的学科交叉特征的明显体现。其中俄罗斯学者 В. Г. Костомаров、Ю. Е. Прохоров、В. В. Воробьев、В. В. Красных、Д. В. Гудков、И. В. Захаренко、С. Г. Тер—Минасова、И. А. Стернин 等运用这样的研究方法把语言文化学的研究大大向前推进一步,明确了语言文化学的学科阐释功能,也为跨文化交际学和语言教学法的研究提供了更加广阔的空间。我国学者赵爱国出版了专著,提出建立应用语言文化学的基本学科框架。同时许多学者积极研究了语言世界图景、文化观念、语言信息单位、语言文化单位、文化观念域、文化空间、认知库、先例现象等语言文化学问题,并开始探索各种理论在实践俄语教学中的应用。我们认为,现阶段我国语言与文化领域的应用步入了一个新阶段,主要标志如下三点。

第一,关于俄语语言文化理论与应用研究的专著相继出版。赵爱国、姜雅明在 2003 年出版专著《应用语言文化学概论》。在该专著中作者从理论上界定了应用语言文化学的相关概念,并在实践层面上确定了语言文化教学在语音、语法、词汇、言语交际等方面的教学范围,并提出通过语言文化教学体系构建外语素质教育体系的组成部分这一外语教学思想。这两位作者在 2006 年 8 月出版专著《语言文化学论纲》,该书与前一部专著对应形成了较为完整的理论与应用体系。在该书中作者界定了语言文化学的基本概念和研究方法,探讨了语言世界图景、语言个性、定型理论、先例现象、言语交际等语言文化学研究所涉及的基本理论问题，并尝试构建应用语言文化学的理论框架体系。这些研究对于外语教师来说具有重要的参考价值和意义，为在外语实践教学中贯穿文化因素提供了坚实的理论基础。我国俄语界从事语言与文化理论研究的年轻学者彭文钊和赵亮于 2006 年 9 月编著出版了《语言文化学》，展现了俄罗斯语言与文化研究的百家争鸣局面。作者重点解析了语言文化学作为一门独立学科的研究角度与研究方法，如 В. В. Воробьев 通过民族个性整合体现语言文化学体系，Ю. Е. Прохоров 通过社会文化定型理论塑造心理模式，В. Г. Костомаров 通过语言信息单位理论展现知识的复话，В. В. Красных 和 Д. Б. Гудков 通过研究先例现象建构文化空间。作者的阐释展现了俄罗斯现阶段语言与文化研究在社会文化学方向、社会心理学方向、知识考古学方向和民族心理语言学方向上的最新研究成果。这三部专著是继我国俄语语言与文化研究著名专家吴国华的著作之后较为系统和权威的语言文化学专著。这些研究成果成为广大俄语教师在语言实践教学领域积极引入文化因素的理论基石，为广大学者积极开展语言与文化应用研究奠定坚实基础。

第二，对传统语言国情学研究的发展趋势及特点进行总结和反思。这方面成果主要体现在四篇论文中。杨仕章于 2003 年在《外语学刊》上发表论文《语言国情学在中国》。该论文从理论与方法、词汇与文化研究、语法与篇章中的文化、非言语交际文化研究等四个层面，概括分析了 20 世纪 70 年代初至论文发表时我国学者在语言国情学领域的主要研究成果，体现了我国学者对语言国情学研究的全景。本书作者刘宏于 2005 年在《中国俄语教学》中发表论文《俄语语言国情学发展新趋势略说》，提出了传统语言国情学两个发展趋势——语言文化学研究趋势和跨文化交际学研究趋势，强调了这两个趋势的出现是语言国情学语文学和教学法两个学科性质的必然表现。除此以外，本书作者刘宏于 2006 年在《中国外语》中发表了《俄罗斯跨文化交际研究中的跨学科等特点》一文。这篇论文详细解析了当前俄罗斯跨文化交际研究的三个特点：跨学科研究特征显著；人本主义语言学思想得到充分体现；紧密与对外俄语教学法相结合。我们强调了在这个语言学内部各学科相互融合的研究过程中，语言、文化、现实、语言个性、认知、交际之间构成了一个相互依存、相互作用的整体性特征。

我们认为,在语言与文化关系的研究中,应采用综合的研究方法,考虑心理语言学、语言文化学、跨文化交际学、教学法等多学科的研究成果,这样才能取得良好的教学效果。第四篇论文的作者是杨喜昌和李琳,他们于 2007 年在《中国俄语教学》上发表论文《析谈现阶段语言国情学研究的几个新特点》。其中最有新意之处在于作者总结和概括了语言国情学领域研究实现的六个转向:由语言描写到文化阐释;由原子主义到术语集成;由文化背景到文化观念;由物质层面到精神世界;由词汇空缺到文化对话;由单面单位到双面单位。应该说,致力于中国俄语语言与文化研究的年轻学者能够非常敏锐地注意到语言与文化研究的发展趋势和正在发生的实质性变化。以上四篇论文的研究成果展现了俄语界对语言与文化研究的反思,在整体上把握了研究呈现的态势并体现了语言国情学作为语言文化学研究的源头所体现的基本思想。

　　第三,俄语界出现了俄罗斯学潮流和跨文化对话意识。从 2004 年 10 月在四川外语学院(今四川外国语大学)召开的第七届全国俄语语言与文化研讨会上建立俄罗斯学学科被提出开始,三次俄罗斯学专题学术研讨会已先后在北京大学、北京外国语大学和四川外语学院召开。2005 年以来仅在《中国俄语教学》上发表的关于俄罗斯学的文章就有四篇(白春仁,《俄罗斯学呼唤沟通文化的自觉》,2005 年第 3 期;史铁强,《再论俄语专业教学改革——兼谈俄罗斯学的建设》,2007 年第 2 期;国玉奇,《试论作为独立学科的俄罗斯学》,2007 年第 2 期;付晓霞,《探讨俄罗斯学》,2008 年第 3 期)。对于在中国是否应建立俄罗斯学的大讨论是我国学者注重将外语教学与国情教学相结合的写照,是俄语界对外语教师应承担对象国国情内容研究使命的深刻认知,是外语教师从传统的语言与文学研究转向更加宽泛的政治、经济、文化研究的标志。对俄罗斯学的关注将使更多俄语教师拓宽自己的知识领域和学术兴趣,为实现语言与文化应用研究的繁荣与发展奠定良好的学科基础。我们特别注意到,白春仁教授在自己的文章中以一位学术大家的胸怀语重心长地提出,俄语研究者与教育者应该用大文化视角补充单一小学科眼光,以方法论求新克服方法论守旧,完成学术工作的根本目标——振兴与发展中国文化,并提出三个教学阶段的任务:本科教学阶段应致力于为学生提供俄罗斯文化精品;硕士研究生教学阶段应体现文化的对话和中外思想的交锋;博士研究生教学阶段导师应帮助学生形成中国文化身份和中国学人的眼光。我们认为,白春仁教授的观点与张后尘教授《从文化对比到跨文化对话》(《中国外语》,2004 年第 1 期)一文中号召广大外语学者参与跨文化对话研究的思想遥相呼应:"外语学者参与跨文化对话研究是历史的重托。"(张后尘,2004:72)无论是对俄罗斯学学科设立意义的探究,还是对汉俄跨文化交际的研究,都使我们深刻认识到应用语言文化学在树立汉俄跨文化对话意识和实现汉俄跨文化交际过程中所承载的重要使命。

通过对以上语言与文化应用研究新阶段主要标志性观点的阐述,我们得出以下四点结论:①俄语语言文化学研究视角的多元化与学科交叉性质为应用研究提供了丰富的学术资源和研究方法;②俄语语言与文化应用研究将是实现俄罗斯学整合教学思想并在教学过程中形成学生跨文化意识及弘扬和发展中国文化必经之路;③俄语语言与文化应用研究是在中国语境下我国学者成功参与汉俄跨文化对话的路径之一;④俄语语言与文化应用研究是新时期改革俄语教学模式、培养学生研究型学习能力、创新型思维和提高学生综合素质的一条必由之路。

(四)中国俄语语言与文化应用研究中存在的主要问题

从 20 世纪 80 年代中期开始,我国学者就开始研究和介绍诞生于苏联的语言国情学,陆续发表了多篇论文并出版了相关辞典和专著。在实践教学过程中引入文化因素开始受到俄语教师的重世界图景的最小限度内容是当前应用语言文化学不能回避的研究课题之一。

(五)实现中国俄语语言与文化应用研究繁荣发展的策略

针对目前实际情况,为实现中国俄语语言与文化应用研究的繁荣发展,促进广大俄语教师拓宽研究视野,积极参与汉俄跨文化研究、树立汉俄跨文化对话意识、实现汉俄跨文化交际,我们提出以下三点策略。

1)依托相关学术研究团体和学术研究中心积极开展应用语言文化学的研究与交流。在中国俄语教学研究会学术研究框架下,从 1990 年解放军外国语学院发起并召开第一届全国俄语语言与文化学术研讨会至今已历经 28 个春秋。这是目前国内俄语界坚持时间最久的专题学术研讨会。每两年召开一届学术研讨会的定期学术机制,为广大俄语语言与文化研究者提供了研讨与交流的学术平台。我们应该充分利用这个学术平台,设立语言与文化应用研究的各种引导课题,吸引更多的教师参与语言与文化应用研究,为把语言文化学的研究成果直接应用到俄语教学实践培养大批的后备力量。

2)依托各类国家和省部级科研基金,积极申报应用语言文化研究项目,扩展俄语语言与文化应用研究在全国的影响。近几年国家加大了对各类社会科学研究项目的扶持力度,特别是在省一级层面的科研立项也逐渐增多。通过对近年英语相关项目的分析,我们发现,应用性研究获得项目审批的比率较高。这充分说明了国家对外语应用研究的重视。我们要充分利用外界的有利条件,积极申报俄语语言与文化应用研究项目,实现通过项目锻炼队伍和提高水平的双重任务。

3)积极促进全国致力于语言与文化应用研究的学者合作开展项目研究。经过学术机制 28 年的洗礼,全国已经出现许多致力于语言与文化研究的学者:吴国华、刘光准、许高渝、赵爱国、姜雅明、丛亚平、朱达秋、杨可、彭文钊、褚敏、杨喜昌、李向东、王臻、杨仕章、刘宏等。这些学者在年龄方面已经形成良好的梯队,并在语言文化学内部尝试了多领域的研究,知识结构和研究兴趣各有侧重。除了开展定期的学术研讨和交流之外,应尝试依托项目将这些学者联合起来,共同解决语言与文化应用研究中的重大课题。现阶段应该探讨的课题:俄语语言世界图景在本科和研究生阶段的最小限度内容;以当代语言文化学研究的中心思想为指导,尝试编写精读、阅读、视听、口语等教材;探索中国学生对各类语言文化意义单位接受、理解和使用的特点,并在宏观和微观两个层面研究教学方法和教学模式等。

本小节展现了中国俄语语言与文化应用研究进入新阶段的标志性研究成果,分析了现存的主要问题并提出了把中国俄语语言与文化应用研究引向繁荣之路的基本策略和建议,意在引起学界同行的深刻思考,从而推进中国俄语语言与文化应用研究的发展和繁荣,促进中国的俄语教育教学事业进步,真正完成汉俄跨文化交际和交流任务赋予俄语界同仁的使命。

用林语堂先生在《吾国与吾民》中的一段话结束本小节,以此表示作者对语言与文化应用研究精髓的理解:"想要尝试去了解一个异民族及其文化,尤其像中国那样根本与自己不同的文化,此种工作非常人所堪胜任。因为此种工作,需宽广之友情,需要一种人类博爱之情感。它必须循心脏之每一次搏跃,用心灵的视觉来感应。此外,他必须摆脱一切自己的潜意识,一切儿童时代所已深植的意识和成年时代所得的深刻印象……不让他与研究的国家生出隔阂。他一方面需要超越的观念,一方面也要一个淳朴的心地……只有秉此超越与淳朴的心地,一个人始能明了一个异民族的内容。"(林语堂:1990)

第二节　言语技能

一、言语活动的形式

关于言语活动的类型以及每一种类型对发展此类言语所需技能提出的要求——这方面的理论是外语教学的一个重要题材。

有两类言语活动与口语相关,有两类言语活动与笔语相关。这就是说,它们相互之间将在词语编排、篇章组织和句法结构等方面不同。此外,笔语是通过视觉器官接受,需要视觉接受言语的技能,而口语则是通过听觉接受。

有两类言语是能产型的,即学生自己构成言语,并可选用自己所知道的词语和句子;有两类言语是复制型的,学生在这种情况下与将要运用自己的词语与话语的说者(写者)相关(发生关系)。

已知,要与语言操练者(教师)进行生活题材的谈话,需要 1 000～1 500 单词,而如果要听懂言语,则需要掌握 3 000 单词,要读懂 96％的课文内容,需要 6 000 个单词。

四类言语活动论要求如下。

1)每一类言语活动都要独立操练,以发展此类言语所需的技能。

2)每类言语技能的测试。口语类的测试采用口语篇,笔语类的测试采用笔语篇。

3）要善于在教学过程中将四类言语活动结合，因为它们互相紧密关联，尽管可能会因教学目的不同而有某一类言语活动优先（侧重）。

4）要克服下列认为：①认为，一个学生能写作很多习题，他就已经学会了写作（能写作是指能够书面表达自己的思想，而不是从教材上转抄习题）；②认为，一个学生朗读了一篇课文就已经学会了阅读（这种情况下只能说：他能将字母与发音对应起来——而这只是一种技法熟巧）；③认为，一个学生能背出对话或转述课文，他就会说了（这种情况下只能说明他对有助于掌握说这一技能的熟巧有发展，而不是技能）；④认为，一个学生能听懂他已学会的对话，他就已经发展有听力熟巧（这种情况下他只是养成了听力所需的熟巧）（见表3-2-1）。

表 3-2-1　言语活动（熟巧、技能、能力）

言语	言语活动类型	技术熟巧	交际技能	能力	言语活动的技法与策略
口语	说	发音。语调。连读。单词发音规则	由语义到形态。形态变换。交际目的与词句选取对应	发音器官已练就。模仿力。记忆力。观察力。注意力	用任一方式（言语，表情，手势，情境）可以达意
	听	听出各种音位和语调，单词发音和词义对应	由词形到语义抓住大意（能判读情境）。听出关键词。能按段还原全句	听觉器官已练就。猜想力、预测力。听觉记忆力。注意力	能"抓住"意义。能弄清、确切、重复——"回声"，打断
笔语	读	区分字母。字母与发音对应。单词的字母构成和词义对应	由词形到语义。抓住大意。能够看出关键词。弄懂语句成分和结构。按段还原全句	视觉器官已练就。猜想力。预测力。视觉记忆力。注意力。分析能力	能"抓住"意义。看出主要的东西。还原自己需要的内容
	写	字母书写美观。单词字母构成与词义对应	由语义到词形。能变换。目的与词、句选取对应。知晓各种体裁	运动器官已练就。视觉记忆力。逻辑性	没有情境支撑。依靠语篇逻辑和体裁能表达意义

二、言语活动的口语类型

各类口头言语活动的特点及掌握口语必须的技能（如表3-2-2）。

表 3-2-2　各类口头言语活动的特点及掌握口语必需的技能

口语特点	掌握口语必需的技能
听觉方式接受，发音器官再现	以新语言为指向的听觉器官和发音器官发达
与情境紧密相关，因此有言语省略	"视""读"情境暗示能力。情境运用能力
与表情和手势、与距离相关	对手势——表情暗示的注意力
言语的自发性和意见的简洁性	猜意能力和推测能力发达。按个别成分还原整句能力。在词汇不够时能够交换语句表述出话意，能根据部分词语猜出话意
言语的套语性和成语性	知晓口语的套语和成语
多种情境下的标准举止（仪式、礼节性举止）	知晓民族举止规范
固定用于各种情境的典型化对白、群白和独白	知晓典型题材及其在言语中的表达方法
交互性，即自己意见与谈话人意见以及与谈话人的目的之间的相关性	将话题切换到谈话人并使其加入到谈话中来的能力
"抓住"谈话中的主动或维系谈话不中断的必要性	知晓各种言语定式

说（如同写一样）与听（如同读）的区别是：说是能产型言语活动。由此可以得出结论：说的过程中要培养的技能将有别于听所必需的技能（见表3-2-3）。

表 3-2-3　说与听所需的技能

说所必需的技能	听所必需的技能
1.能够"复制"言语符号	1.能够"理解"和"识别"言语符号
2.积极战术 1)影响谈话人； 2)如果言语不懂时，迅速变换； 3)把话意正确地传达到谈话人； 4)博得谈话人的好感； 5)依靠自己的知识可以运用即使不太丰富的语言储备	2.消极战术 1)关注别人的言语； 2)判定说的情境和言语外符号； 3)当言语不懂时，请求变换； 4)弄懂（"抓住"）说话人的话意； 5)表现出对说话人的好感； 6)仅凭自己的"语言储备"不行，还需要大的消极词汇量和发达的猜想力

图 3-2-1 为口语成分示意图。

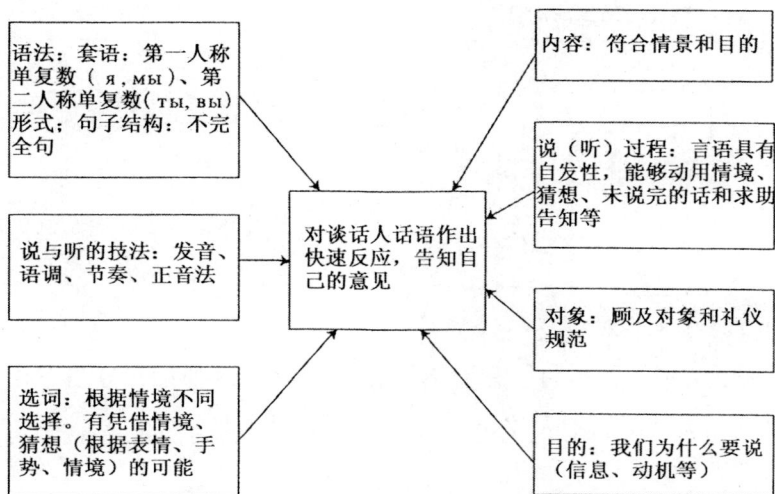

语法：套语：第一人称单复数（я, мы）、第二人称单复数(ты, вы)形式；句子结构：不完全句

说与听的技法：发音、语调、节奏、正音法

选词：根据情境不同选择。有凭借情境、猜想（根据表情、手势、情境）的可能

对谈话人话语作出快速反应，告知自己的意见

内容：符合情景和目的

说（听）过程：言语具有自发性，能够动用情境、猜想、未说完的话和求助告知等

对象：顾及对象和礼仪规范

目的：我们为什么要说（信息、动机等）

图 3-2-1 口语成分

三、说

(一)什么是说

说——这是一种口头能产型言语活动,通过这种言语活动我们可以影响谈话人而实现自己的目的(见表 3-2-4)。

表 3-2-4 说者的战术与战略

说者必须完成的任务	说者为完成任务应知的内容
吸引听者的注意力	吸引注意的言语套话
进入(脱离)与谈话人的接触	言语套话,建立接触的语言外手段
取得听者的好感	与情境相符的言语礼节说法,各种语言外的手段
引起谈话人的兴趣	如何弄清兴趣、题材
保持听者的注意力	将谈话人吸引到言语中来的说法
弄清意见	如何了解谈话人的意见

续表

说者必须完成的任务	说者为完成任务应知的内容
引入讨论（辩论、争议）	如何表示同意（不同意）某一意见，说出相反的意见
引起言语，使其谈起来	如何提问
激发所需（根据目的不同）的谈话人的最终反应	说外语者在不同情境下的交际标准

1. 说的产生机理

图 3-2-2 为说的产生机理示意图。什么是"会"讲外语？应当发展哪些技能？学生现有能力有哪些可以用作支撑？（见表 3-2-5）

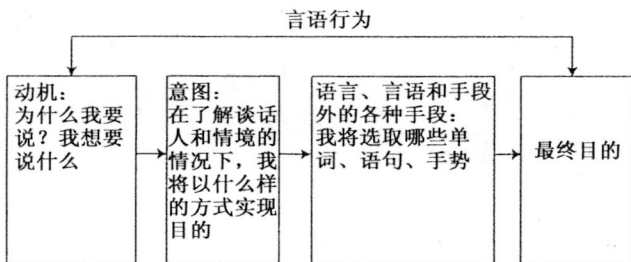

图 3-2-2　说的产生机理

表 3-2-5　说所必需的技能

技能	发展技能的方法
技术类。发音技能（正确的发音，语调，节律）。词义与其发音形式的对应	模仿。知晓获得正确发音、语调的机理。发音器官（舌、唇）的变动。懂得节奏。背诵、反复说出单词和语句（记忆）
语言类。知晓单词和语法形式	分析单词和形式。说、背（分析、逻辑思维）
言语类。言语句型（式）与情境对应	用所给句型演示多种情境——无意识化
交际类。语句的选取与说话目的对应（由目的、意义到语句）	将语句从习惯的情境转换到新的情境（转换熟巧）。解题。交际能力。技艺。猜想力。反应能力

2. 对学生的那些可对学习说有辅助作用的能力进行预检

在进行说的教学之前，应当检查学生有助于其进入口语学习的起始能力。

这只不过是使教师注意每个学生的难点。

可以从以下四个方面检查：

1）模仿能力。说给他（她）一些生词或生句，让其重复。可以重复一次、二次或三次。

2）瞬间记忆力。给出数个单词（或句子），让其记忆，过10分钟再检查是否记住了。

3）演示技艺。让学生演示一个情境。

4）交际能力。采用调查问卷的方式。调查其喜爱的课程，有无朋友，如何度过闲暇时间。

（二）独白和对白言语的特点

进行说的教学时，最好采用哪一类（篇章）课文呢？显而易见，第一，宜采用必须要有一个或数个谈话人的口头交际典型课文，即首先是对话和群白。在提高层次和专业层面还应导入口头独白教学（报告、会议发言等），但主要课文依然是对话和群白。这类课文有哪些特点？

对话。通常在两个谈话人直接交际的条件下一个接一个产生的一连串对白为对话。同一情境，谈话人之间的接触，语言外因素广泛应用，促使猜想产生。对白语的另外一个突出特点是它的自发性，因为谈话的内容、结构都取决于谈话人的对白。对话能力决定对各种套话和习惯说法的运用，还决定了话语形式的不明确性。对话中常常有从一个问题转到另一个问题、由一个话题转到另一个话题或又返回到刚才所说的内容上的意外情况。不同长度——由一句到数句的对话是对白的成分。最典型的是一句话对白。

将具有结构、语调和语义完整性特点的对白连接起来称之为对话统一体。对话统一体应当作为对话言语教学的起始单位。

通常把对话统一体分为三种类型如下。

1）问答型，其目的是获得信息。

2）意愿表示型，其目的是引发行为的实施或禁止。

3）告之型，其目的是交换信息。

群白。在当今的各种教科书中，不仅可以找到对话和独白语的范本，还可以找到群白范本。群白与对话有无区别？有，且区别很大。如果我们看一看一群人:一个在讲述,许多人一边听着,一边反复问着,以确切了解所说的内容,则我们即会看到,这已不是对话,而是多人对话(群白),这种言语不是以两人为对象,参加的人更多。此类言语用在课堂上也是自然的。群白成为暗示教法的言语交际教程的篇章基础。

独白。独白语属于相对展开型言语,这种言语较少采用由交际情境获得的非言语信息。独白语的生成——这是一种需要专门培养的特殊而又复杂的技能。其教学目的应当是习得话语的结构——语法、词汇和修辞等方面构成以及逻辑顺序的正确性,并使交际话语与情境取得一致。在独白语中,口、笔语表达形式上的差别要比对话少一些。

怎样才能发现群白可以如下。

1)多次提问同一个问题(就像围绕一个问题"转")。这使学生有机会多次"看到""听到"所需的结构。

2)使班级所有学生加入到谈话中来,以交际方式把所有人融合在一起。这样,与独白那种一个人说话、其余人待着不同,与对话那种只有两个人交谈不同,群白(多人对话)能够积极地把所有学生吸引到交际中来。

3)迅速改换话题,由一个想法"跨"到另一个想法。

4)留下部分问题不作回答,这样可以使教师得以操练大量的词汇和语法材料。

比如,如果要导入 Мне плохо. Меня тошнит. У меня болит голова. Я болен.

这样一些结构,就可以采用下面这种群白(多人对话)如下。

А:Как ты себя чувствуешь?

Б:Да! Виктор,как ты? Выздоровел?

Н:У тебя уже не болит голова?

Виктор:Нет,ещё болит. И немного тошнит.

А:О! Ты ещё болен. Тебе ещё надо сидеть дома.

Б:А температура? У тебя повышенная температура?

А:Да,у тебя есть температура?

Д:Ты мерил температуру? Какая она?

Виктор:Температура нормальная,но я чувствую себя плохо.

А:Я вижу,что тебе плохо. По—моему,у тебя грипп. Ты болен.

Б:У него грипп? Нет! Просто устал,я думаю. Надо отдохнуть,поспать, и всё пройдёт.

А:А я думаю,у него грипп. Сейчас эпидемия.

试比较表 3-2-6 中的三种篇章(课文)。

表 3-2-6 三种篇章

独白	对话	群白
Я родился В 17 сентября 1970 года в Москве. Так как я родился осенью, я очень люблю это время года…	А:Когда ты родился? Б:В сентябре. А:А какого числа? Б:17 - го в 70 - м году. А ты? А:А я в марте, 3 - го. Тоже в 70 - м. Б:Ты, наверное, любишь весну,а я больше осень.	А: Олег, расскажи нам , когда ты родился? Б: Да , Олег, интересно. Расскажи о себе. Кстати, я тебя вчера видел в кино. В. Когда и где ты родился? Г. Ты случайно не москвич? Мне кажется, ты москвич. Олег: А как ты узнал? я действительно Москвич . Д: О! И я родилась в Моске. Мы земляки. А: Олег! А когда ты родился? В: Да! Расскажи,в каком году,какого числа , в каком месяце, мне надо вписать твои данные в анкету …

四、听

(一)什么是听

图 3-2-3 所示为听的产生机理。听——这是一种口头再现言语活动。通过这种活动,我们获取来自谈话对方的信息或谈话方的目的定向(表 3-2-7)。

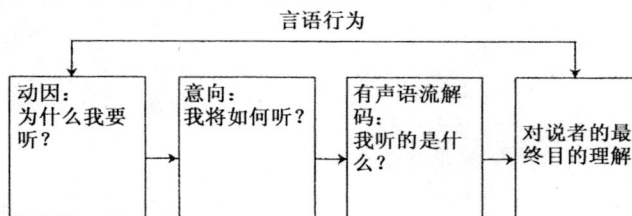

图 3-2-3 听的产生机理

表 3-2-7　听者的技法和策略

听者必须完成的任务	为完成这些任务听者要做什么
注意听者	套语类型：Я слушаю…，Расскажите… 附合：Да, конечно；Вы правы…
表现出自己感兴趣	言语句式类型：Интересно；Это очень важно?
保持对话题的关注	接收《回声》——重复个别话语（说者：）Это было хорошо. 听者：（Это было хорошо）
激发（促使）谈话继续	善于提问，对所说内容作出情感反应：А дальше?；А он что сказал?；Ну?；Неужели?
如果没听懂，说得太快或不合逻辑，要进一步确切、再问	例如：Пожалуйста, говорите медленнее（громче）?
确认自己的理解	例如：Понятно；Вы имеете в виду…?
表明自己的意见（对谈话方说法同意，不同意）	例如：Мне кажется；Я думаю；Я согласна；Вы правы?
掌握主动	例如：Не стоит об этом；Кстати, у меня был такой же случай?

1. 听的产生机理

什么是"会"听？"会"听应发展哪些技能？学生的现有能力有哪些可以作为支撑？（见表 3-2-8）

表 3-2-8　听所必需的技能

技能	发展技能的方法
技法性技能。听力：能够用听力分辨音偶和语调细微差别。可将音貌与词义对应起来	模仿。音偶分辩训练，干扰性听。从言流中"拔"出熟词
语言类技能。知晓语音、语法、结构、词汇，能听懂	理解、记熟。多次听，复习。听并做词、句填空等
言语类技能。能够破解声音信号，即能够将发声与词义对应起来	听课文转述，回答问题，做理解练习，做词、句填空练习
交际技能。能够听懂说者声音定式（"作者态度"），有自己的听的目的定向并在听的过程中实现这一目的	解答含有对谈话双方来说具有给定目的的定位情境问题。听的目的定向

2. 听所需要的初始能力

1)模仿力。

2)记忆力。

3)猜想力。

4)推测力。

5)注意力。

6)听力。

3. 对学生有助于听力学习的能力的预检

1)检查模仿力(见"说")。给一些生词或句子,让学生在这些生词或句子第一次出现时复述,或者二次、三次出现而学生一次、二次不能复述时让其再次复述。

2)检查听力。给学生一些音偶,这些音偶可能是绝对一样的或不一样的(例如:①6—6;②6—6′)。让学生判定他们听出的是同一个音还是不同的两个音。

3)检查猜测力。让学生听一个带生词的句子(篇章),句中有 1～2 个词(地名、人名)可以听出。学生应能"抓"住这些词并猜出说的什么。

4)检查注意力。学生在数秒间看一幅画。然后合起这幅画,讲出他记住的东西。

(二)发展听力技能的练习类型

1. 用录音磁带录制的课文或对话

1)Ответьте на вопросы.

2)Правда/неправда(поиск правильных ответов на вопросы)

3)Поиск деталей.

4)Нахождение основной информации.

5)Запись известных слов.

6)Пересказ речи участников разговора.

2. 磁带课文或书面目视材料

1)Картинка города,портрет или рад портретов,о которых сообщается на кассете. Нужно понять,что в описании не соответствует картинке.

2)Положить ряд картинок в той последовательности, в какой они описываются на кассете.

3）Карта. На магнитофонной кассете（по телефону）даются указания, как доехать до определенного места. Надо начертить маршрут на карте.

3. 教师讲述

教师讲述自己，自己的朋友、自己的童年等。他讲的题目应当是正在讨论或以前课上曾讨论的题目。成功的钥匙——一个经过周密思考的讲述对学生来说是自发的。学生在听讲述时，用对白来回应所讲内容（这些对白也可以用卡片给出）：附和——Интересно！Да. Конечно；接收《回声》：刺激——Ну а дальше 重问——Извините, я не понял（а）. Медленнее, пожалуйста. 等。

4. 书画法

教师一边讲一边在黑板上画。这种方法在用于讲述城市、住宅和你曾经去过的地方等内容时是可行的。学生应当听记所知词语。之后，教师提问，以还原课文。

5. 微型讲座

关于历史、文化、艺术、习俗方面的微型讲座，可供学生记录作为提要。

6. 朗读童话或故事

朗读中尽可能加入对听者的策略或目的定式：

Послушайте русскую сказку и скажите, на какую известную сказку вам она похожа.

7. 歌曲

细听并理解歌词。

8. 初始阶段

理解将要完成的教师指令——起立、转身、坐下、举手等。

9. 学生互听

1）一个学生叙述（介绍）自己的住房，另一个绘出这所房子的平面图。

2）两个学生各有一张互不相同的名单。这名单也可能是一张被邀客人名单，一张家具、衣服的清单，一张食品清单等。一个学生朗读名单，另一个学生用自己手中的名单与其对比。

3）一个学生宣读某人的履历，另一个学生填写履历表。

4）一个学生口授（"打电话"）给另一个学生课程表，或告知要见面的时间与地点。

10.录像片段练习

1)看影片,听填手中剧本上的填空。

2)看、听,然后回答问题。

3)无伴像听,猜出视图顺序(визуальный ряд)。

4)看无伴音电影录像,猜出主人公们所说的内容;二次再重看有声录像时检查是否正确。

5)看一片断,推测事件情节发展。

6)看一片断,讨论冲突情节。

(三)听力教学中的缺陷

1)课程或家庭作业中往往缺少听的成分。教师往往认为,他课上讲的俄语虽然不足,但已经是听。

2)在提供听力课文时,教师做了大量备课,去掉了所有难点,但这不能使学生养成充当"积极"听者的习惯。

3)在给出听力课文时,教师急于将生词和句子翻译过来,这使得学生养成了必须经常需要提示的习惯。

4)有时教师认为,学生应当自己去理解所有内容(尽管语境不能提示这一内容),并且在教师多次说出这一课文时,学生既没有在第一次时弄清,也没有在多次重复后明白。

5)教师在给出听力课文时,允许学生看一遍。这种情况下听力熟巧不会有发展。

6)教师在给出听力课文时,没有提出听力训练的目的——学生应听出什么,他为何听。

7)缺少引用原文听力课文——录像和电视节目片断、广播节目录音等。

8)遗憾的是,甚至在听力教学过程中教师有时不能把听力纳入考试科目。第一,使教师无法看出学生达到的程度;第二,不能促进学生在实验室学习。

(四)对发展听力熟巧的教学建议

1)听力应当成为课程的定常组成部分。在备课时,教师一定要把听力教学纳入。初学阶段可以分成:音、词、句的听力练习;短小课文听力练习;教师讲述现实事件和新闻的听力练习。也可以是一篇由教师有意做成的有错的课文(事件)转述,以便使学生能听出错误。

2)听力练习应当作为家庭作业(语言实验室)练习的定常组成部分。学生应当至少每周一次用听来完成无视觉支撑的听力材料练习。

3)将原文听力语篇——录像、广播和电视节目加入教学中是有益的,特别是在提高阶段(尽管在初学阶段就可以使学生养成这一习惯)。

4)在给出听力课文时,必须提出目的——为什么要听这篇课文:①为了获取所需信息;②为了发表自己对此事件的态度;③为了将这些信息与已有的加以比较。

5)教师应能想到:听力课文对学生的难度;他们能否应付了这些困难(不要急于提供帮助,而要发挥其猜想力)或是否需要提示。必须不断地促使学生养成"抓"主题意义的习惯,不要力图去弄懂每个单词。

6)各种口语形式(对话,多人对话)最好先用口头形式给出。教师同时可以"一箭双雕":既发展了听力熟巧,又导入了新的课文。从现代教学法的观点来看,对话练习宜视作阅读练习。

7)一定要把听力检查纳入测试并列入考试内容。

五、言语活动的笔语类型

图 3-2-4 为笔语成分示意图。读和写——这是笔语形式(种类)。笔语要求学生必须具有一定的能力,要求发展一定的技能(表 3-2-9)。

表 3-2-9　各种笔语活动的特点及掌握这些笔语必需的技能

笔语特点	掌握笔语所需的技能
通过视觉渠道认知(领会),以运动方式复制(再认)	视觉器官、以新语言为指向的运动熟巧发达
与即时的周围情境没有联系,由此展开言语。复合句,词汇多样,逻辑连贯	知晓词汇与语法,能够识别课文(篇章)中的词际联系、微型语篇(课文)中的句际联系
表达充分,没有省略	理解语句与语篇的逻辑结构,明确语篇中的各种联系,能够实现这些联系
语篇与一定类型和体裁相关	了解篇章的各种体裁与类型
独白语篇占优势	能够用逻辑构成(认知)语篇,将数个语句联成篇章。知道实义切分(句中词序)
篇章认知(领会)的时间(长度)	如果允许使用词典,允许数次返回到语篇(课文)的各个部分,这会使作业更容易些
语篇的各个部分在各种"刚性"形式上的套式化	知道套语并会运用

语法：语法规则，一致和支配关系，句子结构，词序

读写技法：书写法，正字法，标点符号法

选词：写作的词要根据写作对象、写作目的和内容确定

语篇组织：写——连接各句，按照体裁构成正确配置主题和非主体；读：注意标题、每一段的首句和末句、关键词

明确、准确地表达（写）与理解（读）

内容：对思想的连贯阐述（认知）

写作思想：构思，提纲，表述，草稿，读的过程：提示提纲，构思语篇

对象：写作对象——语篇为谁而写；阅读对象——语篇以谁为读者

目的：为什么要写、读，追求的目的是什么

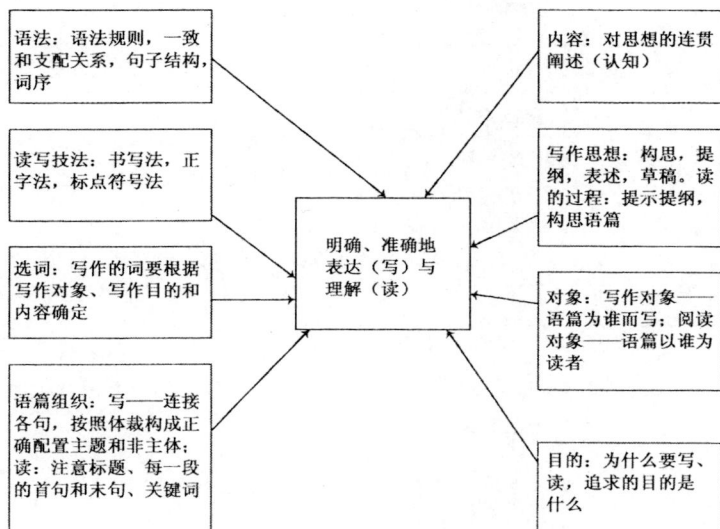

图 3-2-4　笔语成分

（一）读

1. 什么是读

读——这是言语活动的书面复制（再认）形式，通过这种复制（再认）我们获取所需的信息、情感或者了解作者态度（表 3-2-10）。

表 3-2-10　读者技法与策略

读者必须完成的任务	读者完成任务所需要的条件
迅速领会篇章题目	对各种篇章的形式、类型和体裁的辩认。对标题、目录、作者、篇章体裁的注意
"抓"住篇章大意	成熟的篇章猜想和推测能力，浏览（对角阅读）熟巧。对首段和末段语句关键词的注意
领会篇章内容	仔细逐句阅读熟巧
分析作者立场	以多次复读篇章各个段落的方式进行分析、研究的阅读熟巧
记忆篇章内容和作者立场	选择、搜索性阅读熟巧。写出篇章提纲、构成上下文并写出引文等的能力

表 3-2-11　读所必需的技能

技能	发展技能的方法
技法技能。眼力。能够将字母与发音对应起来。能够识别出单词的书写形式并将单词与意义对应起来	出声(朗读)。听写。单词字母填空读。根据单词的一部分瞬间判读单词
语言技能。书写法,语法结构,构词法原理,词汇学等知识	理解和背记字母、单词。构词练习。空词、空句课文连读并复原空词、空句
言语技能。课文(篇章)解码能力	按语文(篇章)内容回答问题。转述。根据课文(篇章)之间的异同对相近课文进行比较
交际技能	不同目的定向的读。各种不同的读的形式

读的教学目的——揭示书面言语作品的意义关系。为了学会读,必须培养一定的熟巧和技能(见表 3-2-11)。这些熟巧和技能可以有条件地分为两类如下。

1)能够确保技法方面(能够认知书写符号,并将这些符号与其定义对应起来)的熟巧和技能。

2)能够认知(领会)篇章意义(确定语篇中的意义关系,领会其内容)的熟巧与技能。

可以把对语篇的理解分为两个层次:词义层次(获取信息)和语义层次(对作者构思的理解,读者对作者评价和态度)。

1)读的产生(行为)机理,如图 3-2-5 所示。

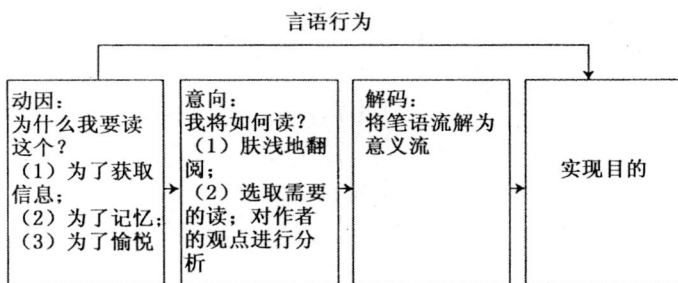

图 3-2-5　读的产生(行为)机理

2）读所需要的初始能力。

①视觉记忆力；②猜想力、推测力；③观察力；④注意力；⑤逻辑思维。

3）对学生有助于掌习读的能力预检。

①视觉记忆力：прочитайте фразу．закройте ее и повторите.

②猜想力：给出一句话的一部分 продолжите ее.

③推测力：给出关键词或标题 Скажите，о чем этот текст ？

④注意力：可以按加倍注意力检查。

⑤观察力：两人对视一下，转过身去。回答问题（关于面相和服装的细节）。

2. 交际法与阅读教学

通常，任何一位读者都是出于具体目的去阅读报纸、杂志、科学作品或文艺作品。这种目的是由日常的和职业的需求决定的。我们阅读的目的是为了充实自己的知识，以便在与朋友、同事的谈话中能够引据学者、作家意见，收集信息，发布通知或作出报告，写出一定题材的文章。

如果阅读时我们不抱任何目的，甚至连消遣也不图，则阅读就失去了所有的意义。

在这种情况下，我们很难理解所读的东西。在学习外语时，我们在阅读的过程中要完成复杂的智力作业。我们在读前提出的目的，不管想不想这样做，都会调整我们的注意力，就像光线一样指明我们所需的信息，而把多余的不需要的信息留在"黑暗"中。按照著名的心理学家史密特（Смит）的表述，无选择、无目的对应的阅读可以比作电话簿查阅，此时一个人要找的只是一个号码。况且，只要他能运用字母排序姓名表，即可实现这一目的。

调整阅读过程的是读者在自己日常或职业的活动中要解决的那些交际任务（课题）。这些任务各种各样。

可以运用所读内容将获取的知识传授给别人。在交谈中，在口头即兴发言中，在书面通知中可以依据权威意见对一定问题上的不同观点加以比较，并运用材料来证明自己的观点。

交际任务可以调整阅读过程，可以以一定方式组织我们阅读时的思想进程。

比如，如果提出的任务是要答复一位对政治新闻感兴趣的朋友的来信，则搜集这方面新闻的信息就成为篇章阅读时的主要目的,之后再将获取的信息用信件形式传递过去。如果提出的任务是以批评的态度对待这些新闻,则同样的篇章将完全以另一种方式去阅读。读者将会去寻找观点中的薄弱点、矛盾和作者夸大某一意义的企图等。这样,交际任务就把阅读纳入了广泛活动——读者活动的情境。

如果一项交际任务能够被读者很好地认识,这可以使他节省阅读时间并提高阅读效率。

例如,在一次通俗(普通)演讲中要完成对俄罗斯文化已知事实阐述的交际任务,必须首先阅读文献,选取这些事实并进行分类,然后用在讲稿中。如果是以不同的交际定向来阅读同一语篇,则注意力的指向不同特别显著,加入的思维过程也不同。例如,题:

Найдите в афишах нужную информацию:

(a)Ели вы хотите пойти на футбол; (b)Ели вы хотите посмотреть баскетбол.

Спортивный зал《ДРУЖБА》

БАСКЕТБОЛ	ЦЕНТРАЛЬНЫЙ СТАДИОН
Международный турнир	ФУТБОЛ
26 октября в 10 и 16 часов	48—й чемпионат РОССИИ
27 октября—ФИНАЛ	Начало в 18 часов
Билеты продаются в кассах	Билеты продаются в кассах
стадиона	стадиона
Справочная служба стадиона:	Справочная служба стадиона:
201—09—55	201—09—55
Автоответчики:	Автоответчики:
246—55—15,16,17,18	246—55—15,16,17,18

对学习阅读问题的补充说明。学习外语阅读,通常是从组分到整体建构,即认为,如果学生能够掌握字母,学会发音和拼读。便可开始认知课文中的单词,学会阅读。按照新型学习法领域的专家话说,这是一个很大的误区。

正如心理语言学家所表明的,阅读过程的进行不是采用单词"堆砌"方法,而是根据充当支撑特征的单词甚至是句子的规则,因此词语才能被马上理解。

但字母部分完全可以不显现。如果教师的篇章意会能力欠发达,这种熟巧是不可能有发展的。阅读——这不是有时候人们还在表述的那样一种粗线条的、简单的机械的过程。不能认为,学生在没有掌握能够将一个单词的外形与内含对应起来、推测和预料下面接读的单词和句子、根据阅读目的选取所需信息的能力这样一些思维运演的情况下.就可以阅读。

交际法建议在学习阅读时要像学习口头交际一样,依靠角色游戏。比如在参与《Посещение театра》游戏时,学生要演示他们是如何集合去剧院,如何到达那里,又如何买票,要表达出他们看到和感受到的一切。而接着,"观众"要变成"演员",并开始念台词。要注意,读篇章(课文)要以提出的任务——读完后演示角色为出发点。

这样一来,阅读学习即与学生今后的口语紧密联系在一起。

此外,如果教师在课上给出诸如辩论"圆桌会议"等这样一些活动形式,则当然应当先让学生进行大量独立的课文(篇章)作业,以便学生从这些课文(篇章)中选取口头交际所需的信息。

总之,既然我们阅读时始终是抱有一定目的的:获取信息、消、准备讨论等,学习阅读也应当动机明确。

3.阅读类型和篇章(课文)教学形式

阅读类型和篇章作业形式,见表 3-2-12、表 3-2-13。

表 3-2-12　阅读形式与类型

我们读什么	为什么读(阅读目的)	如何读(阅读形式)
报纸、杂志	获取最一般的信息	翻阅。对内容作一般肤浅的理解
信函	交流、建立联系、回复	了解性阅读,对全部内容理解
处方、菜单、说明书	正确实施行为	选择性查寻阅读——寻找所需的信息、引文、数据资料
公告、海报、广告	计划行为	仔细分析、研究性阅读——最大限度的全文精细慢读
教科书、词典、	用作存储资料:为了审美乐趣。传递信息作为原文引证、扩充知识	如何读(阅读形式)?

表 3-2-13　篇章(课文)作业形式

阅读时篇章 作业形式	主要目的——阅读技能 (学会阅读)	附带教学目的
无译文阅读	能够推测、猜出"抓"住大意	发展总体领会篇章的熟巧
有译文阅读	通过译文理解篇章;对比相同 情境下的两种语言言语定式	检测理解;翻译熟巧
不用词典阅读	能够自上下文理解词义、推 测、猜想	发展猜想力、推测力,了解构 词法
用词典阅读	能在提示下分析篇章	积累词汇—语法材料。能够 使用词典作业
事先未排除难点 的阅读	能够不用提示独立阅读	发展阅读熟巧
先排除难点(课前 作业)的阅读	有提示的易化阅读	词汇—语法熟巧。消除因不 懂造成的神经质
默读	自我阅读和会义熟巧	发展阅读技能
朗读	发声与字母对应,写出的单词 与词义的对应技巧,语调发声, 逻辑重音(将所读的内容的意义 传递至听者)	检测。正确发声、发出语调 的语音熟巧
课堂阅读	检测性阅读	检测阅读技能及其它目的
课下阅读	独立阅读,准备课上作业	扩大词汇量
全体阅读(全体阅 读一个篇章)	教学阅读	发展阅读熟巧
个别阅读	为激发阅读动机而考虑学生 兴趣	发展阅读兴趣
教学阅读	在教师指导下阅读教学课文 和原文篇	词汇—语法练习,记忆句型
实用阅读	计及个人兴趣的现实篇章 阅读	培养阅读习惯。扩展用所学 语言讲话的民族文化知识

4.阅读教学过程中的缺陷

1)往往是教师在给出一篇新的课文时先作了朗读,然后让学生也朗读一遍,接着就所读课文进行提问。而且教师由衷地认为他是在教授阅读。然而并不是这么回事。这里至少有两个缺陷:第一,朗读时学生的注意力不是集中在意义上,而是集中在发音上,因此学生无力领会内容以回答问题;第二,读要求能够识别书写符号并能将符号与内容对应起来。因此,教师必须先给学生时间,让他们回答问题之前得以独立地默读一遍课文。

2)由于有一种意见——认为读只是课堂上朗读一篇课文,而且这种朗读还往往被认定为这就是"读"的技能。其实,这不是作为一种言语活动形式的读,而是"读"的技法。

3)教师有时不能在课堂上和学生的课下作业上拿出时间发展这种言语活动的熟巧,认为对教材内容的阅读已经足够了。其结果:

①学生对篇章(课文)的猜想和推测熟巧没有得到发展;

②课文的句子语法结构和语义结构没有得到学生重视;

③学生没有学到如何迅速地寻找课文中的信息,如何根据关键词推测课文的内容等。

4)有些教师有时不能引导课下阅读,即让学生独立地阅读课外作品,这种方法曾在翻译—语法教学法条件下得到广泛实践而又在强化法学习口语形式时代大大减少了。从我们的观点看来,发展阅读熟巧的教学,如果没有课外阅读的加入,产效不高。

5)阅读作为一种言语活动,有时可以不用教师检测和评定,尽管已知学生正是依靠读的熟巧得到更长时间去存储语言知识,并能在任一时刻独立地继续他的学习。

5. 对发展阅读熟巧教学的建议

1)在制订课程教学计划时,教师应当找出进行这一十分重要的言语活动教学的时间和地点。

2)在设计课堂教学时,教师要给自己提一个问题:课上内容是否将包含发展阅读熟巧的作业,发展的是哪一种阅读熟巧,用的是哪一篇课文。

3)要让各种测验和考试一定能够评定学生从初始阶段起到各个不同教学阶段在这一言语活动方面的技能。

4)遣议在初始阶段就把报刊、书籍带到教室,向学生介绍原文篇章;让学生根据标题确定篇章内容,根据目录或者引文猜想书的内容。

5)实行课外阅读,使学生习惯利用书籍学习,发展阅读熟巧,扩展词汇量,丰富知识面。

阅读哪些语篇以及如何阅读:

1)阅读教材以外的原文篇章。

2)针对篇章选择作业题或针对作业题选取篇章。

3)从以下角度评定篇章难度：①句法和修辞复杂性；②题材兴趣；③体裁。

4)布置一些阅读策略和技法练习。

5)布置一些篇章逻辑关系分析练习：①指出重叠；②发挥背景知识。

6)始终抱定阅读时应遵循的目的（获取信息，找出引文，进行比较等）。

6. 使用外语成功阅读的战略

一个使用外语能够很好阅读的人：

1)会记得一个篇章具有思想和逻辑的发展。

2)能够根据语境猜出内容（忽略生词）。

3)会运用上下句和段落的语境。

4)能识别词际语法关系。

5)能判定自己的猜测是否正确。

6)读了标题即能由标题得出结论。

7)难懂之处不停留。

8)能够看出和正确识别源自同一。

9)能利用背景知识。

10)能分析生词。

11)为弄懂意思而不是弄懂单词而读。

12)敢于猜想并能检验猜想结果。

13)能利用插图进行理解。

14)能在词典中正确地找到单词。

15)能放过不懂的单词。

16)能利用一切可能的"钥匙"。

如果对上述每一条作了分析，则可以看到，为了让学生学会很好地阅读，应当给学生布置哪些习题。

1)为了让学生不忘记篇章的逻辑结构，可以在阅读前提一个问题：Чего вы можете ожидать от данного текста？

2)为了教会学生根据语境猜测内容并忽略生词，可以给一个指令：①找出熟词或能认出来的单词；②快速（1分钟）读一段并说出已懂的内容；③检查一下每个人理解多少（在成对或三人一组阅读时）。

3)为了运用语境（上下文），可以让学生找出一段中的主要词语。

4）为了学生能够识别词际语法关系，他们应指出主、谓语以及主、谓语与其他词语的连接方式。

5）为了使学生能够判定自己的猜想是否正确，可以向他们提一个问题：Почему вы думаете，что⋯？

6）教他们看标题确定简讯（短文）、文章的题材⋯⋯

7）教学生遇到难懂的地方不要停顿，继续读，以弄懂大意。

8）识别和正确鉴证同源。单独给一些同源词练习。

9）运用背景知识并使这些知识在读前积极化。

10）分析生词——前缀，后缀，动词的时、格的形式等。

11）为了弄懂意义而不单是词语，读前要给一些寻找答案的问题。

12）教学生就课文内容提出自己的设想，并检查自己的设想是否正确。

13）利用插图理解。

14）在词典中正确地找到单词。给一些词汇练习题，并说明词义在不同上下文中的变化（多在各个层次的词汇教学中实行）。

（二）写

1. 写与其他各种言语活动形式的对应

说和写——这是能产型言语活动，它与作为复制型言语活动的听与读不同。什么能使说与写结合起来，它们又有什么区别？（如表 3-2-14 所示。）

表 3-2-14　写与说的对照

说	写
生活中每个正常的婴儿都是从会说开始，但不会写	应当教人写
口头语言中有大量不同的修辞形式	笔语要求通晓标准语法、词汇
说者为了让人听懂，通常要运用话音、手势和情境	写者运用的只有词、句
说者要运用停顿和语调	写者运用标点符号、语句和逻辑顺序
言语通常是自发的	写作需要时间和设计
说者有听众，他（她）能看到听者的反应。回答一般是口头的，在谈话时作出	对笔语的回答是在预期之后或者完全没有回答。回答可以是书面的，也可以是口头的

说	写
口语允许重复、简略,可迅速由一个题目转到另一个题目	笔语应当有逻辑地组成,其中应避免重复
口语通常是由简单句和不完全句构成	笔语中的句法往往要比口语更加复杂

2.什么是写

写——这是笔语活动的能严形式,我们通过这种形式影响谈话方,实现自己的目的(如表 3-2-15 所示)。

1)写的产生机理,如图 3-2-6 所示。

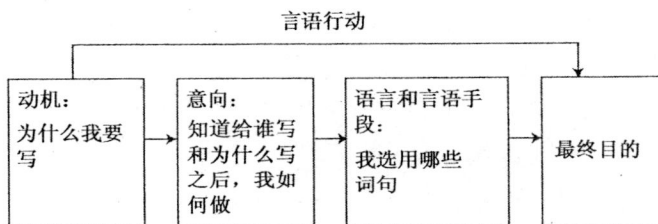

图 3-2-6　写的产生机理

2)写的组分,如图 3-2-7 所示。

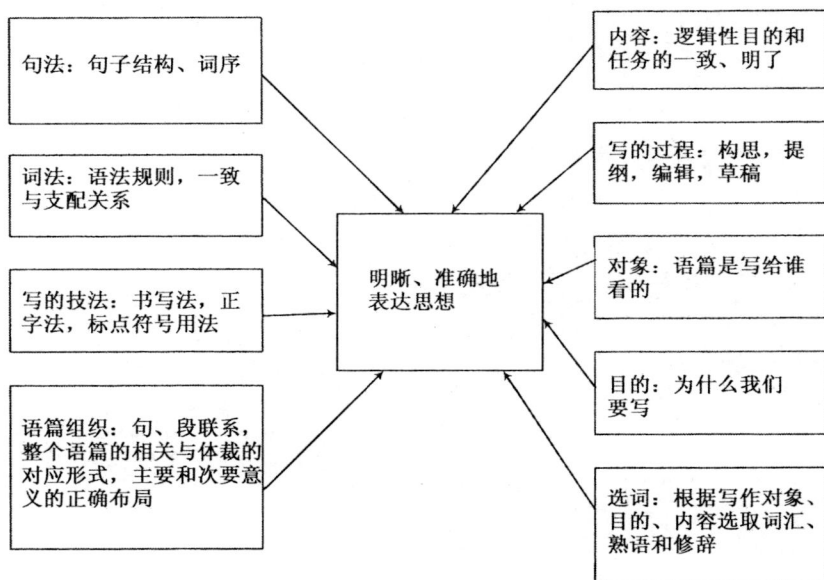

图 3-2-7　写的组分

表 3-2-15　写者的技法与策略

写者必须完成的任务	写者为完成任务应当了解的知识
确定写给读者的篇章题材	篇章的类型、形式和体裁
将自己的思想传达至读者	篇章的逻辑组织
影响读者,使其信服,保持关注	论证、说服的手法
引起读者兴趣,使读者产生应有(根据写者的目的而定)的终结反应	篇章写作对象。影响写作对象。俄语词序、句子与短文结构

什么是"会"用外语写作？应当发展哪些技能？（见表 3-2-16）

表 3-2-16　写作所需的技能

技能	发展技能的方法
技法技能。书写、标点符号和正字法方面的技能。单词的书写形式与词义对应能力	写出字母、单词与句子。点出标点符号
语言技能。知晓书写体系、语法结构、构词法和词汇学	分析单词和词形。记熟写法。听写,表述
言语技能。运用篇章笔语形式所具有的典型言语句式的能力	运用言语句式多次写出篇章
交际技能。写作目的与选用句子(从语义到句子)的对应能力	用不同的篇章类型和体裁自主表述思想

3)写作所需的初始能力。①视觉与运动记忆力;②注意力;③逻辑思维;④想象力;⑤猜想力、推测力。

4)对有助于学习写作的能力进行预测的方法。①短时视觉记忆力、注意力:读一些单词,然后不看书而凭记忆写出来;②长时视觉与运动记忆力:听写;③想象、思维,给 3～5 个单词,用这些单词写出一篇作文;④猜想、推测、记忆,给一些字母填空词和单词填空句,让学生填空;⑤逻辑思维,为拟写的篇章起草一个提纲。

5)写作教学

A.学习写作的目的

学习写作的目的可分为三个:

①语用目的。能写信、写申请等。

②教学目的。笔语可用来复习单词、巩固与发展语法熟巧,使课上活动和家庭作业形式多样化。

③学习目的。对一个受过教育的人来说,笔语就像阅读一样,是他生活中一个不可分割的组成部分。

B. 写作的教学方法

可以把笔语学习方法分为以下这些:

①语法法。学生可选练写一个句子,然后再练多个句子,最后练写段落。他们可以做提问、连句、填空练习。错误不会多,因为这是机械性练习。提高阶段为作文练习,书面表述意见。

②自由法。主要注重笔语数量,而不是质量。给一些任意题目或规定题目的作文。改错量要达到最低,形式不是很重要,主要是引发写作的兴趣和愿望。

③模式法。这一方法的主要特点是对写作的组织。给学生一些写作范例,再给一些句子,然后让他们用这些句子构成段落,并可作补充或去除不需要的句子。

④交际法。此法要求准确地领会为什么写作,写给谁和为谁写,即要好好设想一下写作对象。

⑤程式法。要比笔语产品更加重视写作过程。写作过程往往是从全组都参与的探索开始的:写什么,引用哪些句子,如何开头,如何结尾。写作开始之前应当进行分组讨论,完成阶段是互相编辑、修改所写内容。草稿要经讨论和阐释,但错误不作改正。

6)写作教学中的缺陷。①相当普遍的一个错误,就是用完成书面语法练习的方法来培养写作熟巧。事实上不是这么一回事。写作与其他三种言语活动一样,要求学生进行独立的创造性活动;②在教学的初始阶段,往往是最后认为没有必要再去重视学生的书法,结果高年级阶段有时弄不清掌生写的是什么;③旨在检查学生对单词、句子写法记忆情况的听写进行得少,结果是拼写错误很多;④测验和考试中有时没有加入对写作这一独立言语活动的检测。

3. 对发展写作熟巧教学的建议

确定笔语的优先体裁,每周一次布置不同的书面作业。这类作业可以是信件交流——学生们互相写信或写给教师,也可以是周记、日记等。

可以推荐:①周末(两周一次)学生给教师写一封信(题材任意),教师作书面回答;②学生两周一次给"编辑部"写一封信。"编辑部"（2～3 个学生）收集这些来信后阅读并写出"来函摘要"（可根据班组里的决定,在课上宣读全部内容）;③一定要把采用学生学过的体裁进行独立的创造性篇章写作纳入测验和考试的内容。评分标准中应当包含单词写法的正确与否,而在提高阶段还应包含标点符号;④可以进行指定题目的作文比赛。

4. 写作教学形式

可以推荐以下课堂写作教学形式:

1）集体写作。

2）共同写作（成对,成组）。

3）限时写作（计时）。

4）个人书信:互相写信,给教师留条。

5）口头信函（讨论一封信）。

6）将数个简单句合并为一个复合句。

7）教学中采用图像。①说明,学生记下用来说明图像的单词。回想诸如 рядом с ,справа от 之类的词语,之后将图像从黑板上擦去,学生根据记忆来说明图像;②说明、对照和比较。完成了说明题之后,学生们（成对）比较一下自己的说明,看谁对图像内容的记忆最好。

8）用数张卡片构成一个篇章。每张卡片上都有一个用来构成篇章的句子。学生应当连贯地用其拼组句子并添上缺少的句子。

9）续写篇章。给学生一个说明开头,让他们续写成篇章。

10）描述。学生在信中向一个即将住到他们家里来交流的学生描述自己的房间情况。

11）角色游戏:①编写广告,学生写一份广告（或信函）并说明夏令营房间的便利设施;②描写往宅,学生观看各个房间的平面图,讨论,然后写出住宅中有哪些房间。分类画出住宅平面图。

5. 笔语体裁教学

问卷调查。列出现实生活中常写的东西,再由表 3-2-17 中选取教学中可以采用的东西。

表 3-2-17　问卷调查

Что вы пишете в жизни ?	Что пишут учащиеся ?
1.	
2.	
3.	
4.	
5.	
6.	
7.	
8.	
9.	
10.	

　　交际教学的目的在于使写作教学接近现实生活需要。要注意如何把一个教学题变为交际题(见表 3-2-18)。

表 3-2-18　把教学题变为交际题

Учебное задание	Коммуникативное задание	
	начальный уровень	средний уровень
Напишите о себе.	Заполните анкету : Имя _____ Фамилия _____ Год рождения _____ Место рождения _____	1. Вы хотите поехать в Россию. Напишите автобиографию в университет России. 2. Студент из России, из Новосибирска, хочет с вами переписываться. В своем письме к вам он просит вас рассказать о себе.
Напишите о погоде.	Заполнитедневник погоды, который часто ведут учащиеся в России Пн. .... Вт. _____ Ср. _____	Сделайте рекламу своего города для туристов. Напишите статью в детскую энциклопедию о погоде в совей стране.

请尝试自己设置表 3-2-19 中的交际题。

表 3-2-19　交际题

Учебное задание	Коммуникативное задание	
	начальный уровень	средний уровень
Мой дом		
Мои занятия		
Покупки		
Отдых		

6. 改错

学生交了一篇作文,教师进行批阅,指出错误并做改正。这时追求的目的是什么?

可能的答案如下所示。

1) 教授如何正确写作。

2) 使学生注意到他还没有掌握所有规则。

3) 当教师改正作文中的语法错误时,他会使自己的生活轻松些。因为改错要比向学生讲解如何在纸上表述自己的思想容易一些。那些作为"写完"的作文交上来的书面作业,实际上是赖以开始写作的草稿。我们要给打分的不是这种草稿。

4) 对语法错误的纠正不会带来写作熟巧的改进。

5) 学生往往不去注意我们对语法和写法所作的批改,但却很有兴趣听取有关作文内容和组织方面的意见。

6) 如果我们忽略错误,这些作文带给我们的是乐趣。

第四章 俄语知识教学与技能培养

第一节 听力教学

随着商品经济的发展和国际交往的日益频繁，人们用外语进行口头交际的必要性就显得越来越突出，而且变得越来越重要。语言是人类交流思想的工具，想要达到正确而流利的交流，必须正确地听，由此可见听的重要性。从语言的学习过程来说，听总是先于说。从幼儿学语论中，我们可以看出听的重要性。据心理学家研究，婴儿在母亲肚子里就能听到外界说话的声音和其他声音了，出生以后他总是先听别人说，然后跟着别人模仿，然后慢慢学会说话。

从语言交际的角度来说，听的能力总是要大于说的能力，在语言交际的过程中"说"是输出，是主动的行为，不会说的话可以不说或者换一种方式说。"听"是输入，是被动的行为，说话的人说什么话，不能由听话人决定，也不会等你慢慢想，如果听不懂别人说的话，就不能做出反应，交际就无法进行。所以，只有首先学会听懂，才能跟着别人学会说。可见，学会听、能正确地听，是多么重要。人类学习言语的自然规律也往往是由听到说，由理解到表达。在大学俄语教学中听力教学极为重要，大学俄语四级考试中听力占 20%，在研究生入学俄语考试中听力也占了相当的比重，所以今天我来谈一谈如何提高俄语的听力技能。

一、培养听的技巧

（一）捕捉主要信息（抓关键）

1）捕捉主要信息即是抓关键的技巧。所谓"抓关键"，就是抓住关键性的内容，在听的时候，即使是用第一语言交际，也不是要求每一个词都听得很清楚，一般只需要抓住主要的意思、关键性的内容。有的人说话比较啰唆，话语中总是夹杂着过多的冗余成分和非实质性内容，这些冗余成分和非实质性内容不听也无关紧要，但是关键性的内容不能忽略。所以"听话"的时候要善于抓关键。

2)根据人们的日常听音习惯，无论是听单句，还是听一个语段，即使有个别词语听不清楚，也不会妨碍主句或整段的理解，因为人们总是被听力语料中的关键信息所吸引，而忽略那些次要信息。这项训练是要训练学生忽略语料中无关紧要的信息，抓住主要信息的能力。即在听完一段对话后，要能迅速判断出对话双方的人际关系、双方所处的位置、谈论的事件、双方的观点。听短文时，要迅速听出时间、地点、人物、数字以及事件。

(二)跳跃障碍能力

1)所谓"跳跃障碍"，就是把不懂的非关键性词语跳过去，即使用第一语言交际，听别人说话，也不一定每一句话、每一个词都听得懂。用第二语言交际更是如此。有些非关键的词语即使听不懂，也不会影响交际。

2)学生在听音的时候，常常会遇到听不懂的词语，注意力就会停留在那个词语中，无法使自己的注意力回到所听的信息上，因而影响到随后的听音效果。如果遇到某个单词不理解，一定要往下听，不要只想这一个单词的词义，而影响对后面内容的收听。有时，根据上下文可以想起某词的意义。通过向学生传授一些方法，训练学生逐字逐句听的习惯，在听到陌生词语时要有意识地不要终止注意力，而是跳过障碍，努力将不相连的各个部分联结起来，从而达到整体理解的目的。

(三)联想猜测能力

1)科学实验已经证明，人在听的过程中并非只是被动地接受，而是一边听一边不断地在大脑中对将要听到的内容进行预测，并根据已得到的语言信息，不断地修正自己的预测。这样一种积极的听力机制，使人能够迅速有效地理解有声的自然语言，并使自己的思维与言语者保持同步。联想猜测能力强，听音的效果就好，可以事半功倍。这种能力是靠训练获得的。

2)听力理解过程也是一个猜测、估计、想象积极相互作用的过程，因此学生听力的提高不仅要有词汇、语法概念作基础，还应学会运用联想与预测来达到理解的目的，这是听力理解的基本技能，也是发展听力理解的根本途径。联想是指当听者接收到一个信息后，能很快地跟其他相关的信息建立起联系的一种心理活动，预测则是听者根据已知的信息凭想象对即将接收的信息做出推测估计,预知下文的内容。当听到"不但"（не только），就可以预知下文,而谈到进一层的意思,听到"而且"（но и）,也能猜出与上下文意思相关联的意思。

（四）抓细节提高"精听"能力

这是在捕捉主要信息能力的基础上更高层次的听力技能。听者一般遵从"现实"与"合作"的原则,即听者通常相信说话人是从现实出发传递信息的,他所理解的话语总是和具体的人物、具体的语境及具体的时间地点联系在一起的。听者已超出对句子的理解,从句群更深入把握事件的发生和发展、人物事件的结果,这是对段落整体的理解。在这一闪即过的时间中,听者不可能记忆全部细节,因此要在听力训练中培养学生边听边记的习惯,防止学生只听不动笔。

（五）概括总结能力

1）概括总结能力的培养即训练学生感知材料的主旨,捕捉言语谈话的主题的能力。在进入听话以后,这就成为一项很重要的能力,因为它要求听者首先要听得懂,并且还要记住。当学生能够概括出所听语言材料时,这说明他们真正听懂了,而且走到了听的最高境界。

2）这是听力训练中高层次的要求,在听录音两遍到三遍后,学生要能把听的内容用自己的语言概括出来,概括的内容既要有主要信息,还要有事件发生的背景、发生经过以及对文章所持的态度。

听后要求学生概括大意:能用简单的句子进行口头复述或听后写,培养学生的概括总结能力和成段表达能力,该阶段的反馈能力要求更高,而且调动了学生的学习积极主动性,集中注意力。

二、文化背景知识的介绍

文化背景知识的介绍必不可少,以减少非语言因素造成的理解障碍。由于文化的差异所造成的听力理解困难在这个阶段是比较明显的。比如,把俄罗斯人姓名、年龄的一些习惯问法融入情景中,让学生在实际的交际中听辨,真正理解一些文化现实的实际意义。

—— Поля, у меня к тебе вопрос ?

—— Какой ?

—— Ты знаешь имя отца Лены Петрово ?

—— Конечно, Его зовут Коля.

Вопрос :

Какое отчество у Лены ?

a. Николаевна б. Николаевич в. Николай

为了选出此题的正确答案,考生必须具有一定俄语国情知识,即 Коля 为 Николай 的别称,其儿子的父名应为 Николаевич,其中女儿的父名应为 Николаевна,Николай 是名字,不是父名,因此正确的答案为 a。

三、培养听的适应力

每个人说话都有自己的特点和风格,有的带有方言,有的冗余成分多,有的条理不清,有的用词和语法不规范,有的语速较快等,这些都要能适应,这样的适应能力只有通过专门的听力训练才能培养出来。

四、培养注意力和开发智力

进行听的训练必须通过一定的方式检查学生是否理解以及理解的程度,因此学生在听的时候必须高度集中注意力。并且要强记和进行归纳分析,经过长期训练就能养成"听话"时注意力集中的良好习惯,提高记忆和归纳分析的能力。听是获取知识和信息的主要渠道之一,有了"听话"时注意力集中的良好习惯和记忆分析能力,无疑会终身受益。

随着教学任务从读写转向听说,单纯的传授知识转移到了引导学生进行实际操作的轨道上来。所以,注重听力技能、提高听力技能就显得极为迫切。

第二节 词汇教学

一、词汇教学中的主要缺陷

词汇教学中的主要缺陷具体有以下几个方面:

1)词汇量太大,学生来不及在指定时间内掌握。

2)课上词汇练习不够,布置学生课下学会的单词在课上就做测验。练习不足导致学生很快忘掉这些单词。

3)以词汇表的方式给出单词,没有联系上下文就要求学生背会。这种机械记忆不能发展学生的应用能力,单词也会很快忘掉。

4)有助于学生记忆和扩大消极词汇量的构词法教学不足。

5)单词在教学过程中的重现率不够。一组词替换另一组词之后便不再出现于教学之中。

6)单词经在语言和言语层面上练习后,有时未能用到学生的独立言语上。

7)给予词汇量的时间和重视要比给予语法的时间和重视要少。研究表明,在初始阶段言语入门首先靠词汇积累。

8)学生很少用词典独立地学习,而只用教材中所给的词或者要求教师译出这些单词进行学习。第一,这样不会使学生养成独立学习的习惯;第二,使得学生不能识别单词的多义。

9)遇到一个生词,教师急于把它译出,而不是让学生(在可能的地方)自己尝试根据上下文和单词构成来确定词义。

二、积极词汇与消极词汇

词汇教学中的一个经常性问题——每课学生应当认知多少单词? 这的确是材料编写者经常出现的一个问题。跟着教材走的教师是从教材出发回答这个问题,并让学生背会每课中划定的单词。一个半小时的课程单词量一般在15～25个积极词汇。

许多教材将词汇量划分为积极的和消极的,即学生能够记熟并能在言语中独立应用的单词为积极词汇,而只能在课文中"认识"的、不能记熟并且不能应用的单词为消极词汇。消极词汇的扩充首先靠阅读和教师的言语。教材中作为消极词汇标出的词汇,教师不在课上操练,不用学生自由言语测试,但学生在读(听)过程中应予以重视。消极词汇量是对读(听)时理解课文所需词汇的积累,因为听所需的词汇量是两倍于说所需的词汇量,而读所需的词汇量是听所必需的词汇量的2～3倍。

一般来说,教材的编写方式应能使积极词汇得到练习,使这些词汇无意识化,并引用到学生的言语中。而消极词汇主要用于阅读或语音练习中,并且不在词汇习题中操练。

教师要重视学生消极词汇的扩充,但不必操练这类词汇,也不用那些要求独立运用这些词汇的习题去测试。

向学生讲明构词模型,这对形成消极词汇量十分重要,因为这些构词模型可以大大增加篇章理解条件。

构词教学是语言教学的一个重要方面。认识单词结构并且能够由单词中的成分推断出词义,可以使学生迅速理解一个篇章,特别是笔语篇章,并且能够使学生写作正确。

建立消极词汇量的第二方面,是知晓一词多义,领会其隐喻、转义。正因为如此,教师应向学生介绍一个单词的各种不同含义,说明它的多义性。

不过,这当中要遵循适度原则,因为过多地给出词义,特别是在初始阶段,可能会导致学生对单词的误解。

了解一词多义——这对形成消极词汇量十分重要。这种了解还可以提高读与听的能力。

那么,需要积极地和消极地掌握多少单词呢? 一般认为,最低500个单词就足可以构成一个6~7句的口头和书面表述,参与一个包含5~6个对白的对话,听懂一个简短的口头表述和一个简单的篇章。此外,可以在这一词汇量上再加150~200个与每个课程具体的教学目的和条件相关的单词。

根据各种俄语课程教学的经验,可以考虑学生的年龄或职业的兴趣将词汇量扩充到1 200词。并且,其中约1 000词将被积极地用于言语中,余约200词将构成消极词汇量。

根据每个单独课程中具体教学目标和条件不同,"积极"和"消极"在学生总的词汇量中的意义和比例会有变化。在一般(公共)课程或旅游课程中积极与消极词汇比可以5∶1(1 000单词为积极,200单词为消极)。对学习专业文献和报刊阅读的课程来说,这一比例应为1∶1.5甚至是1∶2(1 000词为积极词汇,1 500~2 000词为消极词汇)。对公务人员课程来说,"积极"与"消极"比将接近1∶1(约1 000词为积极,1 000词为消极)。

三、单词的释义方法

（一）生词导入与配给（量）

教学法专家认为,成人在一个半小时的课程里平均可以掌握 15 个外语生词。心理学家认为,记忆的速度取决于学生对单词成分(词根、后缀、前缀)已知或未知的程度,取决于概念的具体和抽象程度,取决于外语和学生本族语的词义容量吻合和不吻合的程度。所以,初期一个半小时课程的词量可以通过对周围具体物体名称的掌握达到 20～25 个。之后每课新词汇量可因上述导入单词的性质不同而有上下波动。

首先,生词只在简单句成分中以单义给出:*Это комната. Это стол. Там окно здесь доска.* 单词*Это,Там,Здесь* 的含义用指示这些物体的手势即可演示。其次,导入生词的句子结构会变得复杂:*Мы говорим и читаем по—русски. Брабрат занимается русским языком* …最后,一个导入生词的句子不应含有语法难点。

向句中加入生词不仅可以掌握这些生词的含义,而且还可以认识生词与其他词之间的关系,并把这些生词放到一定的情境—题材框架中,给出他们在言语中运用的范例。这完全符合情境—题材、综合—圆周式原理和交际积极性原理。

对教学材料进行情境—题材组织,使得能够同时导入同根词和反义词。例如,在《здоровье 》或《у врача 》题材中可以组合诸如:*болен -здоров（Он был болен , а теперь здоров）*,*болен（Он болен гриппом）*,*болеть（У него болит нога）*,*больной（Прием больных с 12 до 14 часов）* 和 *больница（Его положили в больницу）* 这样一些生词。在关于家庭和住宅的谈话（*Разговор о семье и квартире*）中可以组合诸如（*большой—маленький, тёплый—холодный, новый—старый*）等这样一些反义词。这种组合可以使新词汇的记忆变得容易,并且提高词汇的交际价值。

（二）生词的语义化（释义）

词汇的语义化——是用各种不同的方法讲解学生未知的生词含义。其有数种方法。可以借助绘画、示意图、影片、幻灯片等直观手段或展示一些实物来讲解生词含义。在进行生词语义化教学的同时加入视觉与听觉,可以促进更加牢固地、无转换地掌握生词含义。

借助直观手段可以讲明诸如:книга, портфель, окно, мяч, стоять, идти, бежать, читать, писать 等这样一些词的含义。还可以讲清表示物体颜色、尺寸和用来形容的形容词词义以及诸如 быстро, медленно, громко, тихо, много, мало, впереди, сзади 等这样一些副词的语义。这种方法对讲解指称具体物体的生词词义特别合适。

但像 работа, способный, уметь 等这样一些词是不可能直观讲明其含义的,在这类情况下最经济的释义方法是将单词译成学生的本族语。

在以学习自觉性原理为基础的俄语外语教学法中,一般认为,在不可能采用别的任何一种释义方法的地方都可适用翻译。但不要让翻译成了目的本身——让翻译占用了课上太多的时间,特别是当课上是听取俄语的唯一条件时。

对一个生词的翻译可以在用俄语说出含有这一单词的句子之后短小的注解。

有些单词的含义可以选用同义词(Немного—чуть—мало; колоссальный, огромный—оченьбольшой)和反义词(жарко—холодно, начало—конец, мешать—помогать)以及选用从类属概念到种属概念(береза—дерево, учебник—книга)的方法来阐释。

生词语义阐释还可以在构词分析(строить—строитель, писать—писатель, читать—чтение, дружить—дружба)的基础上借助上下文并最终通过用俄语或学生本族语对生词含义做出说明或者阐释来进行。

上述各种词义阐释方法在教学的初始阶段不是全都采用。例如,选用同义词来释义的方法就会因为学生的词汇量有限而几乎不能采用。这种方法在中级、特别是在提高阶段教学中更适用。选用反义词作为生词释义的方法可以视为是有条件的。在初级阶段更宜于在具体的口语题材范围内合理地导入生词反义词,只有当这些反义词加入一定的相互关系中时才有助于弄清彼此的含义。

借助语境释义生词的方法选用由类属到种属的概念释义生词的方法以及

在构词分析的基础上释义生词的方法,也可以用于初级教学阶段,特别是用在学生学习语言的目的是用俄语阅读专业文献和报刊的成组教学中。这些方法可以发展语言想象力,并且可以显著地扩充潜在词汇量和消极词汇量,而这一点又是专业文献阅读所必需的。

在各种生词语义阐释方法中,占有特殊地位的是注解。无翻译教学法的拥护者在不能采用直观法的各种情况下使用所学语言来注解生词。而这往往会导致用生词来解释生词,词义却依然不明白。

用俄语注解词义在教学的提高阶段能给学生带来最大的收益。

总之,借助直观、翻译和用学生本族语来解释生词语义,是初级阶段最佳和最为普及的语义说明方法。而依靠构词分析和语境(上下文)释义则可以发展语言想象熟巧。对那些学习外语是为了阅读专业文献的报刊和学生来说,特别重要。

四、单词的记忆

在教学法文献中,例如把英语作为第二语言进行教学文献中,就如何确定必需词汇——是用词汇表的方式给出词汇,还是等到学生对一定词汇有了需求时再给,一直存在争论。这一点也反映在一些没有标出每课积极词汇的俄语教科书上,即每个学生要记忆他们所需的那些单词。大家知道,学生喜欢拿到词汇表背记。但词汇表只能短时间内记得住,很快就会忘掉。

讨论问题:

1)如果让你在两种教材——一种是其中列有明晰的但积极词汇量很小的教材,另一种是没有列出积极词汇,但含有大量生词的教材——之间做选择,你会选择哪一种? 你更喜欢哪一种单词组织? 是按题材组织词汇的那一种,还是根据情节不同导入单词的那一种?

2)进行成对或成组教学时,你可以由以下两个指令中选取一个给出:①如果你们不知道这个单词,去问老师;②尽量说出你们能说的,而不是你们不能说的。此外,可以把这两个指令组合。你更倾向于哪一种?

3)假设有人问你:"Как сказать по—русски'烦闷'的?"你应如何回答?

A.可以在黑板上用俄语写出单词给大家看。

B.可以即刻将这个单词列入积极词汇,例如,教师可以说:"Скучный. Я

смотрела скучный фильм, такой скучный, что я хотела спать. Иногда у вас бывают скучные уроки, и вы хотите спать в классе?"; "Эта книга скучная? Нет, она не скучная, она очень интересная"; "У вас было скучное воскресенье? Да? Почему?" "У тебя было скучное воскресенье?"

如果是，请了解一下为什么。

4）假设课本上的每一课都有词汇表。你想使这些单词积极化，这时可以说："На завтра надо знать слова…"于是，学生们立即去背记这些单词，但能长久地记住吗？必须建立交际情境，以使这些单词留在记忆里。这些情境应当具有一定意义，即在初级阶段应当具有交际意义，应当是符合现实的，之后单词则应服务于学生的交际兴趣。

教师们都很清楚，一些认真背会了生词的学生却常常不能把它们用到言语中。这些背会的单词不能在需要的情境中引发出来，教师只好经常提示什么地方要用什么词。

我们认为，这种情况之所以发生，是因为在词义说明阶段多次重复造成了一种不正确的关系，这种关系今后会阻滞应有关系的形成。

的确，词义说明阶段是有对"形—义"关系的记忆，这种关系通常在实施配方式的言语活动过程中，当听者或读者初期与一种语言现象的形式打交道时，即会起作用，当听者或读者被迫以这种方式去寻找对应的词义来开口表达时，这时候的运动是反向的——由产生某种思想的动机到这一思想本身的形成，而当需要先有"形—义"的关系即词义说明阶段应养成的反向关系时，学生却无法想起单词。有鉴于此，在培养词汇熟巧阶段，当向学生提出借助生词表达自己的思想的任务时，他们要把这种关系改组为开口表达所需的关系。

由此可见，为了引发学生对生词运用的需求，必须事先关注如何建立起一个能促使他们去表达各种思想的总的东西。在这种情况下，"功效"（实用性）与有无表达及领会（感知）谈话人所说内容的需求直接相关。如果没有这种需求，发生的只不过是"被迫"表达，而不是自己思想的表达。

为了记忆，需要：

1）弄懂词义。

2）搞清如何应用。

3）在相同情境中多次重复。

4）在变化情境中多次重复。

5）定期复习过去已学过的材料。

五、词汇练习

（一）词汇练习方法

1）运用联想、功能等标准对下列单词进行分类，指出它们之间的共同点。

Мороженое，магазин，огурец，газета，ребенок，дом，сад，компьютер，собака，жираф，апельсин.

2）指出五种穿白大褂的职业。

3）说出五个你早上完成的行为。

4）《滚雪球》游戏。

学生一：*Сегодня утром я встал в 8 часов.*

学生二：*Сегодня утром я встал в 8 часов и почистил зубы.*

学生三：*Сегодня утром я встал в 8 часов, почистил зубы и сделал зарядку.*

5）抛球游戏。

Я иду… домой. （把球抛给另一个学生。）

… в универсимем.

6）编一个集体故事。

教师：*Вчера я видел смранного человека.*

学生：*У него были зелёные волосы.*

如果故事编起来很困难，教师可以扮演一个侦察员——一个没弄明白或者记性不好的人：

Но вы сказали，что у него были синие волосы?

7）采用当课词汇或定好的一组词写一篇作文。

8）用……词讲述……

9）重新划分下列单词：спальня；масло；кровать；морковь；кухня；нож；стол；кресло.

10)扩充表中列出的用于培养各种不同技能的习题。添加上你所知道的其它习题(见表 4-2-1)。

表 4-2-1　用于技能培养的词汇练习题

语言技能	言语技能	交际技能
《Шторм》 Назовите слова этой группы Неделя понедельник… Назовите действие, связанное с этим словом летает птица поёт	《Снежный ком》 Что можно подарить на день рождения？ Каждый добавляет слово, повторяя все предыдущие.	Обсуждение, дискуссия： 《Если бы вы выиграли миллион》
《Что это？》 К каждому существительному подберите соответствующее прилагательное, запишите：узкий, опасный, аккуратный；улица, преступник, студент	《Ассоциации》 Назовите слово, как оно связано с названным раньше	《Найдите … в аудитории》 (опрос, анкетирование)
Назовите 10 профессий, связанных с машиной：шофер…	Разверните/сверните фразы：(какая？) Королева неожиданно увидела офицера (когда？ где？)	Рассказ по цепочке (один студент начинает, следующий добавляет и т. д.)

语言技能	言语技能	交际技能
Напишите действия, связанные с профессией…	《Круг в круге》Задайте 10 вопросов о семье.	Работа в группах
На доске написано 10 слов. Запомните их. Скажите, как вы их запомнили.		Придумайте ситуацию, диалог.
Категории. Расклассифицируйте слова по категориям.		Обобщите, кто что сказал в течение урока.
На доске написано 20 слов. Запомните. Слова стираются. Восстановите их.		Передайте содержание текста одной фразой. Напишите сочинение, включив 5 слов: солнце, зонтик, еда, врач, учебник. Напишите сочинение (5 минут) на тему: 《дверь》《щедрый человек》 Как связаны следующие картинки?

初级阶段以《Семья》为题的词汇教学范例：

1. 教材加工（练习）

教师读课文并让学生：①如果听到家庭成员称谓单词就举手（非口头支持）；②在表中指出他们听到的词（口头支持）。

1）Отец—

2）Мать—

3）Сестра—

4）Дедушка—

……

让学生在需要的地方填词：отец，мать……然后是复习，给一个练习题："Слушайте и повторяйте фразы."

2. 训练

1）给一个关键词，例如 сын。学生应把这个单词用到各种可能的问题中。

2）发词卡。学生应能从 У вас есть⋯起把词卡上的单词用于各种问题的相互提问。

词卡样式

сын друг детидядя бабушка

дочь подруга семья тётядедушка

брат

сестра

3. 完成言语（发言）

1）角色游戏（模拟）：学生拿到上面写有谁充当哪一个家庭成员的卡。

2）现实交流、讨论：分小组讨论自己的家庭并告知家庭成员情况（用照片）。

（二）用以检查单词认知情况的测验

1）Соедините слова двух колонок. Какое слово соответствует какому？

2）Напишите синонимы, антонимы.

3）Что значит слово⋯?

4）Какие ассоциации вызывает у вас слово⋯?

5）Напишите пять слов, которые значат⋯?

6）Составьте из данных слов предложение.

7）Употребите слово⋯ в предложении.

8）Найдите русские эквиваленты словам⋯

9）С какими прилагательными можно употреблять слова⋯?

10）С какими глаголами можно употреблять слова⋯?

11）Какие слова нужны, чтобы описать картинку？

12）Диктант.

第三节　语法教学

一、语法教学中主要缺陷

1）教师过于长时间地和过于详细地讲解某一个语法现象，不能把注意力集

149

中在主要的语法现象上。

2)引导学生分析语法现象不够。

3)教师一下子把所有语法现象都讲了,回答了学生提出的所有问题,而未留给学生时间去等一等这种或那种讲解(过剩信息)。

4)如果一个语法形式突然自发地出现在言语中,就提前讲解了这一形式。比如,学生想说 Я с другом 时还不知道第五格,这时教师不是给他一个同义词组 Я и друг,而是开始讲解第五格,这就偏离了教学计划(超前讲解)。

5)讲完一个语法现象,未经足够的练习,教师就开始测验这个语法现象(过早测验)。

6)将测验放在言语层面上进行,而学生是在语言层面上掌握的这一语法现象(还没有形成无意识化,因此技能与测验不吻合)。

7)教师在进行语法教学时未去培养三个能力(语言、言语、交际),往往更多地停留在语言能力或极少放在言语能力上,没有引导学生进行交际。结果,学生在独立的言语活动中出现很多错误,教师往往认为这些错误是对材料不熟悉,并再次开始在语言层面上讲解和练习语法现象,而这样做本身就不能转到交际层面上。

8)对不同类型的学生采用不同的讲解和练习形式这一点没有考虑到。例如,分析型学生更善于记忆表格、总结、规则中的材料,而交际型学生则善于在多次运用中记忆。未能采用各种不同的战略去促进语法现象的掌握。

二、对语法教学的建议

在进行俄语语法教学时,应注意以下九个方面。

1)在讲解一个语法现象的形式如何构成时要注意这一现象的意义,即要由意义到形式。例如,要先告知 У меня нет книги 这句话的意义是对某一事物存在的否定,然后再讲如何表示这一意义。义—形—义。

2)在进行各格教学时,建议使学生注意动词支配关系。学生最好能做这样的动词笔记:смотреть—посмотреть—что ?（книгу, фильм）

稍后还可以在这一笔记上加入问题:на что ? на кого ? куда ?

3)在进行变格法教学时,宜教会学生养成就每个变格形式提问的习惯。

例如:

Он смотрит на преподавателя.

Куда он смотрит ?

На кого он смотрит ?

宜在对话中加入重问("我们没有听清楚")：

—6—Он смотрит на преподавателя.

—7—Куда он смотрит ?

—8—На кого он смотрит ?

—9—На преподавателя.

—10—А! Он смотрит на преподавателя.

4)必须定常进行篇章、句子练习，而不是个别单词或词组。

5)不要忘记构词法教学(尽管很遗憾，这一题材教材中往往没有)，要教授学生认识单词的形态构成。这将大大扩展学生的消极词汇量。

6)语法形式的教学要进行到学生学会将其运用到交际中去为止，并要检测学生在三种能力(语言—言语—交际)中运用这些形式是否正确。

7)不要忘记，所有普遍采用的语法形式置换练习和转换练习——这不过是对语言能力的检测。

8)要更加广泛地采用各种不同的教学技法与策略。更多地吸引学生注意对新材料的讲解和对规则的单独表述(阐释)。

9)要让学生有机会说出自己的想法，不要时时纠正他们的语法错误，学生有权犯错误。

三、语法结构

大家知道，对语法在语言教学中的地位，不同的教学方法有不同的判定。在一部分教学法(如翻译法教学)中语法被赋予了主要地位，要求记熟规则，定常进行语法形式练习：而在另一部分教学法(如直接法)中，则认为重点应转向言语句式的运用，而语法现象放在第二位：规则不要去记，只要按言语句式去实践就够了。

那么，现代教学法是如何对待这一问题的呢？

第一，语法的作用不可贬低，但也不能夸大。

第二，要从对语言的三位一体——语言—言语—交际的本质认识来对待处理各种语法现象。由此得出了从结构上,从其在言语句式中的功能及其在篇章中的实现上分析语法现象的结论。进行语法教学时要考虑到三种能力——语言能力(理解、分析、认识语法现象的技能)、言语能力(掌握和运用由一定的语法形式构成的言语句式的技能)和交际能力(掌握运用所给语法范畴构成篇章的技能)。

四、语法教学

1)在现代教学法中,一个语法现象的教学是从其中含有这一语法现象的篇章操练开始的。学生先领会篇章意义,然后再由篇章意义转到语法形式上。

教师对一个语法范畴的讲解是通过其在言语中的结构表现形式和它在言语中的功用来进行的(培养语言能力)。对该范畴的知识(语言能力)要进行测试。

一个语法现象要经多次言语运用练习。以培养言语能力并通过情境练习进行能力检测,要给学生提供一些要求来运用这一语法现象的独立活动形式,以培养交际能力。在学生独立写成的篇章中,有无对该语法现象的运用是对学生交际能力的评定。

2)操练范例(以在初始阶段采用非动物名词直接客体/补语第四格为例)。

众所周知,前者中间只有一部分才用直接补语第四格(往往是在地点第六格之后)。

(一)语言能力的培养

1)运用所学语法形式读(听)一篇课文。教师要把注意力放在该语法形式上。例如,

句型:Студент читал книгу.

2)学生们回想他们已知的下列句型:

Кто это？Студент. Что делал студент？Он читал.

Студент читал(читает,будет читать).

Студентка читала(читает,будет читать).

①此时学生已经应当能够掌握并在言语中运用一定数量的及物动词,如писать,читать,знать,слушать,учить.

②他们应当能够掌握和运用这些动词的各种形式。他们只要掌握了过去时或复合将来时的形式就够了。主要的是使这些形式的运用无意识化。

③他们应当掌握非动物名词，主要是准确地辨别这些非动物名词的指性形式。

3)教师要使学生注意结构中的第三个成分。

①教师说出若干阳性第四格的三成分同类型结构（所有单词都是学生已知的）：

Она читала журнал. Я смотрела телевизор.

Он читал текст. Вы смотрели текст.

②学生一边听一边随教师重复（可以采用图像）。

③教师让学生就第三个成分的意义做出结论：这是补语，是阳性名词，词形与原形一致（不变）。

④然后教师给出一些中性单词例子：

Он писал письмо.

Они слушали радио.

⑤学生再次分析第三个成分并做出结论。

⑥最后，再给一些阴性形式：

Мы читали газету.

Они слушали музыку.

Я читала книгу.

⑦再次进行分析并做出结论。学生已经能够自己推定出阴性名词第四格构成规则。

⑧用表格对一个语法形式进行总结（可能让学生填表）。可以记下句例，译成本族语。

4)下一步——第三个成分回答什么问题。

Мы читали книгу и журнал. Что вы читали?

ЧТО——是对用非动物名词表示的客体（补语）的提问。

5)初步巩固——多次运用一个语法形式（可以用图画）。

Что вы { читали ?
смотрели ?
слушали ?

教师要用心观察学生组句的正确与否。学生产生的错误通常是因为对名词性属掌握不准确。

6)教师确信学生已经理解了这一语法现象之后,再把注意力转向及物动词:

Читать

смотреть } (＋что ?)但 учиться 是非及物动词。

7)对语法形式理解的测验。给一些"去括弧""翻译句子"类型的语法形式置换练习题。

(二)言语能力的培养

1)在言语中操练——给大量问题:

Я читала книгу,а вы ?

Вы читали книгу или журнал ?

Что вы { читали ?

слушали ?

смотрели ?

2)参与意见:

—Я читала книгу.

—Я тоже читал книгу.

3)说出对立意见:

—Я читала книгу.

—А я смотрел фильм.

4)按照范例组织对话。

5)《雪球》游戏:

—Я читала книгу.

—Она читала книгу,а я смотрела фильм⋯

6)情境。你在商店里请求售货员把物品拿过来看看。

句式:—Дайте,пожалуйста,⋯

7)对在言语中应用第四格的情况进行测试(口头或书面)。

①演示《В магазине》情境。你请求售货员把物品拿给您。

句式：—Дайте, пожалуйста, …

②回答问题：

—Что студенты учат в университете?

范例：—Студенты учат математику…

（三）交际能力的培养与测试

演示要求学生进行独立言语活动的各种情境。

1）Спросите друг друга и запишите, что надо купить в магазине(продукты, вещи)или что он(она)купил(а)на этой неделе и т. п. Затем расскажите об этом всем.

2）Расскажиет（напишите）, что вы читали（писали, слушали, учили）на прошлой неделе.

五、语法讲解

1）讲课形式。此形式建议用于讲解一般语法范畴。可以用于分析型学生，中学生少用。

教师讲解语法现象，同时给一些例子。

学生用本族语阅读语法现象讲义，完成练习。

2）发展想象力的讲解。教师给一些表格，规则由学生自己推定。例如，课文中遇到一个地点第六格：Я живу в Москве. 教师提示学生注意此格，并给一个表格让学生说出规则：

$$\text{Я вижу} \begin{cases} \text{в Москве.} \\ \text{в Америке} \\ \text{в Вашингтоне.} \\ \text{в Петербурге.} \end{cases}$$

学生推定出规则：地点用 в＋名词词尾—е 表示。教师说明这一规则并告知：—е——这是名词第六格的词尾。

建议类似的讲解放在学生能够识别一种语法形式的规律变化后进行。这种讲解的好处是：

①可以发挥想象力。

②可以发展分析性思维。

③可以促进记忆。

3)词汇导入。不作讲解即引入一个语法现象。让学生作为熟语记住其形式。比如,在开始阶段的课上就记住一句话:

—Как вас зовут？ —Меня зовут…

通常,许多这种类型的语法现象会晚一些时候讲解,但开始阶段对这类交际句子可只做记忆。

那么,如何导入语法呢?

①区分规则。

②讲解结构或功能。

③用演绎法或归纳法导入语法:

A.演绎法——教师讲解规则并与学生一起做练习。

B.归纳法——学生自己"揭示"规则。

④讲解用语(本族语或所学语言)。

⑤谁来讲解:教师、学生来讲解书中的说明、表格,或者几种条件的组合。

⑥讲解方式:采用书中内容,按照表格要求,以口头、黑板的形式讲解。

第四节　阅读教学

一、阅读过程特点分析

20 世纪 60 年代末 70 年代初,Гудман(1967)和 Смит(1971)提出了一个心理语言学的阅读模式,称为"自上而下模式"(режим снизу вверх и вниз)。该模式以概念理论为基础,提出:在阅读过程中,阅读者根据本人大脑中已有的句法知识和语义知识对阅读材料进行预测,并在阅读过程中加以证实和修正。根据这一模式,阅读活动实际上是一种语言知识的实践或实现。

后来,有人提出了一种"自下而上模式"(снизу вверх и вниз по модели)。该模式强调把材料作为信息输入,阅读者从字母和单词的辨认开始,不断进行信息组合,完成阅读活动。该模式遭到了人们的批评,因为它忽视了一系列影响阅读过程的语境因素,把阅读过程当作一种纯粹的语言知识的应用活动。研究表明，一个优秀的阅读者并不需要上下文冗余信息来完成辨词活动，其实际辨词过程是自动的、不自觉的，他的注意力应集中在语言之外的信息上。

1977年，Румельхарт发表了《论阅读的相互作用模式》（модель взаимодействия для чтения）一文。他吸取了人工智能研究领域的最新成果，提出：阅读过程实际上是一个多种语言知识，包括文字、词汇、句法和语义等知识的复杂的"相互作用"过程。任何单一的语言知识不能促成对阅读材料的真正理解。

1980年，Станинович提出了阅读能力的层次模式。他指出，在阅读过程中，有几个层次的因素在起作用，包括词语识别、句法分析、语境知识等。阅读时，各个层次（可以是高或低一层次）的知识互相补偿。Станинович提出的阅读者利用一切可能因素来协调阅读理解的理论对外语阅读教学理论的发展起到了推动作用。

语境知识的概念各人理解不一。根据语用学等学科的理论，语境知识包括语用规则和世界知识（即一般的文化知识等）。Пиявка(1983)认为，语言交际过程实际上是一种不断解决问题的过程。把Leech的人际交往修辞理论运用到阅读理论中来，可以这样理解阅读过程：对阅读材料原作者来说，他考虑的是：我想要阅读者的大脑中增加某一信息，我通过哪种方法才能达到这一目的？对读者来说，他面临的问题是：作者写了哪句话（哪段话、哪篇文章、哪本书），他想通过这句话（这段话、这篇文章、这本书）表达什么意思？所以，在双方的交际过程中，双方各有一个编码和解码的复杂过程。

编码和解码的依据来自两方面：一是语言本身的内部结构规律，即合语法性；二是社会交际的原则，即语用原则。语言规则确立语言符号的字面意义，而语用原则则明解语言符号在交际中的实际意义。

世界知识也是阅读能力的一个重要组成部分。研究表明，计算机如果不辅以足够的世界知识，它们是无法真正理解自然语言的。对歧义部分的理解主要依靠阅读者的背景知识和个人经验。一些研究和实验结果显示，由于文化背景的不同，阅读理解上的错误往往呈现出系统性。即不同的文化背景、不同的期待心理和价值尺度、不同的语言思维模式、不同的语言修辞习惯，都会导致语言信息理解上的差异。

因此，目前较能为大多数人所接受的有关阅读行为的观点是：阅读活动是一种多种因素作用、多向交流与反应的复杂解码过程。解码依据来自文字、语言、语用、世界等方面的知识。语言知识具体为语音、语法、语义等知识。世界知识中包括一般知识和专业知识。语用知识涉及人际交往修辞规则和语篇修辞原则等。所有影响阅读过程的因素都处在不同的层面上，任何一个都可能与另一个发生互动关系，影响对阅读材料快而准确的理解。

二、外语阅读与母语阅读不同特点比较

一般来说，学习外语阅读的学习者已具备了母语的阅读能力。这里就牵涉到几个理论问题：语言阅读能力是否发生正迁移？如果是，在多大程度上？在哪些层次上？外语阅读课应重点加强哪方面的训练？

根据语言的功能理论（Пиявка，1983），人们掌握语言，主要有以下五方面的作用：表达、指示、描述、辩论和元语言。任何一个具有母语使用能力的人都能运用语言完成上述功能；任何一种语言也都能完成以上功能。如果一种语言知识和能力作为系统知识储存在大脑里，重新学习一门语言就意味着创造另外一个知识系统。根据格式塔理论，新知识的输入必然以原系统为参照系统或立足点，原有系统必然会对新系统产生影响，或者说，原系统的大部分或一部分必然会成为新系统的一部分。阅读能力发生迁移是肯定的、必然的。错误分析显示，外语学习者在各个层次上，如语音、语法、语用等层次上都由于母语的影响呈现出系统偏差，说明迁移已不自觉地在进行。由于语言功能的普遍性，语言手段以及运用语言的手段必然大量呈现出普遍性，因此，语言能力的正迁移是不可避免的。调查表明，外语阅读能力强的学生一般来说母语阅读能力也很强。但是，我们并不能反过来说，母语阅读能力强的人外语阅读能力也一定强。这是由外语阅读本身的特点所决定的。

第一，语言能力和技巧的正迁移有一定的局限性，它一般发生在更呈普遍现象的语言规则和语用原则上。语言差异、文化差异越大，正迁移越少。就中国学生学习英语而言，文字符号、语音规则、语法规则、语用原则等都与母语迥异，这些方面必然对阅读理解的速度形成障碍。从一种书写系统到另一种书写系统，这必然要在视觉反应和大脑信息接收方面引起困难。第一阶段的任务也应该首先使学习者熟悉这一过渡和转变，使视觉接受的范围和速度逐步增加，赶上或超过对母语文字的反应。另外几个方面的困难同样需要通过专门的方

式加以解决。

第二，母语阅读能力和技巧的不足也影响正迁移过程，影响外语阅读能力的迅速提高。中国学生这方面的问题更为明显。国内语文教学大多数还局限在传统的语言知识的传授上，"文以载道"的观念使语文课的注意力较多地集中在学生的品德和感情教育上。语言知识的讲解也限于词语运用、修辞手法和谋篇布局。语文课缺乏这方面的特殊训练。在这种情况下，学生外语阅读能力的培养便缺少一个较为理想的基础。

第三，外语学习者的情感因素也对阅读过程发生影响，如态度、动机和个人性格等。

在具体的外语阅读过程中，还有一些更为常见的情感因素影响阅读过程，如焦虑、过于兴奋等。因此，外语阅读教学中对学习者情感因素的控制和引导是教学成功的一个重要因素。一言以蔽之，学生的兴趣，对外族文化、对阅读材料内容、对练习内容的兴趣等，都能使学习者阅读时处于最佳的心理状态。

三、外语阅读教学材料的选择标准

20 世纪 50 年代至 60 年代，由于行为主义思潮的影响，外语教学被视为一种行为习惯不断得到加强的过程。阅读教材常常是为了适合某一特定的语法结构的教学需要而进行改写的分级阅读材料。在过去十年中，尽管阅读技巧的培养比语言的实践更为受到重视，人们仍然关心阅读材料的可接受性问题，即可读性问题（удобочитаемость）。以前外语界一直争论的焦点之一是：阅读材料的难度究竟与词汇有关，还是与结构有关？

研究表明，阅读材料的难度是相对的，它与阅读者本身有关。一个 ESP 学生如果阅读他专业范围内的材料，他遇到的困难主要来自结构，而非词汇。同样的材料，对一个门外汉来说，词汇上的困难更为突出。同样，一个中等程度的外语阅读者如要阅读一份他不那么熟悉的领域的材料，他遇到的困难就更多地来自词汇，而非结构。

对于词汇困难的处理，一般有这样三种办法或建议：①在材料后面提供一个词汇表；②建议查词典；③建议不要查词典，尽量根据上下文猜测词义。我们认为，这三种办法实际上并不矛盾，在处理不同材料时可采用不同的方法。即使在处理同一材料内的词汇困难时，这三种方法也可以针对不同类型的困难分别加以使用。在这一点上，做得较好的是 Максан，Линда 和 Хирасава，Луиза。他们在共同编写的阅读系列教材《开发阅读技能》(развитие навыков чтения) 和《扩展阅读技能》(расшире ниезнаний для чтения) 中，就巧妙地把这几种方法结合起来。首先，他们对阅读者可能遇到的生词进行预测，将可能造成困难的词以黑体字印出。阅读者可先根据上下文进行猜测，如不能解决问题，右边便是该词的英文注释，简单、明了、方便，比材料后面提供词汇表更加实用、方便。

当然，解决词汇困难最终还应通过更多的阅读。对于结构上的困难，有人建议尽量加以控制，即对阅读材料的结构困难加以分级，并在实际阅读中由阅读者个人作些非正式的结构分析。

目前，在外语阅读教学理论中，对阅读者可能遇到的语言方面的问题，首先是确定阅读者在实际阅读中可能遇到的困难，然后设法帮助他们解决这些问题。大多数人不赞成对阅读材料进行词汇上和句法上的控制。他们认为，教材编写者与教师的注意力的焦点应该放在材料与阅读者的关系上，以此来预测语言困难的所在，并根据阅读者的困难设计解决办法。总之，编写阅读教材应该关心材料与阅读者的关系，而不是阅读材料与假设的语言知识掌握和发展阶段之间的关系。

有关阅读材料选择的另一个重要标准就是材料的真实性问题(подлинность)。对于这一问题，目前外语教学界仍有不同的见解。

第一种解释是：对材料本身不作任何词汇或结构方面的简化，而在阅读练习的设计过程中充分考虑学生阅读能力的阶段和先后关系等。这样的材料便具有真实性。

第二种见解是以 Видоузен 为代表。Видоузен(1990)认为，任何阅读材料只能有是否 подлинное 之别，并不存在 аутентичный 与否的问题。材料是否真实取决于阅读者与材料之间的关系，如果阅读者对材料的反应与作者的意图一致，那么这种材料就有真实性。

第三种解释是：阅读中，一切以阅读者为中心，材料只要达到阅读者的阅读目的和实际情况，它就有真实性。

根据 Видоузен 的见解，阅读材料应分级和简化，但目前的趋势是，人们更倾向于对阅读练习而不是对材料本身实行分级。

根据第三种解释，阅读者的兴趣和目的对材料的选择有重要的关系。研究表明,不同的阅读者尽管有各自的阅读兴趣和习惯,但有时仍呈现出一定程度的一致。从教育学角度来看,根据兴趣自我选择的阅读,效果最为理想。

随着现代语言学对话语结构研究的不断深入,外语阅读教学理论吸取了这方面的研究成果,将话语结构也作为选择材料的标准之一。

我们知道,话语分析对外语教学有两个十分重要的实际意义:①描述话语的语言结构,为外语教师选择教学的重点提供依据;②揭示话语的文化特征。不同语言的话语结构反映了不同文化的思维模式。揭示话语中的文化特征,对学生较好地理解和表达思想有较大帮助。例如,人们发现,以时间顺序组织的叙述文字以及单向推进的描绘文字更容易被学生理解和记忆。实际上这也是大多数文化中最常见的两种思维方式。阅读材料编写者应充分考虑选择不同的话语结构,并对练习和设计加以改进。外语教师在具体教学过程中,更应明确地向学生揭示不同的话语结构特征,使学生形成不同的话语结构意识,这对理解和表达都有重要作用。

所以,阅读材料的选择首先要考虑到阅读者本身的兴趣和文化背景。对材料本身不一定要做结构和词汇上的控制,关键在于预测这些方面的困难并提供适当的理解线索,并在设计理解练习时采取不同要求,根据不同阅读目的及阅读者的实际情况实行分级和变动。

四、阅读技巧及阅读技巧的培养

阅读课应作为一门技能训练课。教师在课堂中应把握住两点:一是始终把阅读方法和技巧的训练作为重点,二是在阅读材料讲解过程中,强调不同话语结构的分析,使学生适应各种文体材料。

阅读材料的选择应注意知识的系统性,一个单元中可考虑安排内容相近但风格不同的两篇以上的材料,供学生比较和研习。教师手册的编写也应相应地在指导思想上做些变化。教师手册应提供背景资料和教学法建议等。至于语言的讲解应由教师本人在查阅材料后解决。这样,教师在研究材料本身并设法解决语言难点的同时,便能了解学生阅读时可能碰到的困难,并设计相应的教学步骤。

阅读理解练习的难度可参考近年来国外各种阅读考试的题目形式,分出不同层次、不同要求。范围可涉及背景、词汇、主旨、风格以及隐含之义等,以此作为引导学生在阅读过程中注意重要信息、欣赏作者风格的"指挥棒"。

（一）扩大视幅

合理的快速阅读可以使阅读者思想高度集中，在阅读中积极思维，不时做出归纳、演绎、对比、推测，正确理解篇章大意。没有一定的阅读速度，就不能顺利地输入信息，阅读理解的成效也会大大地降低。所谓快速阅读就是利用视觉运动的规律，通过一定的方法训练，在较短的时间里阅读大量书报资料的一种科学学习方法。学会快速阅读，对于扩大阅读范围，增加词汇数量，丰富语言知识，增强英语语感都大有裨益。那么，如何提高阅读速度呢？

扩大视幅是高效阅读的一种技巧。

视幅指人的眼睛在读书或观看物体时的宽度或范围。而视幅广度则是指一个视点所感知的文字范围，又称"视音距"或"视域"。视幅广度不是一个点、一条线，而是一个面，阅读时的视幅，就是一个读者以书上某一行的一个英文字母为中心，上下左右能最清晰地看清文字的幅度。阅读心理学研究表明，大脑和眼睛识别一个词和多个词所需的时间几乎是相同的，因为信息数量都处于一个视幅广度之内。因此，视幅广度越大，阅读速度越快。试验证明，人的最大视幅一般来说约半行。换句话说，视幅最大的人可以做到一目半行。虽然每个人的视幅广度因生理条件、文化水平、阅读目的、阅读习惯不同而有一定差异，但都能经过训练而充分利用和逐渐扩大。

要想达到此目的，关键是用特殊方法，使眼肌灵活自如，达到视角、视幅、视停、视移等视觉最佳状态，使视线如行云流水般地快速阅读。训练方法主要有：手指法（即目光随着手指左右、上下移动，头不要摇动）、图谱法（目光沿着如点、圆、抛物线等图形快速移动）等。

当眼肌经训练适应之后，可采用快速阅读初级方法之——的跳读法。所谓跳读法就是指眼光从一个"字群"（字群是由多个单词组成的）跳到另一个"字群"进行识读，在这个过程中，眼球按"凝视—跳跃—凝视"的程序进行连续不断的运动，如：

Человек/в коричневом пальто/прочитал книгу.

当跳读熟练后，可进行扩大视幅识读文字的单位面积的训练。首先进行五个单词的练习，练习时主视区应放在中间，也就是主视中间的三个单词，两边单词用余视力扫视。如：Мы/имейте цвет/TV。

在练习五个单词达到熟练之后，就可加宽视区练习，如一下看六七个单词，甚至达到九个单词，逐渐加宽视区范围，延长目光移视长度，这样就能缩短凝视时间，达到快速阅读的目的。

在训练时，还可以要求学生把句子划分为若干意群进行视读训练，或在阅读材料上，用铅笔在正中由上而下画一道线，目光沿着中线移动，同时用余光扫描左右。还可以专门印制一些金字塔形的阅读练习句子、段落、短文等，使学生很快由上而下地阅读，逐步扩大视幅。

总之，做阅读理解不应该是读，而应该是看，是一个积极思维，迅速将文字符号转换为词义的过程：书面信息—眼睛扫描信息—大脑记忆中枢的信息。一定要避免逐词阅读，要不断训练自己从"点读"过渡到"句读""段读"，要尽可能扩大视线在文章每一行的覆盖范围，将尽可能多的单词收入视线范围之内，让我们的识别幅度覆盖一个完整的思维单位，学会整体认读，整体理解句子意思。眼睛所注视的范围越大，输入大脑的文字内容也就越多，我们的阅读速度自然也就越快。

（二）意群视读

在阅读过程中，多数学生习惯于逐字读，每读一个单词，眼睛就会停顿一下，唯恐漏掉一个单词。而阅读速度的快慢并不取决于眼睛运转的速度，而决定于眼睛停留时捕捉信息的多少，即视幅越大，阅读速度越快，一个好的阅读者在阅读过程中只用视觉扫视文字，眼睛的移动是从一个意群到另一个意群，即意群视读法。有效的意群分割可以避免对一篇文章内容的理解出现误解、偏差或是产生歧义，也能使我们更好地去理解文章的意图和思想。

从阅读的意义上讲，意群就是指平时阅读一篇文章时，视线每停留一次，进入视界范围的单词会有多个，而这些单词不带有任意性，单词与单词之间的逻辑意义紧密相连，我们可以暂且将这种意义紧密相连的多个单词视为一个意群。我们要想将这种方法运用到实际的阅读当中，那就有必要知道，语篇的构成单位为段落，段落的构成单位则是句子，而句子的最终构成单位为语言意义的基本载体单元词汇。意群视读法，就是把在意义和语法结构上有关联的几个词，连接成较完整的信息并输入大脑的方法。使用这种方法进行阅读，不仅可以提高阅读速度,而且有利于对句子的整体理解。

1)Ходатайство спросило то во время Джун, июль, и август рабочее время, которбыли изменены от 8:00 к 17:00 с часом для обеда к 7:00 к 15:30 с получасом для обеда.

中文释义:此申请书请求 6 月、7 月、8 月三个月份间的工作时间应从原来 8:00 上班 17:00 下班改为现在的 7:00 上班 15:30 下班的工作时间制,而午餐时间则由原来的 1 小时改为现在的半小时。

如果我们能够分清此句的意群,我们就不至于读不懂整句话,本句结构为:Ходатайство[主语]＋спрошено[谓语]＋то[后接宾语从句]。当我们看到измените 时,便会一眼看到 изменение 后的 от…к…к…к,这时,问题便出现了,这里存在两个意群:①8:00 к 17:00 с часом для обеда;②7:00 к 15:30 с получасом для обеда,当我们理清这两个意群以后,整个句子开始变得流畅了许多。

在进行训练时,我们的视幅要宽,意群要长。视幅要宽是说每一眼看的词要尽量的多,要努力使自己的眼睛变成"广角镜",把尽可能多的词"尽收眼底"。意群要长的含义是,在每个视幅中,不是让你把很多单个的单词都收进脑子,而是要善于从中摄取有意义的词组。这个有意义的词组就是"意群"。阅读极慢的读者是一个字一个字地读,视幅很窄,句子中的停顿多,而频繁的停顿必然妨碍阅读速度的提高。而阅读较快的读者是半句或一句一句地读,视幅宽.停顿少,阅读速度自然就上去了。

请看以下的意群划分:

Хороший старый человек/поднял его руку в благословении. 只作了两次切分。

Хороший старый человек/поднял его руку/в благословении. 作了三次切分。

Хорошее/старый человек/поднял его/рука внутри/благословение. 逐字阅读。

很显然,只作两次切分的阅读速度不仅快得多,而且也更容易被大脑感知和整合。

平时在练习阅读时,我们并不会像上面所阐述的那样有意去给句子划分结构及句群,但是,随着阅读练习时间的不断加长以及阅读量的不断加大,脑海中就会自然而然地产生这样一种自觉意识,即不以词汇为单元去挖掘句意,而是随着阅读视线的不断后移,句子中的每个意群会自然出现,之后再对几个意群进行整合,最终达到对句子的理解。

2)Недавнее изучение исследования проектом интернета Pew и американской жизни показало что для множества людей, электронное взаимодействие через компьютер заменяло тьэтоперсона——к——персона взаимодействие.

该句长达 23 个单词,而使用意群阅读法也只有 5 个阅读单位。这样阅读不仅可以提高速度,还可以加强对句意的理解。

3)Моя мать соседа и собрата следующ — двери, Кристин, Со——мной, ①былвне;② в наши двора перед входом;③ наблюдать 7 детей времени 6 и вниз;④ездить на велосипеде вверх и внщ.

在上例中,①为名词及人称代词;②为动词短语;③为介词短语;④为现在分词短语;⑤为宾语补足语。

4)впервые выдвинута французский математик ферма, пьер в семнадцатом веке, были озадачены теорема и избивали лучших математических мысли, в том числе француженка ученый, который сделал важный шаг вперед в работе над проблемой, и кто не одеваться как мужчина, с тем чтобы они могли учиться в Париже синтезирует технически институт.

遇见含有 40 多个单词的这样一个长句,如若每读一个单词就思索,再琢磨一下它的意义,无疑会耗费很多时间。倘若采用意群法,我们就不难发现,此句只有五个意群,即:

5)① впервые выдвинута французский математик ферма, пьер в семнадцатом веке;②теорема;③озадачил и побито;④самые точные математически разумы;⑤ включая французский научный работник женщины сделал основнное развитие в разработке проблемы, и должны одеть как человек изучили н политехнический институт.

"意群视读"训练就是要逐步改变一眼只看一个单词的阅读习惯,扩大视幅,培养扫视意群的能力,达到一目数词、三分之一行或半行。意群视读的能力不是做上几次练习,读几篇短文就可以培养起来的,只有经常练习,养成按意群阅读的习惯,目光一瞥所及的范围才能逐步扩大。

(三)略读

在当今这个信息爆炸的时代,阅读的速度和效率直接影响到一个人获取信息的能力,从而影响其工作效率和学习质量。在英语阅读过程中,怎样才能快速准确地捕捉到文章大意和所需要的信息呢？略读法(снятиесливок)不失为一种快捷而有效的方法。

略读又称跳读或浏览,是一种非常实用的快速阅读技能。所谓略读,指快速阅读文章以了解其内容大意的阅读方法。换言之,略读是要求读者有选择地进行阅读,对于某些细节可以略过不读,或者快速浏览,以求抓住文章的大意,从而加快阅读速度。据统计,训练有素的略读者(шумовка)的阅读速度可以达到每分钟 3 000 个单词以上。

那么,在俄语阅读训练或阅读解题过程中如何进行快速而有效地阅读呢？首先要把文章粗略地浏览一下,看看文章中是否有自己解题所需要的信息,然后要了解文章的题材和体裁,以便运用相应的阅读方法。在应试过程中,如果没有充分的时间,而且文章又不需要深层次理解时,就可以运用略读的阅读方法。

略读有以下四个特点。

1)以极快的速度阅读文章,寻找字面上或事实上的主要信息和少量的阐述信息。

2)可以跳过某个部分或某些部分不读。

3)理解水平可以稍低于正常阅读水平。

4)根据文章的难易程度和阅读需要不断灵活地调整阅读速度。

略读时可以运用以下六种技巧。

1)运用意群视读,不求理解所有词句,也不求理解所有细节,只求以最快的速度掌握文章大意。

2)要利用文章细节,如文章的标题、副标题、小标题、斜体词、黑体词、脚注、标点符号等,对文章进行预测略读。预测略读要了解作者的思路和文章模式,以便把握大意、有关的细节及其相互关系。

3)以正常速度阅读文章开头部分(开头一、二段),力求抓住文章大意、背景情况、作者的文章风格、口吻或语气等。

4）以正常速度阅读每个段落的主题句。主题句通常位于段首或段尾，偶尔也会位于段中间。注意首句和尾句的内容，以及它们之间的呼应关系。抓住主题句就等于掌握了段落大意，细节则可略去不读。

5）以正常速度阅读文章结尾部分（结尾一、二段）。文章的结论句通常位于文章的结尾部分，是作者总结全篇中心思想、表达写作目的的常用手法。

6）注意语气转换词和序列词等信号词。这些信号词通常能够透露作者的真意或者语义关系。常见的表达语气转换的词有以下三类：表示"转折或让步"关系的词，如：но，однако，однако，но，хотя，злоба，несмотря на 等；表示"递进"关系的词，如：с другой стороны，сверх того，кроме того，помимо 等；表示"序列"关系的词，如：во—первых，во—вторых，окончательно，на последнем месте но не самое меньший，на последнем 等。

此外，针对不同体裁的文章，除了掌握以上略读的基本技巧之外，还应注意以下四点。

1）对于记叙文，要以时间为线索，通过其基本要素——"кто，что，когда，где и почему，как"等——来掌握事件或者故事梗概。

2）对于议论文，要掌握其三要素：立论、论据（要点）、结论或观点。

3）对于科普和社会科学类文章，则应掌握：成就/成果、性能/影响、用途/目的等。

4）对于应用文体，如书信、广告、通知、便条、图表等则应注意其格式和表达主体、目标读者、主要信息等内容。

（四）猜测词义

阅读俄语文章时难免会遇到生词，如果一遇到生词就查字典，必然会减慢阅读速度，也会打断读者的思路，影响理解文章的连贯性。总之，时断时续的阅读必然影响阅读的质量和效率。那么，如何处理好生词以消除其对阅读理解和阅读速度的影响呢？根据不同的情况，阅读时遇到生词可以采用不同的应对措施。阅读中遇到生词，经判断该词无关紧要，不会影响对全文的理解，不必深究，可以忽略。如果所遇到的生词不解决的话，就会影响对本句甚至对全文的理解，就需要首先弄清词义，然后继续阅读。在这种情况下，猜词的技巧就非常重要。俄语教学大纲阅读技能（чтения искусство）部分明确要求学生具有猜测重要的新词词义（Дедуцировать смысль малознакомых ключевых словарных деталей）的能力。词汇的猜测主要有两个途径：一是根据上下文线索（контекст）推测生词或短语的意义；二是利用俄语的构词（слов—образование）知识来推测词义。

1. 根据上下文线索猜测词义

通过生词或短语所在句子的语法关系和上下文的线索来猜测词义（угадывать смысль слова）是提高阅读效率的重要手段之一。下面通过实例来介绍根据上下文猜测词义的方法。

1）根据定义（определение）推测词义。根据上下文以生词的定义为线索猜测词义是阅读理解中最常见、最直接的一种猜词方法，有时候作者为了让读者理解文中某个词或术语，可能会利用系动词或提示词对该词下定义或利用其他方式作进一步解释。例如：

Золото может быть пожаром уточненным, это, расплавленным и, котор придержанным на температуре на которую другие более менее благородные примеси окислат и плыют к поверхности.

我们可能不知道 уточненный пожар 是什么意思，但是，从后面的进一步解释中，我们就可以理解 огонь доработать 是加热提纯的意思。那么，这句话就可以译为：黄金可以通过高温加热提纯，以使不重要的杂质氧化并浮在表面。

①通过系动词下定义。例如：

A. Товарным знаком будет тавро давало правовую защиту.

如果"товарный знак"是个生词，系动词 быть 后面就是这个词的定义。该词词义为"商标"。

B. Венти ляцией, по мере того как вы знаете, будет системой или серединами обеспечивать свежий воздух. Оно играет очень важную часть в поле инженерства.

此句中"вентиляция"可能是个生词，但"Да"后面是对该词的明确定义。是什么东西或什么手段才能提供新鲜空气呢？所以不难看出"вентиляция"这个词的意思是"通风"。

②通过标点符号，如逗号[，]、冒号[：]、破折号[——]、引号[" "]、括号[（）]

等. 以及提示词 или，例如，что，другими словами，речь，называли，определяется как，значит，решения，считается 等引出同位语或加以解释。例如：

A. Счеты IQ（измерения сведении）группы в составе студенты коллежа старшекурсника были очень высоки во время урагана или другого вроде шторма.

句中括号里的内容是对"IQ десятки"的解释，因此得出其意思是"智力测试得分"，"ураган"的意思由"или"后面引出的同位语中可猜测到是狂风中的一种，确切的词义是"飓风"。

B. Некоторые людей в Индии не едят мясо или рыбы на всех，они вызваны вегетарианцы.

"印度有些人根本不吃鱼和肉，他们被叫做 вегетарианцы"，很显然可以推测出该词的意思是"素食者"。

C. Гавань защищена стеной молы——построенной вне в воду.

港口是用一道防波堤（一种建造到水里的墙）保护着。破折号后的句子进一步说明"мола"是什么。

D. Мальчики объявили длинний подъем вверх по крутойскале мучительный опыт——один налево они дотла вымотали.

男孩们认为，爬那么陡的悬崖真是令人筋疲力尽——也就是说是一种非常累的经历。

破折号后的"одно оставило они дотла после того как оно вымотано，"给我们提供猜测该词的线索，"мучительный"意思是"очень утомительно，утомительно"。

③通过定语从句加以解释。在某些生词或重要的词后，作者用定语从句进一步解释或阐明词义。例如：

A. Комплект книг для детей. Первая книга последовательности，который является одним из самых популярных серии детских историй，——это группа историй про жителей села.

假如"последовательность"是生词，可以从修饰该词的定语从句"最受欢迎的童话故事丛书之一"中找到与它同义的词"серия"，因此可以推测"последовательность"的意思是"丛书"或"系列图书"。

В. Мы любим наш новый дом потому что он имеет немного вязов в заднем ярде, который дает нам тень и держит охладитель дома.

根据定语从句,我们知道"вяз"具有"给房子遮阴、使房子保持凉爽"的作用,就不难猜出"вяз"是一种"树"。

С. …тем не менее, владельцы магазинов, возможно, придется потратить дополнительные часы для решения таких проблем, как воры, которые всегда забрать вещи из магазина, не заплатив за них.

根据"Как вор"后的定语从句"不付钱就从商店中拿东西者"的解释,"магазинный вор"应是指"商店里的小偷"。

2)根据同义词、近义词(синонимы)、比喻推测词义。在阅读时经常会发现,作者为了避免重复用同一个词,或者为了更清楚明了地表达意思,在表达同一概念时,通常用一个或更多的同义词或近义词来解释另一个比较难的词或关键词,或选用词性不同的词或短语来叙述同一件事。这些同义词或近义词为读者推测生词词义提供了线索。因此,阅读时,读者可以通过上下文寻找某个生词的同义词或近义词,从而推测生词的含义。有时,上下文中还会出现像 или. как …как…как 之类的识别同义词或近义词的信号词。例如:

А. Пока еще я говорил не кому, никто—ни будь показалось, что приняло извещение меня; Я стоял сиротливым достаточно, но к тому ощупыванию изоляции былпривыкли.

"изоляция"与上句的"сиротливо"词性不同,但却表达同一个意思:"孤独"。

В. Члены семьи были настолько сердиты что я не рещрешеш остаться далеко от дома до обеда. я рос их действительно напугал меня.

"раж"与上句中的"сердито"虽然词性不同,但很明显是表达同一个意思:"生气"。

С. Старая женщина имеет странную привычку, которую нужно держать над 100 котами в ее доме. Ее соседи совсем вызвали ее ексцентрической повелительницей.

一位老太太养了上百只猫. 有此"奇怪"习惯的老太太当然被邻居称为"古怪的老太太"了。

由 странно 可以猜出 ексцентрическо 是"古怪"的意思。

D. Дромадер, как все животные пустыни, может пойти на длиннее период времени без питьевой воды.

尽管文中没有确切说明"дромадер"是什么,但"как"却提示"дромадер"是一种沙漠耐渴动物。沙漠耐渴动物也只不过是像骆驼之类的动物。

E. Новый налоговый законзаменяет, или заменяет ть, закон который былвсилув прошлом году.

读者可能不知道"отменен"一词的词义,但是作者用"или"引出该词的同义词"замените",读者可以根据常用词"замените"的词义很容易地推测出"отменен"的大概意思,即"取代,接替"。

3)根据反义词(антонимы)推测词义。作者有时候会运用对比的手法来表现事物之间的差异,在进行对比的过程中,作者会用一些互为对应、互为反义的词语表现不同事物的特点。通过上下文的逻辑关系,从对两种事物或现象的对比描述中,读者可以根据其中一个熟悉的词或短语推测另一个生词的词义。

在进行对比描述时,作者常常会用一些信号词来表明另一个词语与前面的词语互为反义。无疑,这些信号词为读者理解和猜测生词词义提供了非常好的线索。利用提示词,运用逻辑推理,读者可以很快地推测句中生词或短语的含义。常见的表示相反或者相对的提示词有:но, пока, тогдакак, однако, но, в противномслучае, несмотряна, злоба, хотя, дажеесли, вместо, хотя, непохожая, вместо, напротивоположности, с другойстороны, однако, неподвижной, темнеменее, контрастом, в конце, сравнил к 等。例如:

① Люсиуправляет деньгразумнопока я делаюнеразумно.

句中"пока"表示一种对比关系,"разумно"与"неразумно"成对比,因此可以确定"разумно"的含义是"велемудро(明智的)"。

②Хотя пациент будет обычноунылые, она показалась счастливой сегодня.

句中的"хотя"表示转折关系,从逻辑关系可推测"унылые"是"счастливо"的反义词,意思是"несчастно(抑郁的)"。

③Не похоже на ее супругумолчаливым, она говорит много.

句中的"молчаливым"和"беседа много"通过"непохоже"形成对比,由此可以推测"молчаливым"的意思是"沉默寡言的"。

④Тимкен, которое пришло позднокаждый разкогда, удивило нас сегодня путем быть пунктуально.

从句中我们得知,"Тимкен"每次都迟到,而今天的表现却使我们大吃一惊。显然,他没有迟到。这样,我们就可以确定"пунктуально"是"准时,按时"的意思。

⑤Она обычно проворна для всего она типы, но сегодня, она приехалав серединеее первый тип.

根据后半句"但她今天第一节课上了一半才到"反向推测,可以得出她平时一"подсказка"是表示"准时"。

⑥В много наций 2 финансово—хозяйственных крайности(极端), от должны огромное богатство.

句中讲到"два финансовых колебаний"(两个财政极端),极端之一是"巨富(большое богатство)",那么另一极端自然是"赤贫(нужда)"了。

4)根据经验和常识(опыт и общеезнание)推测词义。在阅读的过程中,遇到生词时,读者可以根据日常生活中自身的直接或间接经验以及常识性的知识,通过逻辑推理来推测生词的词义。读者平时可以了解一些英美国家的天文地理、风俗习惯、宗教信仰、政治结构、社会制度等,以帮助对文章的理解,增强猜测生词词义的能力。例如:

①Дети обычно пытливы о вещах вокруг их.

句中的"пытливо"如果是生词,根据常识,不难推测其含义是"好奇的",因为小孩对周围的事通常都会感到好奇。

②Иногда напряжение производило нашим страхом настолько большой что мы не можем подавить его. На таких временах нам нужно сливать напряжение путем смеяться над или плакать.

句中"разрядка"的意思可以从上下文的线索,再加上自身的生活经验得以确定,意思是"解除,消除"。因为在生活中,哭或笑常常是解除紧张情绪的表现。

③Если вы стоите вверх в шлюпке, то они могут опрокидывание. и вы найдете в воде.

如果你站在船上,它也许会翻,你就会落入水中。

④Рыба дышает в воде с жабрами.

鱼在水里用鳃呼吸。

⑤Дверь была настолько низка что он ударил его головку на притолока

门太低了，他的头撞到了门楣上。

⑥После того как Ells положили письмо в габарит, она загерметизировала его и одела в штемпель 11.

寄信时，正常的顺序应是把信装入信封，封上口，然后贴上邮票，根据常识可以猜出"печать"是"封口"的意思。

5）根据上下文的因果（причина и следствие）关系推测词义。因果关系是一种行之有效的、能提供生词词义信息的逻辑关系。有什么样的原因就会导致什么样的结果，某一种结果总是由某种原因引起的，结果和原因之间存在逻辑意义上的必然联系。在阅读过程中，读者依据作者在叙述中所提供的因果逻辑关系可以推测出生词的词义。这些常见的表现因果关系的信号词有：в результате，потому что，в，так как，так，таким образом，поэтому，в виду того что, для, последователь, следователь но, приводит к внутри, результат от, для этой причины, соответственно, так···. то, такое··· то 等。通过对信号词所表达的因果关系进行推理，句中生词或短语的意义就不难推测了。例如：

①он не фокус камеры. в результате картина нечеткая.

句中先说"他照相时没有聚焦好"。可想而知，照出来的相片会是什么结果，因此可以推测"в тумане"的含义是"模糊的，不清晰的"。

②Она поспешила из магазина настолько быстро что она с героином в большую женщину с множеством пакетов и почти получила постучанной сверх.

句中"почти получите постучано сверх（几乎倒下）"说明了她"столкнулся с（撞到）"的程度有多大，因此可以推测"героин"的意思是"猛烈地"。

③Вал бытьсократить для его мешает взглядво встречном направлениидвижения.

这棵树之所以要被砍掉是因为它"妨碍或阻挡"迎面驶来的车辆的视线。

④В виду того что я не смог позволять для того чтобы закупить первоначально картину, я купил реплику.

"с тех пор"引出的从句是原因。"因为我买不起那张原画"，既然不是原画，那么就不难推测生词"реплика"应是一张"复制品"。

6）根据上下文的例子（пример）推测词义。为了阐明某一种重要观念或某一抽象概念,作者会采取举例的方式对该观点或概念进行说明和解释,使读者理解得更具体些,这些例子就成了读者理解文章生词的重要线索,通过对所举例子的理解.可推测出生词的含义。常见的引出例子的信号词有：например,примерывключают, таких, как, как, мнение, включая, иллюстрируют, из, специально, специально 等。例如：

① на следующий день после отыха джонсон, это ужасно. Вчера, например. он съел 2 чашки супа, салата, большого цыпленка, и части торта шоколада прежде чем он окончательно удовлетворялся.

从下文加以说明的具体事例中可以推测,"жадность"的含义是"饥饿"。

② Майк должно быть очень обильно. Он носит дорогие одежды и ювелирные изделия, управляет автомобилем с откидным верхом Роллс—Ройс, и имеет $1,750, идом в холмах Беверли.

从后面的例子中可以推测"обильно"的含义是"富有"。

③Выберите любые из этих журналы: Кассета времени, еженедельникновостей, Гости Ридерза дайджест или《нью—йорка》.

选择任何一种期刊,如：时代杂志,新闻周刊,读者文摘或纽约人。

这里不难看出"журналы"是期刊的总称,其他的是例子。

④Она изучает глаукому и другие заболевания глаза.

她研究青光眼和其他眼科疾病。

从上下文中可以推测出"глаукома"是属于眼病一类的。

⑤Некоторыми груз снесенный кораблямитаких, какпоставки угля, масла и воиска(军用物资), пока другие везли только пассажиры.

таких, например, как, например,等词组往往用来说明前面较生僻的名词。此句根据"таких, как"列举的"поставки угля, масла и воиска"就不难推测出"груз"是货物(煤、油、军用物资等)。

⑥··· вырезывание больших RA1ON ов пущи также причиняет проблемы окружающей среды, таких, какокружающей среды пустыня и смерти больше и больше животных.

"экологические проблемы"是什么问题,看看"таких, как"列举的"沙漠的扩大"、"越来越多的动物的死亡"就知道是"环境问题"。

7）根据相关信息（Родственная информация）推测词义。利用句子或文中的相关信息，找出它们之间的内在联系。

①смитбыл теперь сердит… еще раз он летал в раж.

史密斯先生现在生气了……史密斯先生又一次发火了。

"又一次"重复的应该是同一种或相关的动作。因此，"летел в раж"应该是"生气或发火"的意思。

②Передрассмотрением. Тим было очень слабонервно. Его удар сердца быстро и руки сотрясали. Он реально имел странноефобияю принимать рассмотрение.

考试之前，Тим非常紧张，心跳加速，手发抖。他对考试有一种病态的恐惧。紧张，心跳加速，手发抖，都是一种惧怕的症状。从考前紧张以及相关的症状信息中，可以猜到"фобия"是一种恐惧感。

8）根据重述猜测词义。重述常用句子形式来对前一个词进行解释。它是用另外一种较容易的说法来表达相同的意思。如：

Я отказал чашку кофеего, котор он предложил потому что он дал мне инсомнию. Как только я выпил немного кофеего, я считал бы его трудно упасть уснувше.

从第二句的解释中即可猜出"инсомния"的意思是"失眠"。

通过文章的上下文来推测词义是一种重要的阅读技能之一，我们要在阅读过程中有意识地培养这种技能。掌握这种技能不仅有利于提高阅读速度，而且有助于理解阅读材料和扩大词汇量。

2. 根据构词法（слов—образование）认识生词

掌握英语单词的构词法，了解词的结构，通过已知的成分推出未知词的含义，这是在英语阅读中遇到生词时猜测词义的另一个有效途径。同时，在学习英语单同时，对词汇进行构词分析有利于记忆、理解和掌握词汇，对扩大和巩固词汇量能起到事半功倍的效果。英语单词的构成有多种方式，其中最常见的是复合法（смешивать）和词缀法（аффикс）。复合法是把两个或两个以上的词按照一定的次序排列构成新词的方法。用这种方法构成的新词叫作复合词（смесь）。词缀法指的是在一个词的词根上附加一定的前缀或后缀构成一个新的词。利用词缀法构成的词叫作派生词（производный）。词缀分为前缀与后缀。一般来说，前缀改变词义，后缀改变词性。

1）复合词。复合词以名词、形容词和动词为主。它一般分为主从复合词和并列复合词两大类。

①主从复合词。复合词中的不同词根或词干之间具有主从关系,即一个是主导词根或词干,称为主从复合词。例如:复合词 доска(黑板)中的主导词根或词干是 совет(板),从属词根或词干是 чернота(黑)。再如:ручной тележка(手推车)、спальня（卧室）、обои（墙纸）、светокопия（蓝图）、страдающе дальтонизмом(色盲)、обозите(眺望)、обелить(粉刷)、точн—смотреть(美观的)、собственн—критицизм(自我批评)等。

②并列复合词。复合词中的词根或词干之间具有并列关系的,即具有平等地位的,称为并列复合词。例如:复合词 соквартирант(室友)是由两个词根或词干 комната 和 ответная часть 构成的,具有并列关系。再如:абажур(灯罩)、человек—амфибия(蛙人)、мечтать(白日做梦)、медовый месяц(蜜月)、лунный свет(月光)、горячая линия(热线)、капли дождя(雨点)、зубная паста(牙膏)、глухонемой(聋哑的)、ветрянка(风车)、пожизненно(终身的)、обратная связь(反馈)、землетрясение(地震)、авторское право(版权)等。

③复合词的含义。多数复合词的整体意义与该词的构词成分的词义有密切联系。阅读时遇到有些复合词时,可以结合上下文的意义从构词成分的各自含义中推测出复合词的含义。如上面列举的复合词的含义都与构词成分的各自含义有关。再如:головная боль(头痛)是由 головка(头)和 боль(疼痛)组成的;книгоед(书虫)是由 книга(书)和 глист(虫)组成的;биологические часы(人体生物钟)是由 биологические(生物的)和 часы(时钟)组成的。

但是,有些复合词的词义并不是由构词成分意义的简单相加而得来的,也就是说,从构词成分的字面意义看不出该复合词的词义,甚至与字面意义相去甚远或者毫不相干。

例如：белыйслон(没用的东西)　　невинная ложь(没有恶意的谎言)

　　зеленая рука(新手)　　дилетант(没有经验的人)

　　парник(温室)　　кукушка(乌鸦)

　　черные овцы(败类)　　хлопотун(爱管闲事的人)

　　канцелярская проволочка(官样文章)　баклажан(茄子)

　　яйцеголовый(知识分子、理论家)　няня(临时替人照看小孩的人)

заборняня（持观望态度者）　　отмычка（万能钥匙）

холодный прием（冷淡）　　шишкой（大人物）

плоть гусыни（鸡皮疙瘩）

2）派生词。英语中有许多单词是由词根或基本词加前缀或后缀或加前后缀构成的，因此，派生词包括前缀派生词、后缀派生词及前后缀派生词。词根表示词的基本词义，词根（或基本词）加上不同的前缀或后缀可以构成许多不同意义的新词。例如：поступок，如果你知道 поступок 这个词根的意义是"行为，行动，活动"，同时也了解 вновь—、взаимо—、перевозки、—акция、—ли、—бодр，или、—нпп、—或 или 等前后缀的意义，你就会认识许多新词，如 прореагируйте，реакция，взаимодействуйте、актер、активно、сделки 等新词。比如，медведь 作动词时表示"忍受"，给它加上后缀 способно 构成 терпимо，变成形容词，指"可以忍受的"；再给 терпимо 加上前缀 оон—，构成 невыносимо. 其含义就变成了"不能忍受的"。从这个例子可以看出，前缀改变了原来的词义，后缀改变了原来的词性。多字母单词不易记住，但如果从构词法分析入手，记单词难的问题就容易解决了。如单词 автобиографично（自转的）的构词分析是：автомобиль（前缀：自己）＋био（词根：生命）＋граф（у）（词根：书写）＋ical（形容词后缀）。据此分析，再长的单词也能轻而易举地记住了。

通过一个派生词的词根和词缀来判断它的含义，也是在阅读中猜测生词的常用方法。因此，只要懂得词根的含义以及前缀和后缀的意思，阅读中遇到生词的难题就能迎刃而解了。而且，掌握构词法可以帮助你理解和记忆单词，并成倍地扩大词汇量。如果要通过词缀法（前缀，后缀）来判断词义的话，就必须对词根和词缀有所了解，否则，无法进行词义猜测。除了基本词外，俄语中还有许多由拉丁文或希腊文的词根构成的单词。这种词根不多，意义简明，如果能够记住这些词根的话，就能很容易地分析和猜测出数千个单词的基本意义。

（五）浏览

浏览是一种快速阅读技巧，而不是我们平常所理解的那种不求甚解的泛泛而览。浏览法能扩大视野，丰富知识。在我们的阅读过程中，有些文章不需深钻细研，有些阅读材料只需要知道大概内容即可；有些阅读材料只需从中选择一些有用的资料即可。这时候阅读的主要方式就是浏览。浏览是一种初读，属于对精读的准备,以便在通读的基础上选择精读的内容。通过浏览,读者可以丢开一些文中不值得细读的部分,这样就省下了时间认真阅读真正需要的学习材料。浏览阅读是一种我们应该给予充分应用的阅读技巧。下面我们将详细介绍浏览阅读技巧的四个方面。

1. 推敲篇名

篇名(包括书名)往往概括了文章的主要内容,或者揭示了文章的基本论点,论述的范围,只要稍加琢磨就可以有初步的了解。

2. 浏览序、目录、提要、题解、要点、索引

序(包括跋,后记)有自序,他序之分。自序偏于说明作者宗旨,撰写经过,编写体例等,还可就书中的重点和难点作简要的阐述。他序常常对作者,作品作介绍和评论,或对书中的观点作引申和发挥。序能帮助读者了解书中的主要内容。

目录,是书的纲要。从目录,章节的大小标题中,读者能了解到全书涉及哪些主要问题,目录不仅仅是供检查哪章内容在哪页上,它从整体结构上显示内容的总轮廓。而且浏览目录有助于决定进一步的阅读方式,或全读,或选读,或不读。

提要,即内容提要,又称内容简介。它是关于图书内容及其特点的简明扼要的介绍文字。它能帮助读者概括地了解书的内容和把握书的要点。浏览内容提要后还得看看书的其他部分,才能获得客观的结论。

题解,多是就文章的题目对内容进行概括的解释。一般是介绍作品的背景、意义、影响,作者的基本情况,作品最初发表的时间和刊物的名称等,有的还对作品做出评价或按读者对象的不同做一些具体的分析。题解一般用在文选等比较严肃庄重的著作中,有的像注解放在文章的后面,有的在同一页正文后面加线条用小字号表明。题解能帮助读者正确理解与把握作品的内容。

要点,有些书写有要点,这是各章节的提要,它概述各个章节的论述要点。看要点,能了解作者在各章节中表述的基本思想。

索引,一般作为附录出现。浏览索引能了解书中接触的人名,地名或问题,能看到作者写这本书的主要材料来源和根据,了解这本书的大概内容。上述要浏览的几个项目,除目录外,不一定是每本书都有的,如果有,都应该浏览,通过浏览这些内容,对全书的概貌就有了比较概括的了解。

3. 浏览正文

首先要读开头的一部分，这一部分往往是文章的引论部分。作者在这里提出论题、论点，以及研究本课题的意义、目的。或者指出本文的叙述纲要和叙述方法。了解这些可以对后文的内容进行判断，对理解全文有重要作用。其次要读中间段落部分，章节中的主题句。最后，要读结尾部分。结尾部分有时以结束语的形式单独列段。作者在这一部分对全文论述的问题加以简明扼要的归纳、总结，是作者展开论证的结论。读结束语应细心，如果与开头部分加以对照读，印象会更深。

4. 浏览完毕，要合上书回忆所得，形成总的印象

如果要发掘值得深究的问题，应及时捕捉，或做卡片记下，或进一步阅读。

可见，浏览是一种很重要的学习方法。在一定时间内要使用很多书，而又不能把它们细读的情况下，可用浏览法；阅读与自己专业毫无相关的其他书，可用浏览法。浏览可以开阔眼界，增长知识，扩大知识面。要想有广博的知识必须学会浏览法。浏览是一种多方面应用的技巧浏览的速度必须适应读者的目的。下列各种类型的浏览，阅读时，每一种都要求不同的速度和中心。

1) 教科书。在学期正式开始前将教科书总的浏览一下，随后对轮到指定阅读的每章也浏览一下，为更快的更仔细的阅读打基础。

2) 报纸。报纸的新闻编写是为了便于浏览。新闻标题就是结论。第一段就是概要。后续各段的报道内容是按重要性递减的顺序排列的。阅读一张报纸可先读大字标题和每篇文章的第一段，然后浏览其余各段，只要在感兴趣的地方读的较仔细一点。

3) 小说。浏览一本小说有种实际用处，尤其当你把小说当成课程，不是作为消遣是更是如此。如果你选定了一本小说，你可以从头到尾浏览一遍，看故事，找情节，找背景，找人物刻画，找结论。你甚至可以从第二遍，第三遍浏览中得到益处。一遍为了进行默想和构思，一遍为了进行评价和批评。

浏览时应该注意的问题：

1) 根据不同的内容选择不同的读书方式。书籍、文章有重要次要之分，一般作品可供浏览，只对于其中精彩片断进行精读；重要著作，一般应该精读，但其中部分章节浏览即可。可视不同的内容和需要灵活掌握。

2) 浏览时，速度应适中。如果没有一定的速度就不能用较短的时间阅读广

泛的内容。但另一方面,如果一味走马观花,追求速度,结果必然会印象模糊。因而,既不能太慢,也不可过快。

3)浏览,并不是马马虎虎,随随便便的看看。同样应该开动脑筋,边想边读,使记忆积极从事活动。浏览时,涉猎东西多,重复的机会多,许多知识自然而然会变成自己的库存,但不要忽略主动地有意识地留下记忆的痕迹。

4)除了勤于动脑之外,浏览时也要勤于动笔。把有的资料都保存下来以备不时之需。

总之,精读时固然要下功夫,浏览时也不可忽视,不要粗心大意。

(六)长句子

阅读理解在目前国家等级考试中占有极高的分数,在阅读材料中,有很多长句子十分影响理解,有时甚至是无从下手,因而导致阅读题目的正确率偏低。对于如何破解阅读理解当中的长句子,我们给同学们提供一下阅读技巧。

1. 巧妙创建断点

习惯了句式结构简单的中文的我们一见到俄语长句子,难免感到不适应,这是很正常的事情。很多人读到句子一半时就被复杂的从句搞晕了,还有的人等读到句子后面的内容时,前面的句子已经忘得差不多了,还得重新返回去再读。其实,俄语的长句无非是几个内容相关的短句用连词连在了一起,所以,我们只需将句子断成几个短句就可以了。

在创建断点时,没有必要非要按照句子中的标点符号来断,要谨记:句子语义的完整性才是判断断点的唯一标准。

1)Вы вспоминаете все те леты/когда научные работники поспорили что курить убил нас/но сомневающимся настаивал на том, что мы не знаем?

以上被断分成的三句话意思都是完整的。而这里为什么不能断在"помню"后面呢? 因为"тыпомнишь"翻译成"你还记得",这时感觉这句话根本没有说完。而只有断点在"лет"后面时,前面内容翻译成"你还记得在那些年吗?"这时才感觉到这句话的意思完整了。同样的道理,我们不会在"утверждал"后面设置断点,因为"科学家们认为……"感觉这句话根本没有说完整。而只有说到"科学家们认为吸烟将会杀掉我们"时才觉得这句话说完了。

在实际阅读中,还可以根据自己的水平来确定文章的断点。也就是当自己感觉大脑里记住的信息太多时，把正在读的最后一个意思说完整后就可以断句。

这种自由转换的阅读方式，可以使读者根据自己的俄语能力自由地调节阅读的停顿，不用拘泥于语言本身的标点符号。

2）это соотношение будет время/которая максимизирует числопотомков/индивидуал будет иметь и следовательно число экземпляров гена /передано.

这句话可以被理解为：那样的性别比率是有利的/增加了后代的数量/一个个体将会有也因此许多复制的基因/被遗传。

看到这个句子，不需要想谁修饰谁的语法结构，只需要像中文那样按顺序理解意思即可。

2. 学会适当加词

当我们把一句俄文断成几句中文短句之后，简洁所省略的内容在断句后就会显现出句子翻译的不完整，这时就需要根据中文理解的习惯进行加词，使句子意思更为完整。

在给句子进行加词时，要注意所加词一般都是些没有具体意思的连接词，即恢复从句中省略掉的部分使句子的意思更为完整。这样既让前后句子比较连贯，还不会影响句子的整体意思。

1）То соотношение полов будет о полов /увеличивает число выходцев /индивидуал будет иметь и следовательно число экземпляров гена /передано.

适当加词后为：那样的性别比率是有利的/（它的优点在于可以）增加了后代的数量/一个个体将会有也因此（产生了）许多复制的基因/（这些基因是通过）遗传（得到的）

这样加词后，句子的意思明显完整了，比较能清晰地表达意思了。

2）Однако, эволюционировало ли такое чувствосправедливостьнезависимовкапуциныи людях, илиследствиемли оно общаяяродоначальниц которую вид имел 35 миллионов леты тому назад, пока еще, неотвеченный вопрос.

断句后可以分解成下面的句子：①但是，是否感受到公平，这个计划是独立在 капуцины 或是人类之中；②或是否它来自于共同的祖先；③物种生活在三千五百万年前的；④而是一个没有答案的问题。

加词后，意思就会更为完整：①但是，是否感受到公平，这个计划是独立在

уцины 或是人类之中;②或是否它来自共同的祖先;③(而这个祖先是)物种生活在三千五百万年前的;④而(以上的这些疑问)是一个没有答案的问题。

加词的目的仅是能让我们连贯句子的语义,使意思理解得更为合理。因此,在加词的过程中可以大胆地加入一些原文没有写出的含义。一些比如"是不是""有没有""能不能"这样的在中文中根本没有实质性意思的词语可以随意地加入句子中,而不会改变原句的意思。

3. 理顺句子语序

在读俄语句子时,只有感觉到句子中前面所说的"什么东西/什么人"后面出现说这个东西/这个人"怎么样"的时候,这时一个语意才算是说得完整,就可以在后面断句。而在读句子时,如果"什么东西/什么人"后面还没有出现相应的"怎么样"的描述时,这时我们要意识到前面的句子内容还不可以结束,必须等到后面出现了相应的描述后才可以设置断点。这就是正确的俄语句子语序。

Более трудно для того чтобы установить ли виток урожайности бизнесмены принимают они председательствует над для реального.

1)Более трудно для того чтобы установить(这一点)是很难确定的。读到这里时,感觉到一个意思已经表述完整了,可以在这里停顿了。

2)ли виток урожайностито(是否这次生产力的革命……)后面出现了明显的从句的主语"бизнесмены"。根据我们所讲的语序习惯,"是否这次生产力的革命……"怎么样了的描述还没有说完,而后面另一个语义的主语又出现了。这时,我们应该提醒自己前面语义还没有完整。带着没有完整的这段意思,先理解后面的内容。

3)бизнесмены принимают они председательствию сверх 商人们认为他们领导了(这次革命)。当读这里时,感觉语义完整了,可以在这里断句。

4)дляреального(……是真的)出现的"для реального"正好和前面没有下文的"ливитокурожайности"组成完整的描述"这场生产力的革命是否是真实存在的呢?"。到此,断句的过程在脑中完成。

这句话正确理解为:①(有没有这种说法这一点)是很难确定的;②这场生产力的革命是否是真实存在的呢? ③商人们认为他们领导过(这场革命)。

语序的运用可以有效地提醒我们句子的整体性,特别是在那些主语和其的叙述内容在一句话中间隔很远的时候,一遍就读出句子的前后逻辑关系。语序的掌握从根本上解决了对于句子结构分析的依赖，使我们可以做到在第一遍就轻松理解句子中的各层意思，而且绝对不会彼此混淆。以上的 3 个技巧如果能够在阅读中灵活运用，一遍读懂英文长句子是可以实现的。

（七）观点和事实

能够在阅读过程中区分出观点和事实，是能够顺利完成阅读理解的一大技巧，往往在阅读过程中增加同学们对于细节的把握，最终提高阅读理解分数。在培养出同学们判断观点和事实的能力之前，首先我们给大家介绍观点和事实的定义。所谓事实，是指已经发生或者存在的一种客观状况。或者说一个事实是可以被证明或对或错。而观点则是表达个人看法、判断、信念、情感态度、价值观等。常表现为推论、预测、结论等各种主观表达方式在阅读理解考试中，关于观点和事实的题目往往以此形式出现：

1）Из following поистине /ложно /упомянуто?

2）Делает получку сочинителя наименьшее внимание к?

3）Выберите правый заказ случаев уступанных проход.

4）Все following заявления могут быть поистине /ложно за исключением?

5）Из following не результат …?

6）Из following самое лучшее характеризует главным образом характеристику…?

7）Из following карты /диаграммы дают правое положение …/отношение …?

8）Из following карты показывает правую дорогу получить к…?

9）Из чертежи ниже дает идее… как?

下面，我们着重给同学们介绍如何在阅读过程中快速准确地区分出文章中所要表达的观点和事实。

1. 辨认主要的事实或观点

辨认细节属客观理解。辨认细节要求读者寻找支撑主题思想的那些主要的事实。细节的辨认又分直接辨认和间接辨认两种。

1）直接辨认。细节的直接辨认不要求读者对客观的事实作解释或判断，只要求他们从阅读材料中直接获取信息。同时还要求读者记住重要的细节，在必要的时候（作判断、推论或结论的时候）能准确而迅速地将它们回忆出来。

2）间接辨认。间接辨认不仅要求读者能从阅读材料中直接获取信息，还要将获得的信息用同义词或近义词的形式复述出来。

大学俄语等级考试中设计的同义转换理解题,就是测试考生间接辨认细节的能力,即检测考生的句义复述能力。具体的要求是为阅读材料中某些词汇、短语及句型等找到正确的俄语释义。

2. 快速辨认和记忆事实或细节

1)查读法(сценнирование)。查读是在读者对材料有所了解的情况下进行的。查读的特点是带着问题寻找答案。①用略读的方法通读材料,对原文有一个大概的了解,掌握其主旨;②按文章的体裁,如按记叙文、说明文和议论文等及作者写作的组织模式及有关的信息词,如 например, первое, второе 等预测应该到何处寻找自己所需要的事实;③把主要精力放在寻找你所需要的细节上。快速通篇跳读,眼睛自左至右,自上而下呈 Z 型扫视,直至找到你所需要的部分。待找到你所需要的部分时,可放慢速度,细读要查找的内容。

2)按段落的组织模式阅读。作者为了表达某一主题,往往按照一定的思维方式把具体阐述的细节组织在一起,使它们之间具有密切内在联系,成为一个结构严谨、层次分明、形式与内容一致的语义整体。作者按照一定的思维方式把具体阐述的细节组织在一起的思维方式叫作段落模式。

常见的段落模式有下列几种:

①列举型段落。作者列举时常采用简单列举、熟知顺序列举和主次顺序列举 3 种方式。

②时间型段落。时间型段落都有明显的信号词。如 во первых, после этого, потом, вскоре послето, последне, следующе, после, перед, на последнем, окончательно 等。略读时,通过上述信息确定是否为"时间型"段落,然后按时间信息词的先后顺序进行查阅,寻找有关的细节。

③空间型段落。作者在空间描写时往往借助一些表示空间位置的词,如 налевойстороне, направе, наверхнейчасти, выше, ниже, перед, позади, около, надругойстороне, в центре 等。

④分类型段落。常见的信息词:разделите в, пролом в, виды, виды, типы, типы, группы 等。

⑤例证型段落。常见的信息词:например, например 等。

⑥程序型段落。常见的信息词:во первых, начать с, после того, потом,

более последнего, следующе, во—вторых, в—третьих, после этого, окончательно 等。

⑦因果型段落。引导原因的信息词：потому что, если, то в виду того что, в результате, причиняет мимо, из—за。

引导结果的信息词：так, поэтому, таким образом, в результате, для этой причины, причина, водит к。

⑧比较、对比型段落。比较信息词：как, сходство, так, такие же, общее каждое, как раз как, или⋯ или, и не только⋯ но также, и, и⋯ и, слишком。

对比信息词：но, однако, но, пока, тогда как, чем, больше⋯ чем, ввместо него, вместо, отличают от, разница, с другой стороны, некоторые⋯ другие⋯, в одно время⋯теперь⋯。

3.得分高招

1)要快速地辨认和记忆事实或细节，就需要恰当地使用查阅的方法及技巧。查阅是在读者对材料有所熟悉的情况下进行的，它的特点是带着问题去寻找答案，它往往与略读综合使用。

2)在平时训练备考中，应学会快速辨认和记忆事实或细节，可用查阅法，即带着问题寻找答案。

3)运用查读法要注意：首先略读阅读材料，将注意力集中在与 кто, что, когда, где 问题有关的细节或数字方面。对一些细节，可一面阅读一面概括归纳，尽力记住这些主要细节，并留心它们所在位置。然后浏览材料及复读阅读材料，复读时通篇阅读，寻找与问题有关的细节。最后解答问题，确定答案。

（八）阅读习惯

在阅读理解考试和平时的阅读中，良好的阅读习惯无疑是加快阅读速度的最佳武器。俗话说："良好的开端是成功的一半。"要想提高学生的阅读能力，特别是阅读速度，必须首先养成良好的阅读习惯。

1.培养良好的阅读习惯，加快阅读速度

1)养成默读的习惯。许多学生在阅读时，习惯于发出每个词的读音。有的学生虽没有读出声来，但内心还是在自言自语、一词一句地有意识地读，严重影响速度的提高。这就要求学生养成默读习惯，通过视觉直接感知文字符号，避免嘴唇的蠕动或低声朗读,以免分散注意力,减慢阅读速度。教学实践证明,正确的默读速度可以比出声地读快两倍左右。

2)养成限时阅读的习惯。如果对学生做题时间不加限制,就会养成他们的优柔寡断、思维慢,而不能适应考试要求。为提高阅读速度,还需限定文章阅读的时间,在规定时间内要求学生有效地获取信息,加快阅读节奏,增加紧迫感,这有利于挖掘学生的阅读潜力,从而为大学英语四级考试等要求在规定时间内高质量地完成限定内容的考试奠定良好的基础。

3)养成按意群阅读的习惯。按意群阅读,就是把在意义和语法结构上有关联的几个词,连接成较完整的信息,组成输入大脑的方法。使用这种方法进行阅读,不仅可以提高阅读速度,而且有利于对句子和文章的整体理解。而有的学生往往习惯于逐字阅读,或用手指点读,唯恐遗漏文章内容,这样既减慢了阅读速度,又不能准确地理解全文,而只停留在某个单词、短语或句子上,使所获得的信息支离破碎,最终导致理解上的偏差。

2. 精选阅读材料,增加阅读量

英语课程要力求合理利用和积极开发课程资源,给学生提供贴近学生实际、贴近生活、贴近时代的内容健康和丰富的课程资源;要积极利用音像、电视、书刊、网络信息等丰富的教学资源,拓展学习和运用英语的渠道。因此,大学生在日常的学习中应该遵循以下阅读原则。

1)广泛性原则。阅读材料在题材方面应包括名人轶事、历史传说、民间故事、寓言、幽默小品、日常生活、新闻报道、社会背景、政治经济、史地常识、科普文章、英语国家的风俗习惯等,要求灵活多样,在体裁方面则应叙述、描写、应用、说明、议论等文体皆备。

2)时效性原则。所谓时效性,不仅指所选材料要讲求时效,还应该注意材料选用的时机。教师选用阅读材料时要注意选用富有时代特征的,对人们生活有重大影响的,贴近学生现实的材料,同时应特别关注各个领域的最新信息和研究成果,如国内外时事、中东问题、航天技术、纳米技术、世博会、奥运会、环境问题、资源问题、人口问题等方面的内容。虽然这些文章在知识难度上可能高于学生的认知水平。但由于是热点问题,学生通过报刊、电视等各种媒体已经熟悉相关话题,因此在教师的帮助下,他们完成阅读任务不会有太大的困难。

3)趣味性原则。尽管阅读要求多元化,可是教师也必须考虑到大学生所处的求知欲旺盛的年龄段。他们常常对自己熟悉或感兴趣的内容比较关注,因而教师要充分利用这一特点。通过各种途径搜集学生感兴趣的阅读材料。当然,选材时要避免体裁和题材的单一化。

同时,在阅读中同学们还应着重注意以下两点。

第一,注重背景知识的积累。英语背景知识即是英语国家的历史地理、政治制度、社会文化、风俗习惯等文化背景知识,它是影响阅读能力特别是理解能力的一个重要因素。根据语言学的有关研究。阅读理解有两种方式:语言图式和知识网式。知识网式是指用背景知识去理解读物所传递的信息。也就是用读者头脑的知识去理解、消化、吸收文章的信息。因此,要真正读懂一篇文章,掌握文章的中心思想,并能利用文章提供的信息来进行判断、推理,除了要有一定的语言知识外,还要有一定的背景知识。而由于东西文化的差异,政治制度、风俗习性等的不同。学生往往在阅读英美读物时,由于对其所涉及的地理、历史、文化、风俗、政治、经济、科技等方面的知识缺乏了解,而导致理解困难。如下面这段话:

"Почему вы не идете к церков?"Спросил министру не—прихожанина.

"вау, я расскажу тебе. первый раз, когда я ходила в церковь, они сбросили воду в мое лицо, и второй раз они связать меня с женщиной, я постоянно с тех пор.""Да."говорит министр, "и ты пойдешь в следующий раз они выкинут грязь на тебя."

想要充分理解这个语篇,那么学生在阅读时必须知道"他们把水泼到我脸上"这句话引申含义指的是,父母将新生儿抱到教堂洗礼时,牧师将水泼到小孩脸上,这是西方宗教的一个传统习俗;"他们把我和一个女人系在一起,从那以后,我一直照顾她。"这句话指的是,在教堂举行了婚礼,"系在一起"指的是不离不弃;"他们要向你身上撩土"则指人在去世以后由牧师做最后祈祷并向棺材撩土之后再进行埋葬的文化背景知识。如果读者不熟悉英美国家的宗教文化背景知识,就会导致理解受阻。

第二,注重英语思维模式的构建。英语思维就是用英语思考。是相对于英语非母语的人在交际时运用其母语进行思维,而后通过翻译把思维的结果译成英语而言的。英语思维是对所学英语语境的运用,是所学知识结构的表达和语言技巧的综合表现,会全面体现英语教学的效果。而实际上,许多学生在阅读英文时仍摆脱不了中文的思维模式,因而无法正确理解文章。对此。教师应利用各种方法积极营造"真实、本土"的英语学习环境,帮助学生建立正确的英语思维。

(九)常见大学阅读考试技巧

阅读部分通常的提问题型有以下几类。

1. 要旨型

1)主题问题。文章的主题指的是文章所谈论的话题和讨论的对象。有的文章涉及多个话题,但总有一个是主要的、中心的话题。从形式上说,主题是用词或词组高度概括的论题范围。阅读时,考生可从两个方面把握主题:第一,文章结构。一般来说,文章都遵循一头一尾一中间的法则。"头"即篇首的段落,指明阅读的方向。"尾",即篇尾的总结段,对全文进行总结或回顾,也助于检查理解。"中间"就是作者对主题进行阐述、分析和推理的过程。主题句常位于"头"或"尾"之中。第二,文章的内容。注意分析作者是围绕什么中心组织材料的,作者的笔墨集中于什么人或事。

2)主题思想问题。文章的主题思想是指作者通过具体的题材内容,运用定义、阐述、说明、分析、推理等手段反映出一个根本的能概括全文的思想,包括作者的认识和评价。从形式上说,它是用句子来概括文章的主题思想。有的文章主题思想表达得比较直观,可以利用主题句来确定。有的文章主题思想表得很隐晦,散落在陈述句或情节句中,需要进行归纳总结。有时,作者为了强调中心信息,会重复使用核心词或关键词,抓住这些词也有助于确定主思想。

3)标题问题。标题是对文章主题思想的精辟概括和提炼,一般以词或词组形式出现,以句子形式做标题的相对少些。确立标题可分俩步:①先找出主题句;②选取与主题句中的关键词相同或相近的词或语做标题。没有主题句的文章,考生需先概括主题,分析选项中哪个意义上最具涵盖性,在形式上最具标题的特点。

2. 细节题

细节题通常对文章的某一部分进行提问。它针对文章中的时间、地点、人物及有关的性质、特点、数量或数字等提问,要求回答 когда,что,гед,кто,как,который,почему 等问题或根据有关内容进行判断。下面就一常考题型的回答技巧作一个简单的分析。

1)暗示型。以这类方式提出的问题常常使用同义词转换法，对应参照词或代词使考生对阅读内容和问题产生模糊印象。以指代判断为例：指代是避免重复，连接上下文的一种手段，用可替代的词去指代上下文中出现过的词或句子。按替代词的词类分，指代包括代词 этот, тот, те, эти, они 等和相应的限定代词 весь, все 等；名词指代，多见于同形、同根、同义名词等。

2)间接型。这类问题的提出者有时只给一部分事实，让考生自己续出相应的事实，使某事实完整或确切。更多的时候，提问者不直接提出问题而是绕弯子，特别是涉及时间、距离和数据等的提问时。

3)辨异型。这类问题的提出者通常拿出一些似是而非的事实和一些复述原文内容的问题，让考生去判断。正误判断题通常提出几个与文章有关的选项，其中一个正确或错误，或只有一个是或不是文章提及的内容，做题时要明白文中事实，即时间、地点、人物、事件等。

3. 推断题

推断题是考查考生根据文中已知信息及全面的内在联系，通过合乎逻辑的推理判断，得出文中并未说明之新信息（包括事实、观点、结论等）的能力。推断题大致分为以下几种类型：

1)推断作者的写作意图。客观地分析作者的选材及加工处理素材的方式。因为作者对题材的提取和组织都是为其意图服务的。作者写一篇文章，或者要陈述一件事，或者要解释一个问题，或者要论证一个道理，或者是给人娱乐，或者是提出警告、建议，总要有一个明确的意图。再有就是体会作者字里行间透出的语气和笔调，也有助于推断其意图。

2)推断作者的态度。在文章中，作者会通过直接或间接的语气描写、修辞手段来表达自己对文中人、事、物的态度，笔端流露的感情是肯定还是否定，是赞赏还是批判，是客观还是主观，是同情还是厌恶等等，常成为测试点。同时考生还需注意文中出现的直接表达感情、态度的词语，体会作者的措辞。

3)推断作者的观点。作者的观点是指作者在文章中直接表达的对某个具体事实的看法和见解，或文章中隐含的作者的思想倾向。做这类题要注意以下几点：①区分哪些是事实，哪些是观点；②分清哪些是别人的观点，哪些是作者的观点；③注意作者观点的隐含表达。转折词 но, однако, тем не менее 等后面常引出作者的观点；④在立论性的文章中，作者通常开门见山地陈列观点，或通过推理论证在篇尾自然地引出观点；而在驳论性的文章中，作者通过先摆出别人的观点，继而否定它，再亮出自己的观点。

4）对文章前后内容的判断。所谓文章前后内容是指该选段前面谈及的部分和其后将谈及的内容。通常上篇的内容与主题句关系密切；而下篇的内容则与结尾有关。

5）对文章来源和体裁的判断。所谓文章的来源，是指文章的出处，是选自小说、报刊、杂志，亦或是科技论文、演讲报告、书报评论等，涉及哪方面的内容，语言有何特色，可从字面寻找蛛丝马迹帮助选题。判断体裁则应留意其写作特点及所谈内容，因为故事、评论、演讲、广告等都有各自的特点。

4. 词汇题

这类题主要是推测词的语境意义，是词汇在特定语篇中的特殊含义。要求考生在阅读的过程中，从对语篇中的信息、逻辑、背景知识及语言结构等的综合理解出发，猜测某些生词、难词、关键词，或熟词派生的新义。这种猜测词义的方法往往包括上下文的词义关系，辨认词的表义与含义，分辨词义的感情色彩等。

1）利用词义关系（包括词的包含关系、反义关系和同义、释义关系）。根据信号词 наоборот, с другой стороны, тем не менее, кроме того, хотя 等判断反义词的词义；信号词 значит, является, представляет собой, то есть 等后面的部分通常是对某一词汇的定义、解释和说明；信号词 например, как 等引导的例词也可帮助理解。标点符号也是一条重要线索，因为有些词汇的定义和解释是通过逗号、冒号、破折号、括号等来完成的。

2）辨认词的表义与含义。词的表义指的是词本身的确切意义，是字典中所给的释义；词的含义指的是词的引申意义，是人们通过词的表义进行联想而产生的更丰富、更深刻的意义。

3）区分词义的褒贬和词的感情评价色彩。词的褒、贬含义也不是固定不变的，同一个词在不同的上下文或语境中有不同的含义。此外，还应注意到有的词有感情评价色彩，这使得语言丰富多彩，含义深刻。

因此，考生平时需要加强阅读技能方面的训练。一方面要依赖于足够的阅读实践，在阅读中学会阅读；另一方面，要主动地运用认知策略，理性地改进阅读方法,积极提高阅读技能。为此应做到下述九点。

第一,语言基础知识要扎实牢固。语言基础知识是阅读理解能否准确无误的关键。语言基础知识除了语音知识以外,主要还包括词汇和语法两方面知识。词汇量的大小、语法掌握程度等会直接影响阅读水平。

第二,扩大知识面和文化背景知识。在阅读过程中,语言基础知识固然是阅读的基础,但文化国情知识的差异往往会对读者形成文化干扰,造成阅读短路。因为每篇文章都包含俄罗斯的文化、历史、习俗、政治、经济、名胜等各种背景知识,还涉及科学技术的专业知识。它们都是影响阅读的因素。如果不具备这些知识,必然会影响到对句子、段落以及整篇文章的理解。因此,在日常学习过程中,应有意识地去扩展自己的知识面。

第三,激发阅读的兴趣。兴趣是最好的老师。因此在平时的阅读过程中,应该尽量选择自己比较感兴趣的话题的文章来读。另外,还要选择适合自己外语水平的文章:即生词量不是很大的,乍一看比较容易看懂的文章来读。

第四,掌握有效的阅读技巧。要养成良好的阅读习惯。平时要多朗读、背诵精彩的段落和文章,以培养语感,更重要的是要掌握一定的阅读技巧。比如可以利用意群阅读法。

一篇文章是由若干个意思群组成的,切忌逐字阅读,而要根据意思群来读。要在阅读中不断地总结,略过次要,抓住重要信息,提高阅读速度。还要抓住整体信息。对于一篇文章,要做到既能找到与上下文呼应的语言结构,又能体会到字里行间的潜在含义;既能了解文章的局部含义,又能抓住文章中心思想,从而对整篇文章达到较高层次的理解。

第五,增加阅读量。阅读能力提高的有效途径是靠大量的阅读实践实现的。课外阅读量越多,对语言的基本形式(诸如语汇、语法和句型)就越熟悉,理解也越好。

第六,利用上下文内容、自身生活经验、一般常识推断,或根据实例进行归纳、分析。在阅读中,有时会遇到一些不认识的单词或短语,这时不要孤立地看问题,要利用它们与上下文提供的内容或实例的联系,找出它们之间的相互联系,不仅能猜出不认识的单词的意思,而且有助于理解整篇短文。

第七,利用构词知识进行猜测。俄语构词法有着极强的规律。很多词可以利用加前缀、加后缀的方法,构成新词。如果掌握了一定的构词知识和技巧,就不难猜出由同一词根构成的单词的意思。所以掌握构词知识对阅读很有帮助。如:учить 这个词中的词根 учи—可以加前缀、后缀构成不同的词,还有词根 уче—,加后缀可以构成不同的生词。Учить—научить,выучить,заучить,учитель(учительница,учительский),уче—учение(ученический,ученик,ученица),учёба(учебник,учёный)等。

第八,利用同义词或近义词关系猜测词义。在一些文章中,作者为了表示同一事物,又为了避免重复,经常使用同义词或近义词。在这种情况下,我们可以利用这种同义词或近义词关系从熟悉的单词推测出不熟悉的词语的含义。如,俄语中关于各种"鞋"的词语很多:在学习 обувь(鞋)一词时,就可以通过归纳总结让学生想到 ботинки(半高腰皮鞋)、тапки(便鞋)、сапоги(高筒皮靴)、кеды(高腰球鞋)、сандалии(凉鞋)、кроссовки(旅游鞋)、шлёпанцы(拖鞋)等词。

第九,利用反义词或反义关系猜测词义。有时作者为了说明不同的人和事,就利用反义词来进行描述,以产生对比的修辞效果。我们在阅读文章时,对不认识的词,可利用上下文的反义关系,猜出它的意思。这就要求我们在平时的学习中重视反义词的学习,对我们学过的生词,专门归纳总结,找出它们的反义词。这对阅读水平的提高大有好处。

第五节　翻译教学

翻译是一种把某种语言所承载的信息转换为另一种语言的等值信息的处理过程或者是用一种语言将另一种语言所表达的内容和形式重新再现出来的活动。翻译活动的范围很广,涉及门类也多种多样。就其源语言性质,翻译可分成汉语译成外语(简称"汉译外")和外语译成汉语(简称"外译汉")两种。就其翻译形式和工作方式来说,又有口头翻译和笔头翻译之分。下面结合教学从修辞手段、翻译语序及俄语新词等方面谈一谈俄译汉的几种方法与技巧。

一、修辞手段

修辞问题是语言的重要组成部分,也是翻译中不可或缺的问题。在俄译汉过程中,首先应考虑俄语原文的语体特点,做到"信",同时又要通过各种方法使我们的表达更加符合汉语言的习惯,做到"达"。翻译时我们可以采用以下四种修辞手段。

(一)运用四字成语

四字成语是汉语特有的语言现象,汉语中有数量相当大的四字词组,其特点是:语言简洁,结构严整,形象生动。翻译时,在符合原文内在含义和修辞特点的基础上,适当地运用一些四字成语,能增加语言的表现力,使译文更确切地传达原文的内容,更符合汉语言简意赅的修辞习惯。其特点是短短4个字可以表达深远的含义。如表示人的喜悦和高兴时,我们常用下面的一些四字词组:兴高采烈、心花怒放、喜气洋洋、喜形于色、欢欣鼓舞、满面春风、笑逐颜开、眉飞色舞等。在俄译汉翻译时,只要四字词组应用得当,的确能使译文语言简明畅达,更符合我国读者的语言习惯,但是同一个思想内容,可以有各种同义表达手段,所以我们绝不能把四字词组的地位绝对优越化。译文应选择四字词组还是选择一般的词语来表达,在很大程度上决定了语言环境及具体的四字词组所包含的修辞特点等。下面就具体例句来谈一下四字词组在俄译汉中的应用。

1. 使译文通顺流畅,更符合汉语修辞习惯

俄语原文中某些词语仅仅按照字面含义来翻译,虽然有时也能把其基本意义表达出来,但是这样的译文往往生硬晦涩,若能选择汉语中适当的四字词组来表达,不但可以确切地传达原文的思想内容,而且可以进一步使译文通顺流畅。

【例 4-5-1】

Дружба бывает разная. Есть такая дружба, когда люди живут душа в душу, но есть и такая дружба, когда люди живут пососедски, но в гости друг друга не зовут.

(友谊有各种各样的。有这样的友谊:人们推诚相见;也有这样的"友谊":大家是邻居,但是互不往来。)

(试比较:……人们生活得很投契……但是彼此不请来做客。或:……人们亲切地相处在一起……但彼此都不串门。)

【例 4-5-2】

Но, конечно, люди делают историю не так, как им подсказывает

какая—нибудь фантазия, не так, как им придет в голову.

（可是，人们当然不是凭什么幻想，不是<u>随心所欲</u>地来创造历史的。）

俄语中要用一个句子"как им придет в голову"才能表达的内容，在汉语中只用一个四字成语"随心所欲"就能概括地表达出来。这样就达到了言简意赅，结构严整的修辞效果，使译文增色。

（试比较：……不是要怎样就怎样地来创造历史的。）

【例 4-5-3】

На всю жизнь я хлебнул сладкого и горького.

（我这一生<u>酸甜苦辣</u>都尝过了。）

（试比较：……甜的和苦的都尝过了。）

【例 4-5-4】

Чем разумнее, бережливее мы будем вести хозяйство, тем.

（我们的经济管理越合理，越<u>精打细算</u>，我们计划中的每一项指标也就能够完成的越好。）

（试比较：……越节约，……）

2. 使译文生动活泼、更富于形象

俄语中有些词语，如果在翻译时用一般的汉语词语来表达，虽然修辞上也很通顺，可是译文却不传神，缺乏生动活泼的形象。这时若能找到合适的四字词组来表达，就会使译文生色不少。

【例 4-5-5】

В это мгновение в комнате стояла тишина, можно было слышать.

только дыхание людей.

（这时房间<u>鸦雀无声</u>，可以听到的只有人们的呼吸声。）

（试比较：这时房内一点声音也没有……或：房内静悄悄的……）

【例 4-5-6】

Ветер бесился изо всех сил, тучи быстро бегали по небу, Заслоняя.

луну, но всё же было довольно светло.

（风声<u>嘶力竭</u>地狂啸着，乌云飞快地在空中飘动，遮掩住月亮，然后四周却依然相当明亮。）

"声嘶力竭"地狂啸着比"拼命地"或"用全力"地在狂啸着更富于形象。

【例 4-5-7】

Это только здесь, на юге весна не уходила даже в декабре.

（只有在这里，在南方，十二月还是和暖如春。）

（试比较："十二月春天还不离去"或"十二月里还有春天"）

3. 使译文在意思的表达上更加深刻

翻译不同于创作，可是它却是原文艺术的再现。有时在原文里虽是平常的词句，可是在上下文理解起来，却是意义深长，只按字面含义翻译，译文会索然无味。汉语中某些四字词组如果能适当地加以利用，可以使译文更确切地传达出原文深远的含义。

【例 4-5-8】

У Достоевского есть фраза:《По первому впечатлению, она》.

（陀思托耶夫斯基有过这么一句话："在初次的相遇时，我对她就一见倾心了！"）

（试比较：……我不由得爱上了她。）

【例 4-5-9】

Ему до сих пор кажется, что его имя известно всей Софии и что он знаком со всем городом.

（到现在他还觉得他的名字在索菲亚是妇孺皆知的，而且整个城市他都熟悉。）

（试比较：……大家都知道。）

4. 使译文语言精简

汉语中有些四字词组所包含的意义是很深远的。有时俄语中可能要用一个很长的句子才能表达的思想，而汉语中则用一个四字词组就能把它综合地表达出来，这样译文语言就会更简洁，更符合汉语的修辞习惯。

【例 4-5-10】

Ну вот, тогда сам и выбирай, чего душе твоей угодно.

（那么，一切就悉听尊便了。）

（试比较：……你认为怎么好，就自己来选择吧。）

【例 4-5-11】

Вода озера так чиста, что можно видеть дно.

（湖水清澈见底。）

（试比较：湖水如此之清，以至于可以看到底。）

5. 使译文表达得更确切、更具体

俄语中有些词语若按其字面含义译成汉语，则译文意思模糊，难以理解，在这种情况下，为了使译文能表达得更确切，可以在汉语四字词组中选择适当的同义表达手段来表达。

【例 4-5-12】

С тоскою подумал Воропаев, где же остановиться и с чего начнутся его первые шаги в этом, так на себя непохожем, полуживом городке.

（伏罗巴耶夫忧郁地盘算着，在这个面目全非、半死不活的小城里，他将到什么地方去安身，以及一开始他应该做些什么呢？）

如果译成："在这个一点也不像自己的、半死的小城里"就很费解。

我们谈到四字词组在翻译中的技巧时，并不是说只有四字词组才能使译文达到简练、形象和通顺流畅的目的，选择普通的词语同样也可以达到这个目的，只是四字词组的这一特点表现的更突出而已，如果不考虑原文所表达的思想内容、修辞特点而在译文中滥用四字词组，就会弄巧成拙，造成一种面目全非的译文语言。

（二）运用正反义的修辞方法

正反义词是客观事物矛盾通过思维在词汇中的表现，是汉语词汇宝库中特有的一种词语。它的修辞作用主要是最适宜地提示事物深刻的矛盾，表现事物的全面性。俄语用的只是一个正面词或反面词，翻译时补上一个正面词或反面词更符合汉语的表达习惯。

【例 4-5-13】

Трудящиеся отлично знают, кого любить и кого ненавидеть, они проводят чёткую грань между правдой и неправдой.

（劳动人民爱憎分明，是非界限清楚。）

（试比较：劳动人民最懂得应该爱谁恨谁，他们在是与非之间有一条明确的界限。）

【例 4-5-14】

Качество сырьевых материалов, безусловно, сказывается на качестве продукции.

（原料质量的<u>好坏</u>必然反映在产品的质量上。）

（试比较：原料质量必然反映在产品的质量上。）

【例 4-5-15】

Организация строительных работ в значительной степени зависит от следующих условий.

（施工组织<u>是否得当</u>在很大程度上取决于下列条件。）

【例 4-5-16】

Правильная постановка вопросов определит успех дел.

（问题提得<u>正确与否</u>会决定事情的<u>成败</u>。）

由此可见，俄语中只是一个普通的词或词组，翻译时可以根据整个句子加以引申，用正反义词来表达，或利用"好坏""是否""与否""能否"等手法构成正反义合成词组，既忠实原文的内涵，又会使译文形象生动，还会起到增强表现力，使行文简洁凝练的修辞作用。

（三）同词异译，异词同译

1）俄语中有时一个动词同时与两个词搭配，若照样译出，则会文理不通。这时，为了符合汉语词的搭配习惯，应根据上下文将这个词分译为两个词，使之分别适应与这两个不同的词的搭配，即同词异译。

【例 4-5-17】

Всё это провело к сепаратизму, к полному разрыву.

（这一切<u>导致</u>了分离主义，<u>引起</u>了彻底决裂。）

【例 4-5-18】

С поднятием шарового тела уменьшается его скорость, следовательно , уменьшается и его кинетическая энергия.

（随着球体的升高，它的速度在<u>下降</u>，因而，它的动能也在<u>减少</u>。）

2）俄语语句中为强调某一成分的意义，有时并列使用几个意义相近的词语，翻译时往往把它们合并，只译出一个词语，其他的略去，即异词同译。

【例 4-5-19】

Павел не останавливался на этих успехах и достижениях, он упорно и настойчиво работает над собой дальше.

（巴维尔不满足于这些成绩，继续顽强地提高自己。）

【例 4-5-20】

Если можно, относитесь к нему без насмешки и неприязни.

（如果可以的话，请您不要轻视它。）

【例 4-5-21】

Наступили весёлые и радостные дни.

（欢乐的日子来临了。）

（四）褒贬抑扬，选词形象化

俄语中大部分词在修辞上是中立的，本身并不带有褒贬色彩，但特定的语境同一些词语结合起来使用，就具有褒贬意义，翻译时要从汉语中选取适当的词，将其潜在的褒贬色彩确切地翻译出来。

【例 4-5-22】

Но одного этого для объяснения такого пышного расцвета вредительства——мало.

但是，仅仅这一点还不足以说明为什么暗害活动是如此猖獗。（расцвета）意思是开花，繁荣，极盛时期，在这里译为贬义词猖獗，形容敌人所做的罪恶勾当）

【例 4-5-23】

В то время каждый день приносили известия о новых поражениях нашей армии, о новых успехах вражеской армии.

当时每天都传来我军又一次失利，敌军节节得逞的消息。（ycnex 意思是成功，在这里译为贬义词得逞）

【例 4-5-24】

Прогрессивные силы всего мира будут сдерживать агрессивные силы.

全世界进步的力量将抵制住侵略的势力。（сила 意思为力量，在这里分别译为力量和势力）

二、语序处理

俄语为综合性语言，它可通过词形本身表示各类语法关系，词序、语序相对灵活；而汉语为分析性语言，语法关系主要依靠词汇手段和词语顺序予以表示。

较之俄语，汉语更注重时空、因果的语序排列，更强调言之有序、言之有理，言语先后顺序往往遵循一定的规律。俄汉两种语言词序的排列顺序，有时是完全相同的，而有时则是不同的。翻译中，按照俄语的语法关系理解了原文的思想内容以后，要善于根据上下文的逻辑联系摆脱原文语法的束缚，灵活地应用汉语的语言知识重新组织汉语译文的句子结构。只有这样，我们才能做到"既要进入原文，还要跳出原文"，从而既忠实于原作的内容与风格又符合汉语的语言运用规律。

俄语翻译理论家 Л. С. Бархударов 在《语言与翻译》一书中指出："移位法（перестановки）是一种翻译转换法，即在译语中变动原语成分的位置。可以移位的成分通常是词、词组、复合句中的分句和话语中的独立句。"因此，有时可采用顺序的翻译方法，而有时若依照原文词语顺序翻译，往往不符合汉语习惯，为此需要酌情采取"移位"法来翻译。

（一）顺序翻译

只要原文的行为顺序和逻辑关系符合汉语的表达习惯，就不改变原文结构，按照原文顺序翻译。

【例 4-5-25】

Всякая сила действует в некоторых направлениях.

任何力都作用于一定的方向。

【例 4-5-26】

Он исследовал эту проблему и перешёл к следующей.

他把这个问题研究完之后，就转向了另外一个问题。

【例 4-5-27】

Контролёр потребовал от молодого человека, чтобы тот предъявил билет.

验票员要求年轻人出示车票。

（二）逆序翻译

1. 俄语部分修饰语逆序翻译

【例 4-5-28】

Все наши рабочие и технические работники теперь борются за выполнение плана производства.

我们<u>全体</u>工人和工程技术人员都在为完成生产计划而奋斗。

【例 4-5-29】

Малые，средние и крупные предприятия чем—то своеобразным отличаются.

<u>大中小</u>企业各有特色。

【例 4-5-30】

Эти корденсаторы должны устанавливать с соблюдением требований пожарной безопасности.

安装这种电容器，<u>应</u>符合<u>安全防火</u>的要求。

例 4-5-28、4-5-29、4-5-30 局部逆序翻译，主要是因为俄汉语修饰和搭配习惯的不同所致。

2. 俄语时空意义的逆序翻译

1）汉语中"年、月、日"的排列顺序通常在俄语中按照"由日到年"的顺序排列，这些时间单位译成汉语，应取汉语的习惯说法做逆序翻译。

【例 4-5-31】

Величайший русский поэт Александр Сергеевич Пушкин родился в Москве 26 мая 1799 года.

伟大的俄罗斯诗人亚历山大·谢尔盖耶维奇·普希金<u>1799 年5 月26 日</u>生于莫斯科。

2）俄语中表示多个地点，若不使用表示专有地名的用语，通常将表示大地点的词语作为小地点的定语，并后置，即"由小到大"，译成汉语应做逆序翻译，即"由大到小"。

【例 4-5-32】

Мы едем в больницу в центре города.

我们正前往<u>市中心的一家医院</u>。

3）俄语被动句中行为客体的逆序翻译。由于俄、汉语被动句应用范围的差异，翻译时不仅要考虑俄语使用被动句的因素，而且还要注意汉语的表达习惯。俄语在强调行为客体或行为客体所接受的行为时，往往用行为客体作主语，使用被动句。但是，如果作主语的行为客体实际上不能有意识地发出动作，其在汉语使用习惯上往往不宜用作主语。因此，在翻译时根据需要，大多把俄语里用第五格名词表示的行为主体译成汉语里的主语，俄语里的主语译成汉语里的宾语，同时将被动句转换为主动句。

【例 4-5-33】

Особенно большая работа была развёрнута военным комитетом в аримях северного фронта.

军事委员会在北方战线各集团军中做了特别重大的工作。

【例 4-5-34】

Я надеюсь, что моё разъяснение будет спокойно, без всякой предвзятости выслушают всеми присутствующими.

我希望在座的各位能心平气和、不抱任何成见地听我的解释。

4）复合句中主句与从句的逆序翻译。翻译复合句，首先必须弄清主句与从属句之间的关系，明确全句的重点，并在此基础上，选择适当的表达手法。俄、汉语句子排列次序不尽相同，翻译时不要受原文句序的束缚。有时，俄语复合句的表达顺序与汉语相反，按照汉语的语法特点或句构形式，前后位置应该是对调，这时可以采用倒译法，从下译起，逆序而上，使之符合汉语的表达逻辑。

【例 4-5-35】

А страдать от этого я стала в самом начале, когда мои знания были близки к нулю, а именно тогда , когда начала накапливать их и когда с приобретением каждого нового факта стала понимать, как многого мне не хватает.

最初，当我的知识近乎零时，我并不因此而感到痛苦，而恰恰是当我开始积累知识，并随着获得每一种新的知识且我开始明白有很多知识还缺乏时，我才感到痛苦。

【例 4-5-36】

Отец не может заставить сына помогать матери, если сам лежит на диване, когда жена моет стеклянную посуду.

如果妻子刷碗时，父亲躺在沙发上，那么他不能强迫儿子帮妈妈干活。

【例 4-5-37】

Я всегда старался отойти, когда он начинал такие разговоры.

他每次开始这种谈话时，我总是竭力走开。

三、俄语新词及其国情背景

俄语新词的产生主要通过两大途径：一是语言本身已有的构词资源产生的随机词，二是引进外来词。

（一）随机词（окказионализм）及其语言国情背景

随机词又称作者个人创新词，它们一般由语言大师或新闻工作者所创造，为达到其加强言语修辞之目的，它们给读者带来的新鲜感和独特性常常保留很长一段时间。语言是文化的一面镜子，是国情的集中反映。20世纪90年代初，随着苏联的解体，独联体的诞生以及俄罗斯联邦作为主权国家的出现，相应地在报刊中出现的随机词则从社会政治、经济形势、社会风气等各个角度向读者展示了一幅幅惟妙惟肖的俄罗斯风土人情画。作为俄语翻译，学习和研究俄语报刊中的随机词对我们了解俄罗斯社会生活中的典型现象大有帮助。

【例 4-5-38】

Надежды рухнули，испарились в буднях катастройки.

希望破灭了，它们在灾难性的改革的日常生活中随风飘走了。

随机词 катастройка 由 катастрофа（灾难）和 перестройка（改革）拼凑而成，反映该词作者对俄改革的不满情绪。

【例 4-5-39】

С большим интересом слежу за начавшейся в России（наконец—то）приватизацией. Много шума о 《 прихватизации 》，《 волчеризации 》 и пр. смешно слышать.

我怀着极大的兴趣注视着俄罗斯已开始（这一时刻终于来临了！）推行的私有化进程。人们对有关"攫夺式的私有化进程""恶狼式的私有化债券运动"议论颇多，听起来令人感到十分可笑。

随机词 прихватизация 由 прихватить（攫夺）以及 приватизация（私有化进程）拼凑而成，虽然两个词仅差一个字母 х，但意思截然不同。Волчеризация 由 волк 以及 ваучеризация（私有化债券运动）拼凑而成。1992年，当时俄罗斯主管经济工作的副总理丘拜斯斯（Чубайс）开始推行私有化债券运动，向公众无偿发放私有化债券（ваучер），因此该债券又称 чубайсер。

【例 4-5-40】

Из поездов высаживают《 продавантов》, раньше, помниться, их называли покупантами.

人们将"小商小贩占领军"从列车上赶了下去(消息报,1993,3,23)

随机词 покупант 由 покупатель(购买者)以及 оккупант(占领军)拼凑而成；而 продавант 由 продавец(营业员)以及 оккупант(占领军)拼凑而成,反映了在俄罗斯列车上做买卖的不良社会风气。

(二)外来词(заимствованные слова)

苏联解体后,俄罗斯在政治、经济改革上效仿西方,实行议会民主,搞资本主义,推行市场经济,大量的西方概念涌入俄罗斯,于是相应的词语也就引进来了。当下俄语中的外来词,主要是来自英语和法语的词汇。外来词的大量涌入[有人说是 нашествие(入侵),наводнение(泛滥)]是当今俄语变化和发展的一个鲜明特点。一定比例的外来词已在俄语中扎根下来。随时关注这些变化,掌握以下类型已约定俗成的外来词是十分必要的。

1. 已扎根下来的外来词及其特有意义

【例 4-5-41】

Рейтинги Ельцина и Зюганова сравнялись.

叶利钦与久加诺夫的支持率持平了。

рейтинг 源自英语词 rating,这个词最早在 1990 年出现于俄罗斯报刊,目前已成为俄罗斯社会常用词,是今天俄语政治领域的基础词。其释义是:某人或某现象与类似的或其他相比,其声望、知名度的数量评估。这个意思是 престиж(声望)或 популярность(知名度)都不能表达的。

【例 4-5-42】

На середину 1996 г. он занимал32—ю позицию в рейтинге российских банков.

1996 年中期该行在俄罗斯银行排行榜上占第 32 位。

目前,рейтинг 由"声望""支持率"又衍生出基于调查统计而得出的"排行榜"的意思。

【例 4-5-43】

Можно нанять киллера, чтобы ликвидировать конкурента.

为了消灭竞争对手,可雇用职业杀手。

从英语中引进的 киллер(killer),不是一般地表示 убийца 的意思,而是用来表示"杀手",相当于 профессональный убийца,наёмный убийца(或 убийца—наёмник),指以杀人为职业,被雇佣的杀人者。

2. 文化、科技方面的外来词

最典型的是 интернет"因特网,国际互联网"(英 Internet)。90 年代新出现的科技方面的外来词,还可举出 нотбуки"笔记本式微型电脑"(英 Notebook),пейджер"BP 机",софтвэр"软件"(英 software),хадвэр"电脑的硬件"(英 hardware),сканер"扫描仪"(英 scanner),клон"克隆"(英 clone)等。

3. 生活方面的外来词

一些词语表示的事物是俄罗斯原先没有的,俄语很自然地使用音译借词的方法,如:чуингам"口香糖"(英 chewing-gun),чипсы"薯片"(英 chip),хот—дог"热狗"(英 hot dog),дюрифри "免税"(英 duty-free),клубмэн"俱乐部会员"(英 clubmen),гунфу"功夫",ушу"武术",等等。

由于翻译所涉及的内容极其广泛,包括军事、政治、经济、科技、文化等众多领域。为此,翻译工作者必须博学多识,不断丰富和积淀自己的知识,加强对外交往和翻译实践,进一步提高翻译技能。

总之,翻译是一项综合性的系统工程,翻译工作者首先要成为"杂家",懂得的知识越多、越广越好。同时,要成为一名好的翻译,除了要有深厚的母语和外语的功底以外,还必须掌握一定的翻译方法和技巧。翻译的过程是两种语言的转换和对译的创作过程。这就要求我们对母、外两种语言进行对比、分析、研究,并从中总结二者之间进行转换和等值信息处理的规律。

第六节　国情与文化教学

语言国情学作为一门独立的学科已经确定,并得到了越来越多人的承认与重视。从社会文化的角度出发,把语言教学与语言中的文化因素和国情学相结合,促进语言教学,提高人们的交际能力。所以,我们在教学过程中要注重国情知识内容。

1971 年,苏联维列夏金和科斯托马罗夫首先提出用俄语讲授国情的观点。

此后,他们合著了一本书《语言与文化》,书中详细地论述了语言与文化的相互关系,俄语语言国情学因而得到了迅速发展。语言国情学作为一门独立的学科已经确定,并得到了越来越多人的承认与重视。这一学科是以社会语言学的理论为指导,从社会文化的角度出发把语言教学与语言中的文化因素和国情学相结合,以促进语言教学,提高人们的交际能力。语言国情学是专门对那些与国情密切相关的语言现象进行研究,是对所学语言和使用语言的民族文化背景知识之间的关系进行研究的一门学科。

随着语言国情学的产生和发展,人们逐渐认识到要想把语言作为一种交际工具来掌握,就必须在学习语言的同时,了解该语言国的国情知识。换而言之,也只有掌握了相关的国情知识,才能具备真正得体的语言交际能力。

每一个国家有各自相异的国情。一个词、一句话在汉语中使用起来很合适,而在俄语中却不尽然。词汇意义正确,语法结构合理的句子,如果违背国情,从交际的角度看就是错误的,因为它达不到交际目的,这一点在交往中表现得尤为明显。从国情教学角度进行分析,我国现行专业俄语基础教科书中,存在着以下这三个方面的问题如下。

1)反映俄罗斯语言国情知识较少并且内容陈旧,尤其缺少反映当代俄罗斯人民生活现状及民族文化内容题材的文章。

2)有关俄罗斯国情的内容不充实,较重要的俄罗斯民族特有事物和现象没有反映出来或缺少必要的国情注释。

3)课文中包含的俄罗斯国情知识内容不准确,甚至有些情况完全是按照中国人习惯来理解俄罗斯特有的事物。

因此学生在通过基础阶段学习后尽管对书本上的语言基本掌握,但往往在实际运用中,却无法进行得体交际。所以,我们在教学过程中要注重国情知识内容。大致有以下三点内容。

第一,以在俄罗斯现实生活中常见场景为背景,以国情知识为内核,突出实用性。

场景主要包括:相识、城市交通、就餐、住宿、购物、休闲娱乐、突发状况等。应根据基础阶段俄语教学的目的、任务和特点,紧密结合语言教学,通过教科书,向学生传授一些最基本的最必需的国情知识。例如在《城市交通》题材中应包含俄罗斯城市主要交通工具种类(例如:автобус,трамвай,троллейбус,метро, таксі），各式车票及购票的方法，俄罗斯各种车站（例如：стоянка，остановка，вокзал，станция）的不同称呼等。基础阶段为了培养学生听、说、读、写几方面的基本交际能力，需要向学生传授一定量的文化背景知识，这样一来既可以帮助学生真正掌握和理解所学的语言知识，又能使学生较好地运用所学语言表达思想，进行得体交际。

第二，重视文化背景，注重历史、文学等主题的了解。

例如在介绍莫斯科时，我们除了应该知道红场、克里姆林宫、瓦西里升天大教堂、大剧院、特列季亚科夫画廊、国家历史博物馆、阿尔巴特大街等著名景点之外，还应该了解它的地理位置、政治地位、历史沿革以及与之相关的重大历史事件和人物。

第三，注重文化对比，根据我国民族文化特点，对具有明显文化差异的俄罗斯特有事物和现象加以注释，以避免学生在学习过程中对其理解产生偏差和误会。例如 берёза，тройка，хлеб и соль，Волга 等含有文化背景知识的词汇，应加以必要的国情解释。再比如讲授俄罗斯餐饮的时候，可以把中西餐的餐桌礼仪、饮食习惯、特色菜肴、制作方式等进行对比介绍，加深记忆。

语言是文化的载体、文化的镜像。人类所存在的文化现象都可在语言中得到反映，语言与国情文化是密不可分的。语言是文化的一部分，是语言系统所构成的国情文化系统的要素之一，也是一种交际工具。因此，在讲授语言知识的同时，必须使学生了解一些该语言国的国情文化知识。国情文化知识包括的内容很广，诸如著名人士生平、著名文艺作品及其社会意义、重大历史事件、风俗习惯、国情地理等都是国情文化背景，它对语言的发展起一定的作用。通过语言教学了解该语言国文化，通过国情文化研究更好地掌握语言。在外语教学中，讲授语言内涵的国情文化教学已成为其重要组成部分，并受到学生的普遍欢迎。

目前，大多数学生对书本上的语言只是基本掌握，但却不具备恰当、得体的语言交际能力，这就需要教师在课堂上强调国情文化知识的传授，注重介绍语言国的国情文化背景。本人认为，在外语教学中应注意以下六方面的国情文化背景教学。

一、基本文化知识

根据需要，向学生介绍一些较基本的文化知识。例如：俄罗斯人的姓名有 3

部分组成,其基本顺序是:

名字(имя)+父称(отчество)+姓(фамилия)。这 3 部分各有其使用范围和特定的功能:人名用于在小范围内区分不同的人,姓氏用以区分不同的家庭,父称则表示是谁的子女。这里需要进行中俄文化对比解释,中国人的名字是可以根据长辈的意愿随意取的,而俄罗斯人取名则只能在固定性别的(某些名字只能用于男性,某些只能用于女性)闭合的范围内选择,不可以自我创造。

使用方面,人们在称呼别人时依据不同的情景选用全称或其中的一部分。姓名的全称一般只用于正式的人物介绍以及各种证件中。

例如:Александр Сергеевич Пушкин родился в 1799 году.

晚辈对长辈、下级对上级、学生对教师以及成年人对同辈、同级、同事中关系不甚密切的人,一般以"名+父称"相称,这种称呼带有尊重色彩。例如:Елена Андреевна,когда у вас будет контрольная работа?

成年人对儿童、青少年或亲近的朋友、同事、同辈的亲属以及儿童、青少年之间一般使用名字的昵称。例如:Миша,Коля,Таня,Оля 等,而正式名字 Михаил,Николай,Татьяна,Ольга 等却用的很少。

例如:Миша,куда ты положил мои книги?

姓的复数形式指一家人、同族人或同姓人。

例如:Приехали Пертровы. 彼得罗夫一家人都来了。

二、部分有背景意义的词

有一些词的"所指"可以分为两部分,即词的概念和词的背景意义。后一部分往往直接反映该语言的国情文化特点。该类词在汉语中找不到对应的词汇,只有通过注释,介绍背景知识才能准确地理解句意。

例如:Раньше то и дело шутили над ней,никто,мол,не решился взять её в жёны. Но она,улыбаясь,ни на кого не обижалась. Кто же виноват,что фамилия у неё такая — лихобаба.

这个句子中 лихобаба 是指人的姓名,如直接就是"李赫巴巴",但其背景意义是来自"лихобаба",意思是"凶狠的婆娘",所以翻译时最好将两重含义表现出来。应译成"伤员们常开她的玩笑,说没人娶她,可她并不在乎,总是一笑了之,谁让她偏偏摊上了'厉害婆娘'这个姓呢?"

例如：В коммунистических субботниках первых годов революции Ленин видел фактическое начало коммунизма，школу коммунистического отношения к труду.

列宁认为革命初期的共产主义星期六义务劳动，是共产主义的实际开端，是培养共产主义劳动态度的学校。该句中 субботник（星期六义务劳动）是指在苏维埃政权刚刚建立之时，为了支援前线的斗争，喀山铁路机车库工人举行了第一次共产主义星期六义务劳动，列宁称为"伟大的创举"。由此可见，含有鲜明国情文化背景的词汇必须加以注释。

但值得注意的是有些词其指名意义与汉语一样，但其背景意义完全不同。例如俄语双语词典中对 печь 一词往往标注为"炉子"。这种标注无疑是正确的，但并不完全。中国人心中的炉子，只能供人做饭取暖，俄罗斯人的 печь，特别是在农村，和中国人的炉子则完全不同，炉子的顶部很平很宽，类似中国农村的小火炕。因此俄罗斯人的 печь 不仅供人取暖，还供人睡觉，存在了这个文化背景知识，下面的句子就容易理解了：Даша с трудом влезла в печь… Здесь было хорошо. 达莎吃力地爬到炉炕上……这里很舒服。

三、文化象征意义的词

所谓象征语，是指通过某一特点的具体形象以表示与之相似或相近的概念，思想或感情，它能引起读者在审美方面很多的联想。中国神话中有"龙"的传说，其形象威严雄伟，它能腾云驾雾，也能翻江倒海，是权力的象征，大海的主宰。中国的皇帝往往被称为"真龙天子"。在民间龙又象征吉祥，舞龙灯、赛龙舟是人们喜闻乐见的活动。俄罗斯的童话中也有 дракон 形象出现，但它和中国的龙有不同的含义。按照俄语词典的解释 дракон 的转义是 чудовище в виде крылатого огнедышащего змеи，пожирающего людей и животных（长翅膀，能喷火的食人和动物的蛇状怪物）。所以 дракон 是"残忍"和"无情"的象征。俄国的沙皇无论如何也不允许把自己称为 дракон。可见尽管俄语中 дракон 可以译成"龙"，但绝对不能把二者完全等同起来。

又例如，俄罗斯人心目中的"喜鹊"是个"饶舌妇"，是人们讨厌的家伙，是不祥之兆。而汉语中则相反，汉语中喜鹊是吉祥的象征。民间传说中听见喜鹊叫，将要有喜事来临。只有在了解了这种差异，才能正确理解下面的句子：

А сорока — то судит на ветке под окном не без поводу, срок её вызывает опять невольную скуку по Прохову, который скивается в далёком плавании.

在翻译时应进行解释性的翻译,可译成:不祥的喜鹊不会平白无故地落在窗前的树枝上,听到叫声(安菲莎)不由得又思念起远航的普罗霍夫来,为他担忧。

不了解词表层意义之外所蕴含的象征意义,不了解文化背景上的差异,在教学中和翻译中就会出现以偏概全的错误。

四、风俗习惯常识的介绍

俄罗斯人的生活习惯、风俗习惯与中国人有许多不同之处,对其中比较典型的习惯给学生作以简单的介绍是十分必要的。例如,俄罗斯人的正餐一般由三道菜组成。第一道菜是汤,第二道菜是主菜,第三道菜是甜点等。

再如在俄罗斯婚礼上常喊"Горько! Горько!"译为"苦啊",这就必须向学生说明,俄罗斯人有这样一个习俗,在婚礼上的宾朋高喊"苦啊"就是要求新婚夫妇相互亲吻,用甜蜜解除苦味。

再如在俄罗斯人迎接贵宾的传统礼仪中,用双手托着盘子,上面铺一块漂亮的绣花巾,正中端端正正地放着一个大圆面包,边上放有个小盐罐。把面包和盐献给宾客,表示欢迎和尊敬,就如同我国藏族习俗向客人敬献哈达一样庄重。这在下句民谚中得到了充分体现:

Хлеб—соль ешь, правду режь. 受人款待,应直言不讳。

Без ходьба—соли обедать не садятся. 非请莫入席。

在教学中适当地讲解些习俗会引发学生的兴趣,开拓知识面,从而在同俄罗斯人实际交往中起到更好的效果。

五、成语、俗语、典故、固定词组

某些成语、谚语、俗语、格言体现了浓重的民族文化色彩。它们是语言长期发展的结果,意义精辟,形象生动,耐人寻味。这些固定语如果单纯直译很难明白其含义,往往需要从民族文化的角度来理解。例如:В Тулу со своим самоваром не ездят. (多此一举)。самовар 是"茶炊"之意,Тула 是距莫斯科不远的一个叫作图拉的城市,以盛产茶炊闻名。既然图拉是制造茶炊之地,携带自己的茶炊到图拉,就成了多此一举的行动了。

有些固定词组结合得非常紧密,如 собаку съел 意即"内行",但它与 собаку 和 съел 这两个词义毫无联系。又如 бить баклуши 意即"游手好闲",讲解这种词组应从文化角度分析。我们从俄罗斯民族个性在文化词位中的反映可以了解俄罗斯民族悠久而丰富的传统文化和生活习俗。

六、身势语

身势语是用面部、身体部位的不同表情和手势、动作方式来表达思想的手段,即肢体语言。身势语在不同民族有不同的含义,在教学中要加以讲解,帮助学生加深对句子的理解。

例如:проводить пальцем по горлу 用食指在喉部划一横线,表示吃饱了,不想吃了。

—11—Спасибо! Вот так наелся. — Витя провёл пальцам по горлу.

"谢谢,我吃很饱了。"维佳用手指在喉咙处横着划了一下,表示不能再吃了。又如:развести руками 两手一摊,表莫名其妙,惊讶,没办法。

Увидел у одного из подъездов на лавочке группуподростков,то те сказали, что вообще Витьку не знают. Пришёл домой, развёл руками.

看见楼门口有几个少年,但他们说根本就不认识维佳。没办法,他只好回家。

以上阐述的观点不能孤立地理解和运用,它们之间有密切的联系。教学中国情知识的讲解要注意与整篇课文的内在联系,介绍量不应过于烦琐,以学生理解为准绳。教科书既可作为语言教科书,又可作为国情文化知识教科书。语言教学离不开国情知识的传授,国情知识的讲解又加速了对语言的掌握和实际运用。

(一)语言国情知识与语言联系密切

共同的语言是一个民族的标志之一。语言文化的形成需要经历悠久的历史,也离不开特定的自然环境,因此语言也必然带有风土人情、风俗习惯、地理环境的印记。例如:俄语中的一些词 большевик 布尔什维克,рубль 卢布,водка 伏特加,《Огонёк》《星火》,самовар 茶炊等都有着各自特定的含义,都来源于现实生活,存在于一定社会背景中。再如:Как грибы после дождя(雨后春笋),由于地理环境的不同,俄罗斯人对蘑菇更为亲切。在其语言和文化中"雨后蘑菇"更能形象地表现出蓬勃的景象。

（二）语言国情知识存在俄语教学中

语言作为文化的载体,不可能脱离国情背景来讲授,因此把语言国情知识的讲解与语言教授结合起来是必要的,也是现实的。

1)与精读教学相结合。精读作为教授语言的主要手段,在整个教学中具有极为重要的地位。语言国情讲解应该深入其中,二者的结合同样有着巨大的意义。以往,我们的精读教材脱离国情,并不能真正反映俄国的现实生活、思想动态,致使学生对所学语言国知之甚少,学到的只是汉语似的俄语,并不符合语言的交际性原则。近几年来这种情况有所改善,语言国情知识正逐渐融入精读教学中。

精读教学就是要把语言作为交际工具传给学生,让学生通过学习,了解语言所反映的文化背景,从而了解俄罗斯国家、人民及其他的传统,最终使学生了解语言的内涵,达到语言交流不仅是表达方式上正确,而且表达内容同样也准确无误,学会地道的俄语。

例如:《Поговорим об именах》一文中有这样一句话:В—третьих,по имени и отчеству обычно обращаются к взрослому человеку, в официальной обстановке. 从中我们可以看出,使用名和父称表示尊敬,对长者或不太熟悉的人应使用,在正式场合要用,否则对方会认为你没有礼貌,不尊重他人。俄罗斯人的姓名不同于中国人的,这要求学生能具体情况具体对待,教师在传授知识的同时应注意这一点,教会学生使用正确的称呼。

2)与语法教学相结合。语言国情知识同样也影响着语法教学。学习语法规则就是为了更好地指导语言实践,各种规则也只有在实践中才能体现其价值。

现代俄语语法不能只是空洞的虚架子,各类句子模式要符合俄国人的习惯,符合俄国人的思维方式。如果选择反映俄国实际国情背景的句子为典型模式,就会使学生通过生动示例的不断运用既掌握语法要点,又提高语言能力,也会在一定程度上克服对语法学习的厌烦情绪。

语法作为语言形式,是要通过国情知识这一内容来充实的。语言国情知识有时也会决定语法形式的选择。

例如:Решётка сада \ Садовая решётка покрашена в зелёный цвет.(花园的栏杆染成绿色。)两个答案中哪个正确呢? Решётка сада 确指某个花园的栏杆,Садовая решётка 泛指所有花园的栏杆。与中国的情况不同,苏联当时所有花园的栏杆都是染成绿色的,可见本句中不是确指某个花园。在这里起决定因素的就是语言国情知识,如果我们不了解这方面知识就会出错。

3)与翻译教学相结合。语言是民族的,它与一个民族的文化、传统、社会生活等息息相关。翻译就是要把反映这个民族状况的语言信息用另外一个语言表达出来,从而把信息传递给另一个民族。俄语翻译就是要把俄国人民的生活状况、优秀文化成果、先进科技成就等译成我国语言,丰富我国人民精神文化生活,推动物质生产发展。翻译在国与国间的交流中起着巨大的作用。

翻译要与实践相联系。并不是掌握了基本理论、基本技巧并有一定的词汇基础就能准确地传达信息,要使翻译出的语言达到"信、达、雅"这一基本原则,还有非常重要的一点即对俄国语言国情知识有一定的积累,能真正地理解原文所表达的深层意义。要培养合格的翻译工作者,就必须重视将语言国情知识的讲解融入翻译教学中。可以说,一个对所学语言国情了解甚少的人是不可能成为一名优秀的翻译工作者的。在翻译过程中,往往一个简单的词就会改变整个句子的意思、修辞色彩等,稍不留神就会闹出笑话来。

例如:Уже в первые дни корниловкского восстания пригрозило оно (временное правительство) роспуском революционных комитетов.(Сталин)

(在克尔尼洛夫叛乱的最初几天,临时政府就威胁说要解散革命委员会)其中原文是指起义而这里指 1917—1918 年俄国反革命头子克尔尼洛夫的行动。这里有贬义色彩,因而译成叛乱。如果不了解,直接译成起义则歪曲了原文的意思,也会给不了解俄国历史的初学者留下错误印象。

Метать бисер перед свиньями(对牛弹琴)俄国人认为猪是一种肮脏的动物,而бисер是一种高贵的东西,不应把二者放在一起。如果按字面译成"对猪弹琴",明显就不能为中国人所接受,也不符合"信、达、雅"的原则。

4)与泛读教学相结合。泛读是增长知识、扩大视野的最好方式。泛读课的主要目的在于教会学生阅读方法,扩大学生的知识面,让他们更多了解所学语言国,同时也培养学生的理解能力和分析能力。

现阶段中,泛读往往很难引起学生的重视,大多数学生认为泛读无关紧要,学好精读和语法课就行了。教师要纠正学生的错误观点,激发学生的兴趣,不妨适当地把国情知识与教学结合起来,就会提高学生的积极性,达到事半功倍的效果。事实上各种泛读材料都会反映出该语言国的国情,这些又对信息内容的理解起着巨大的作用。

例如:《Лиса и волк》一文中"Приходит к ней волк: здравствуй лиса, хлеб и соль… дай мне рыбки". 这是通过语言故事来反映人的生活,хлеб да соль 或 хлеб и соль 是逢人就餐时,主客双方都可用的套语,表达意思为:"祝你好胃口!"俄罗斯人认为 хлеб и соль 是日常生活最重要的必需品,他们还用这两种东西来迎接贵宾,表达友好及尊敬之意,这也是俄罗斯人的传统习惯之一。诸如此类的语言国情内容在泛读课中随处可见,如果教师不恰当讲解,恐怕学生很难理解。

以上就语言国情知识介绍与俄语教学相结合的必要性这一问题用俄语教学 4 个具体课型加以说明,其他课型作为教学的组成部分,也是要为最终目的——实现交际而服务的。语言国情知识在其中也同样会发挥着自己的作用。

第五章 互联网下的俄语教学

第一节 俄语教学手段体系中的互联网

随着社会的不断发展,互联网已成为文化信息的集散地,我们要充分认识以互联网为代表的新型媒体的社会影响力,高度重视互联网的建设、运用和管理,努力使互联网成为俄语教学的扩充手段。

一、互联网的快速发展

互联网是世界上最开放的计算机网络,其上信息流动是自由的、无限制的。任何一台计算机只要支持 TCP/IP 协议就可以连接到互联网上,实现信息等资源的共享。而且,计算机之间互联互通的程度越充分,共享信息就越多;开放性越高,互联网所起的作用就越大。

互联网始于 1969 年的美国,又称互联网,是美军在 ARPA(阿帕网,美国国防部研究部署)制定的协定下将美国西南部的大学 UCLA(加州大学洛杉矶分校)、Stanford ResearchInstitute(斯福坦大学研究学院)、UCSB(加利福尼亚大学)和 University of Utah(犹他州大学)的四台主要的计算机连接起来。这个协定由剑桥大学的 BBN 和 MA 执行,在 1969 年 12 月开始联机。1971 年 ARPA-NET 的网点数达到 17 个,1973 年,达到 40 个,而且各网点间可以发送文件。1972 年成立 Internet 工作组,负责建立"通信协议"。1974 年,IP 协议和 TCP 协议问世,合称 TCP/IP 协议,这个协议导致了 Intenet 的大发展。

1986 年,美国国家科学基金会(NSF)投资,在普林斯顿大学、匹兹堡大学、加州大学圣地亚哥分校、依利诺斯大学和康奈尔大学建立 5 个超级计算中心,并通过通信线路互相连接,形成了 NSFNET 的雏形。由于 NSF 的鼓励和资助,很多大学、政府机构甚至私营研究机构纷纷把自己的局域网并入 NSFNET 中,至 1991 年,NSFNET 的子网增加到 3 000 多个,成为 Internet 的基础。到 1993 年,WWW(World Wild Web)和浏览器的开发应用,为互联网赋予了新的魅力,网民在网上不仅可以看到文字,而且可以看到图片、声音、动画等,从此,互联网日益变成一个丰富多彩的全新世界,以超出网民想象的速度获得了快速发展。至 2002 年年底,全世界上网人数已达 6.55 亿人。根据 2012 年 1 月 16 日中国互联网络信息中心(CNNIC)在京发布的《第 29 次中国互联网络发展状况统计报告》显示,截至 2011 年 12 月底,中国网民规模突破 5 亿,达到 5.13 亿,全年新增网民 5 580 万。互联网普及率较上年底提升 4 个百分点,达到 38.3%。

互联网以图像、声音、信息等电子文本作为自己的存在形式,无论是在广度上还是深度上都在我们无法想象的空间中蔓延、伸展,它突破了种族、国家、地区盼界限,真正体现了全球范围内的人类交往,体现了人与人之间的无限互联及无限关涉。

二、互联网的教育功能

互联网提供的无限丰富的教育资源、崭新的教育模式,为教育在网络时代的发展开创了新的空间。互联网的开放性、自由性使教育第一次拥有了最大的广泛性、普遍性、平等性、创新性和终身性。

互联网的教育功能体现在两个层面:一是被动教育层面;二是主动教育层面。所谓被动教育层面,是指身处网络世界的人,每时每刻都会接触到大量的信息,在潜移默化中受到熏陶,在无意识中被动地接受教育,从而实现互联网的教育功能。所谓主动教育层面,是指互联网主体为了满足自身需要,主动地在网络世界里寻找相关资源,自主地在网络中选择个性化教育服务,实现完全意义上的自主学习,完成受教育过程。

互联网的教育功能深刻地影响和改变着社会教育、学校教育和家庭教育。第一,在社会教育领域,互联网主体借助于网络所受到的社会教育要比过去广泛和深入得多,接受社会教育的深度和广度也能得以提升。第二,在学校教育领域,学校教育正在主动适应互联网带来的新变革。一方面,网络化的教育手段已成为学校普遍运用的教育手段,教师进行多媒体教学、网上授课、网上辅导、网上研讨和交流等已较为普遍;另一方面,学生也积极利用网络进行学习、交流和研究。第三,在家庭教育领域,家长对子女的教育也受到网络的影响,他们正在学习使用网络教育平台,以实现与学校教育的互动,更全面地掌握子女的学习情况,更好地为子女的学习提供帮助,如主动地为子女定制个性化的网络教育服务、在网络上学习家庭教育知识、与他人交流家庭教育经验等。

互联网的教育功能将带来传统的教育观念、教育手段、教育内容等方面的全面变革，使许多传统的教育理想得以实现，个性化教育、自主性教育、终身教育等正在网络文化背景下得到迅速发展。这些将为人类知识传播与创造提供巨大的动力。

三、互联网为俄语教学带来的机遇与挑战

（一）互联网为俄语教学带来的机遇

1.改变了俄语教学的传统模式

目前俄语教学的主要形式还是沿用传统的"一支笔、一本书、一块黑板"的课堂传统教学模式。受教育者被动地在一个封闭环境中接受被迫式的"灌输"，由于信息资源的局限性、表达手段的单一性，使得知识结构难以适应当今社会要求。互联网的出现大大改变了这种状况。作为一种极具感染力的传播工具，互联网集文字、声音、图画、信息于一身，能够极大地激发学生的求知欲和想象力，也符合学生要求自主发展的心理，有利于调动他们的自觉性和主动精神。俄语教学可充分利用网络特有的信息动态性、互动性和自由性，促进学生有选择地、自主地接受教育，这样就改变了以往教育工作者需要当面进行教育的情形。同时网络信息的可复制性、共享性、实时性，使全体学生同时接受教育成为可能，这也是传统俄语教学所不可比拟的。

2.拓宽了俄语教学的手段

互联网由于具有传输快捷、信息量大、交互性强、覆盖面广、形式多样等特点，作为一种全新的传播技术和交流通信工具，其影响力远远大于过去电视、广播、报纸等任何一种传播手段。可以说网络的出现是俄语教学创新的重要支点和途径。在网络时代，学生的俄语教育可以融入网络的各种形式当中，学生通过网络这一传播媒体，能快捷、迅速地了解自己所需要了解的内容和第一手相关资源。利用互联网这一平台，教师可以和学生进行实时的、平等的、近距离的交流，俄语教学的环境也由封闭走向开放，这样大大提高了俄语教学的实效性。

此外，网络课堂、网上论坛、电子信箱、视频热线等，都是学生所喜闻乐见的交流形式。如果充分利用网络这些特点和优势，把俄语教学的形式和内容搞得

多种多样、丰富多彩、生动活泼,无疑会大大提高俄语教学作的影响力、辐射力、吸引力和感染力。

3. 突破了俄语教学的时空界限

传统的俄语教学总是受到时空的限制,学生必须集中在同一地点、同一时间接受同一主题内容的教育。这种方式没有顾及学生的语言基础、接受能力以及性格特征的差异,采取的是"齐步走"的模式,这也从根本上违背了教育规律,结果必然使教学效果大打折扣,而互联网能够解决这一难题。互联网是开放的、自由的,它打破了原有的地域,使原有的相对固定的教育对象和教育场所变成了社会性的、开放性的立体式的教育空间,不同学校、年级的学生都可以在网上与教育者进行交流,这在一定意义上克服了传统俄语教学的弱点。此外,互联网的交互性可以使俄语教师及时了解学生的需要和学习动态,有针对性地对学生进行引导,大大提高俄语教学的效果。

(二)互联网为俄语教学带来的挑战

在网络化生存境遇中,挑战与机遇并存,消极性与积极性共生。俄语教学如果不能正视和回应网络社会出现的这些挑战,就不能很好地把握机遇。

1. 对学生自身的挑战

网络的出现虽然能使每一个人同世界各地的任何一个人进行交流,扩大了交际范围,缩短了人与人之间的距离,但是人与人之间的交往存在着机器的阻隔,是一种"人—机—人"的交往形式。

这种交往形式使互动双方的诸多社会属性消失了,带有"去社会化"的特征,与真实社会情境中的社会化相去甚远。这种通过机器符号实现的交流方式,缺乏与人面对面交流的语言表达和身体语言的沟通,阻碍了学生俄语口头表达能力的发展,减少了与人面对面的社会交往行为,这势必影响学生的社会交往与交流能力的发展。

此外,互联网信息传播的特点是高度的图像化,信息高度图像化的倾向往往会导致学生忽视思考,用"看"的方式而不是用"想"的方式来进行学习,忽视了追问事物本质的思维方式的作用,它会使学生过多地依赖信息而忽视实践,往往不认真加以思考而直接到网上寻找答案,这在一定程度上妨碍了学生整体素质的提高。

2. 对教师权威性的挑战

现实俄语教学中,教师的权威主要体现在两个方面:一是身份权威;二是知识权威。在互联网条件下,教师的这两个权威都面临着挑战。

就身份权威而言,在非网络社会,教师的权威地位是由教师职责的性质决定的。在网络空间里,各主体都以相互区别的数字代号平等存在、平等对待、平等交流,教师的权威下降;就知识权威而言,教师作为知识的掌握者,其拥有的知识量、知识范围和知识层次直接限制了学生的学习内容,并进而限制了他们对知识的掌握。互联网的一个重大特点就是传播及时和资源共享。在信息化校园时代,个人或任意的群体都可以以很小的成本获取和处理自己所需的相关信息。

3. 对教学方式的挑战

俄语教学主要采取以教师为中心的单向灌输法,即强调的重点是把知识灌输给学生,课堂教学比较注重知识体系的完整性和逻辑性,但缺乏寓教于乐和生动活泼,往往使学生感到枯燥无味。而在声色俱生、图文并茂、声情融汇的互联网环境里,学生面临着多元的信息选择,呈现出一种更少依赖性、更多自主性的特点与趋势。这样,学生在对事物的认识、理解和接受上,更趋向于相信自己的独立判断。因此,传统的俄语教学方式面临着挑战。

4. 对教学内容的挑战

教师在对学生进行俄语教学时往往是以几本教材和参考书作为内容蓝本,教学内容相对空泛,缺少当代特色。而互联网更新速度快,有关俄语的词汇、俄罗斯国情等教学内容不断更新,这就要求俄语教学无论是课堂教学还是课外活动,都需要在动态变化中不断实现内容更新,紧跟俄罗斯文化的发展,使教育内容更加丰富、全面,在创新中寻求更具时代意义的突破。

四、互联网俄语教学的独特性

(一)教育主体的去中心化

教育主体是俄语教学的承担者、发动者和实施者。教育主体在传统的俄语教学过程中具有明显的主体性特征,对俄语教学的内容、方向、目标、过程、方法和结果都具有较强的控制性和掌握性,在俄语教学系统中具有十分重要的作用并占据中心地位。但是，随着互联网的出现和发展，网络环境下信息极度开放，信息获取机会日益平等，使得互联网俄语教育者的信息占有优势逐渐丧失，过去"不对称"的信息占有状况和信息获取渠道被网络的开放性、平等性打破，教育主体已经不能独占俄语教学的"话语权"，其中心地位逐渐丧失。

（二）教育客体的自主性

与教育主体地位去中心化同时发生改变的，还有教育客体自主性的增强。教育主体的权威性和中心地位的逐渐流失，其实是网络环境下人们主体性扩展在互联网俄语教育中的一方面表现，相对于教育主体地位的去中心化，教育客体则表现出更多的主导权，自主性增强。教育客体也就是学生自主性的增强表现在自由选择是否接受教育、自由选择教学内容和信息、自主选择教学方式方法、主动控制教学过程节奏等方面。

（三）教育介体的技术性

当互联网成为俄语教学的介体时，网络自身所具有的信息技术性必然使得俄语教学介体具备这样的特征，并伴随着教学内容、教学主客体、教学方式的变化。互联网俄语教学是以计算机技术、网络技术、通讯技术、多媒体技术和虚拟现实技术等为支撑的。利用这些技术可以自主交换和传输包括文字、数据、声音、图形、图像、动画等形态的俄语教学信息，彻底突破传统教学方法的限制，从而极大地提高俄语教学的效果。从这个层面上看，技术性不断增强的教育介体是互联网俄语教学最为基础的实现条件。

（四）教学过程的互动多样性

教育过程的互动性，是指作为学生与作为教育者的教师、管理人员等在知识、情感、文化等方面所做的交流互动和所形成的互动关系。这种教育过程的互动性依托于先进的网络技术和多样的网络互动平台，主要有网络论坛、网络聊天工具（如微信）、E-mail、社交网络（如 VK）等。网络交流互动工具的多样性和功能的丰富性极大地满足了教育主客体之间的互动需要，使交流互动活动变得更加便捷。

（五）教学环境的虚拟与超越时空性

虚拟性超越时空性是网络的本质特性,也是网络本质特性在俄语教学上的要求。互联网俄语教学的虚拟性是指基于网络虚拟空间的俄语教学得到存在状态是以数字化符号的方式存在,是以知识、信息、声音、图像、文字等作为自己的存在形式。教学环境的超越时空性主要表现在网络俄语教学时间和空间的分离、空间与场所的分离和无时间性与时间的分离。互联网的这一特性,使得网络俄语教学可以很方便进行,实现俄语教学信息的即时传递。

（六）教学手段的针对性

网络是个内容形式多样的平台,它为我们多渠道的进行俄语教学提供了条件。因此,互联网俄语教学能够抓住学生的需要和兴趣,为学生适用,及时提供全方位的信息,进行个性化服务,有针对性地进行教学,以促进其个性的全面发展。

五、互联网俄语教学的具体路径

路径是指实现俄语教学内容的组织形式,是教育者对受教育者实施俄语教学时可以利用和选择的渠道。

（一）建设多样的俄语教学阵地

要进行互联网俄语教学,首先要有一个开展教学活动的阵地,这是互联网俄语教学的基础。

1.加强俄语主题网站(网页)的建设

加强俄语教学网络阵地的建设,建设有特色、有吸引力、有影响力,贴近校园、贴近师生的融思想性、知识性、趣味性、服务性于一体的俄语教育网站(网页),是网络俄语教学的一项基础工程。

首先,要分层分类明确网站的定位,打造富有特色的俄语教育网络体系,促进俄语教育主题网站信息服务的全面性和综合化、俄语教学主题网站建设应当贴近学生学习、成长的实际,针对不同层次学生的特征和需求,提供丰富多彩的学习内容和全面的、综合化的信息服务,让学生有更多的选择。网站的传播手段上应充分体现网络的"多媒体"特性和优势,网上的教育宣传,要符合网络受众的心理和行为习惯。

其次,要提高俄语教学主题网站信息服务的时效性和互动性,及时更新信息服务内容、教育形式,采用新的传播手段,增强俄语教学内容的时代性。通过搜索引擎、电子邮局、注册用户、留言簿、自助新闻、特色排行榜、网上调查等途径,有效地实现用户与网站的交互;通过设置聊天室、电子论坛、虚拟社区等,有效地实现用户与用户之间的交互。

最后,主题网站或网页建好以后,要适时更新主页或首页及其所属栏目、条目信息的内容与形式,充分发挥网络媒体信息传递快捷的优势。

2. 建立网上俄语专题资料库

充分利用网络的这一特点,把俄罗斯文学、俄罗斯国情、俄罗斯文化、俄语词汇、俄语语法、俄语听力、俄语阅读等制作成丰富多彩、引人入胜的多媒体资料库,方便学生随时获取相关信息。

3. 建设网上俄语影院

观看典型的俄语电影能够提高学生俄语学习的积极性,也能增强学生俄语听辨、口语表达的能力。可利用这一优势,在互联网上建立相关的俄语影院,学生自由选择,各"点"所需、即"点"即看,实现个性化服务,获得俄语教学针对性、时效性、可视性、生动性、艺术性的高度统一。

4. 拓宽俄语网络沟通新平台

除了以上方法,还可以充分利用常见的沟通软件,如 VK、博客、微信、E-mail 等,进行俄语教学。

VK 是俄罗斯最大的社交平台,上面有很多比如资源共享、信息推广、实时聊天等服务。学习者可以注册账号,在 VK 上通过与俄罗斯人直接交流,获取音、视频等共享资源的多种方式进行学习。如果把 VK 比喻为开放的广场,那么博客就是一种开放的私人房间。通过博客,人们可以充分利用超文本链接、网络互动、动态更新的特点,精选并连接互联网中最有价值的俄语知识与资源。微信是现在国内最普遍的移动交流平台,学生可以实时与老师互动、学习,并且可以通过关注各微信俄语公众号,获得学习资源。

E-mail 作为互联网上的应用服务系统,具有传递迅速、功能强大、使用方便、安全可靠等特点,是对学生进行俄语教学的有效渠道。借助于 E-mail,教育者和受教育者的思想、情绪都可以处于放松的状态,双方能够在平等、和谐的氛围中进行交流,使受教育者能够畅所欲言,教育者能全面了解教育对象的思想实际,提升俄语教学的实效。

(二)开展平等互动的在线教学

1. 开设俄语教学虚拟课堂

目前电脑和网络日益普及,无论单位、社区还是学校,都为开设和点击虚拟课堂创造了物质条件。虚拟课堂可以具备最完善的教学条件,根据形势定期或不定期推出新的讲课内容,介绍相关的著名网站、期刊和书籍,介绍理论热点和动态、研究的思路和方法等。这样的讲课大大延伸了教学内容,提高了讲课的深度,突破了原有的讲课周期、课时限制、场地容量等局限,更加具有针对性和时效性。

2. 进行网上俄语讲座和咨询

利用专家、权威的学术魅力和影响力,不定期地把知名学者、专家的报告输入网络。让受众自由选择,可以倾听、可以下载,还可以与权威直接对话、交流,使专家的报告突破时空界限,从有限的"窄播"真正变成随时可调控的"广播",名人效应可以让有限的专家资源发挥最大的教育作用。尤其现在随着MOOC(慕课)的兴起,使俄语学习可以更加即时、自主、多样、高效,可以使学习者有机会聆听业界著名学者的课堂讲授。建立网上咨询系统,可以定期或不定期收集一些热点问题,安排教师在网上值班随时回答提问,也可以采用BBS和发E-mail的办法进行。

(三)建立一支高素质的网络俄语教学队伍

培养造就一支高素质的网络俄语教学队伍,是做好网络俄语教学工作的先决条件和重要组织保障。因此,要开展网络俄语教学,当务之急还要建立一支既有较高的俄语专业知识、懂得语言教学规律,又能较好地掌握网络技术、熟悉网络文化特点,并能自觉把网络技术应用于俄语教学实践,在网上开展俄语教学的队伍。

建立一支高素质的网络俄语教学队伍,一方面要求俄语教学工作者具有扎实的俄语专业知识和大量的辅助知识(包括教育学、传播学、法学、经济学、管理学、心理学、历史学等方面的知识，又要有较高的网络技术水平，能够熟练使用网络、管理网络和整合信息，及时解决网络传播中的有关技术问题。只有两者的有机结合，才能有效地利用网络开展俄语教学工作，使得学生在心理上有认同感和把教育者作为师长来接纳。

第二节　俄语网络教学资源的运用和研发

随着科技的进步和信息技术的迅速发展，使人类进入了一个日新月异的信息社会。网络技术的飞速发展，使得知识的传播与信息的流通变得前所未有的便捷。网络教学资源作为网络教育的核心组成部分，为整个网络教育提供了基础的教学体系及良好的环境，为俄语的网络教学提供了强有力的保障。

一、俄语网络教学资源存在的主要问题

（一）重视程度不够

网络资源传播的特点是快速适应社会发展的需要，培养社会急需的行业人才。很多高校在办公楼建设、学校绿化建设、学生文明建设等方面取得的成效优异，但忽视了相应的网络资源传播平台的建设。如此局面造成的后果不仅是硬件重复建设带来的资源浪费，也会影响当代学生融入当今信息社会的适应度。

（二）质量难以保障

课程内容的优劣成为影响网络俄语教学质量的首要因素。通过网络资源传播平台获取的资源一定要适合学生自主学习的特点，而并不是传统面授课程的简单翻版。基于网络的课程需要精心设计，不但要求有高质量的电子学习教材，还需要利用传播平台优势，提供智能化的资源搜索，实现资源共享和必要的、充分的学习交互。同时提供较为完善的教学管理与服务。目前我国的网络教育资源库的建设尚未完成，课件的制作水平参差不齐，网络资源传播平台的各项功能也在建设之中，学生通过平台进行学习也面临很多困难。因此，我们更要加强网络资源的教学支持，进行质量监督，保证学习者充分受益。

（三）学生技能不足

基于网络的教学资源传播平台并不只是一种学习手段，而是一种基于资源的、全新的自主学习方式。学生要进行有效的网络俄语学习，不仅需要有高质量的教材，更重要的是要有网络资源传播平台的掌控能力。这种掌控能力包括五点：一是熟练运用多媒体与网络的能力；二是通过网络获取信息、分析信息、综合处理信息的能力；三是自我监控能力；四是借助网络与人沟通交流的能力；五是组建知识结构的能力。目前来看，学生还不太适应对着屏幕进行学习，且经常会产生"迷航"现象。

（四）师资力量薄弱

随着网络教育的发展，网络资源的规模将会不断扩大，学生的学习要求更高，他们需要教师能够指导它们如何通过传播平台获得及时、准确的资源服务。网络俄语教学的主任课教师不但要从事网络教育课程的开发设计，还需要熟悉各种传播平台的操作和维护。教师除了主持学生在线讨论、对学生做出指导、批改作业以外，还需要各校教师多多沟通平台的使用心得，以求对学生的学习帮助最大化。这对教师提出了巨大的挑战。

二、课程资源点播平台的运用和研发

（一）课程资源点播平台的内涵

资源点播，指的是按照用户的要求播放视频、音频。它包含了娱乐、教育、商业等领域的多种应用，如娱乐信息点播、时事新闻点播、热门歌曲点播、课程资源点播、企业宣传片点播等。

所谓课程资源点播平台，就是指应用在数字技术、传统网络基础上，或者更新换代而来的创新型资源传播平台。课程资源点播平台与传统传播平台在理念和应用上有着本质区别，它在传播理念、传播技术、传播方式和使用方式等方面发生了质的飞跃，它既是传统传播平台形态层面的创新，又是传统传播平台理念上和应用上的创新。

从本质上分析，课程资源点播平台主要有以下三方面内容：

第一，课程资源点播平台将网络上大量的原有课程资源以及用户自己创作的课程资源按照一定的类型（课件、教案、视频、音频），通过用户的操作指令（观看、收听、评论、下载），随时随地提供给用户，进而满足用户的不同需求。

第二，课程资源点播平台的使用非常便捷，教师或学生要想查看当年、当月、当天或者当时段最受关注的课程资源，进行观看、收听、评论或下载，只仅需要注册账号，登录后就可以进行相关操作。

第三，课程资源点播平台具有交互性，用户可根据个人需求选择课程资源，并指定课程资源的起始时间，从这一点来说，课程资源点播平台也可以成为交互式课程资源点播平台；而传统的传播平台是按照事先安排好的程序指定课程资源，用户在选择和观看课程资源方面是被动的，只有选择权，没有控制权，更不能对课程资源进行交互式操作。

(二)课程资源点播平台的功能模块

课程资源点播平台主要分为：用户权限管理（包括管理员和超级管理员的权限管理）、用户信息管理（包括管理员信息管理）、用户查询管理（包括管理员查询）、课程资源查询管理、课程资源文件信息管理五个主要模块。

1. 用户权限管理模块

本模块主要功能是用于登录验证。主要通过登录获得角色和权限。细节方面是先查询是否存在此用户，然后判断密码是否正确，之后判断该登录者的角色，再判断该登录者的角色是否有执行该功能的权限。不同角色的登录者拥有的功能不同，所以对应的权限判断也不同。

2. 用户信息管理模块

本模块主要功能是对用户信息的操作，包括增加、删除、修改、查询等操作，这里提到的用户信息包括注册后的会员信息以及普通管理员的信息。用户管理信息模块具体的功能实现也和角色及权限相关。比如游客注册时是执行的新会员信息添加功能；会员修改自己的信息是执行的会员新信息修改功能；管理员修改会员信息、删除会员信息是执行的会员信息修改、删除功能；另外，超级管理员具有最高的功能，如创建普通管理员、修改自己信息、修改会员信息、修改普通管理员信息、删除会员、删除管理员等。

3. 用户信息查询模块

本模块功能是查询用户信息，根据角色及权限不同，执行的功能也不同，会员没有权限查询其他会员信息，管理员能够通过用户名查询会员信息，超级管理员能够通过用户名查询会员信息和管理员信息。

4. 课程资源查询模块

本模块功能是查询课程资源，和用户信息查询不同，课程资源查询不限定角色和权限，所有用户都可以通过课程资源名称进行实时查询，也可以通过课程资源类型查询。

5. 课程资源管理模块

本模块功能是对课程资源进行增加、删除、修改、查询操作，和用户信息管理一样，不同的角色和权限，对应的操作功能不同。课程资源管理模块中的查询功能如公司课程资源查询模块中的查询功能一样。游客有观看和查询视频基本权限，但只有会员才有上传课程资源的权限及功能，会员也可以列出自己的课程资源列表、修改自己课程资源，也可以删除自己已经上传的课程资源；管理员可以查询所有课程资源，形成列表，可以修改任何课程资源，删除任何不合适的课程资源；超级管理员对课程资源的操作权限和管理员相同。

（三）课程资源点播平台涉及的主要技术

1. 系统技术

第一，网络系统。网络系统包括主干网络和本地网络两部分。因为它负责视频信息流的实时传输，所以是影响媒体网络服务系统性能极为关键的部分。同时，媒体服务系统的网络部分投资巨大，故而在设计时不仅要考虑当前的媒体应用对高带宽的需求，而且还要考虑将来发展的需要和向后的兼容性。当前，可用于建立这种服务系统的网络物理介质主要是有线电视的同轴电缆、光纤和双绞线，而采用的网络技术主要是快速以太网、FDDI 和 ATM 技术。

第二，服务器系统。服务端系统主要由视频服务器、档案管理服务器、内部通信子系统和网络接口组成。其中，视频服务器是在网络上为点播用户提供存储和播放视频节目的设备，是视频点播系统中服务端系统的关键组成部分，由其完成的功能主要有接收用户的访问请求并进行处理；检查用户的权限并进行服务质量控制；从服务器存储子系统中检索数据的存储位置；视频流传输并提供 VCR 控制支持。

第三,客户端系统。客户端是一个基于 Web 浏览器的应用程序或基于局域网的应用程序,它通过用户点播提出资源请求,并接收来自服务器的相关资源,同时对资源中的视频、音频、文字、动画等具有回放、暂停和重播等功能。

第四,媒体采集机系统。媒体采集机系统主要指安装有资源采集设备和资源编辑软件的客户机,它将实时进行媒体采集、编码、推送至资源服务器。

2. Windows Media 编码器技术

编码开始之前,必须首先建立一个编码会话。建立了编码会话之后,就可以开始编码内容了。Windows Media 编码器配置源时,要了解四个主要问题:一是要确定组成源的各种源类型(音频、视频或脚本);二是要注意源中必须至少包括一种音频或视频源类型;三是源可以在编码开始之前或之后添加,且数量不受限制;四是最好将第一个源配置成能够使用全部三种源类型。

很多时候,Windows Media 编码器进行编码时可以在一个会话中使用多个不同类型的源。虽然编码时每次只有一个源能够传输,但是这一个源可以在各个源之间进行切换,以传输不同的内容。例如,在开始直播俄语教学课之前,不仅可以设置主要内容的源,还可以设置欢迎、中间休息和结尾内容的文件源。直播该课视频时,可以从欢迎源开始,在适当的时候切换到主讲教师那里,然后在中间休息时切换到中间休息源,最终在课程结束时切换到结束源。

3. 触控技术

触摸技术最主要的是掌握触摸屏系统和触摸课件的相关知识。触摸屏系统对环境的依赖性较强,不同的应用环境须选用不同的触摸屏系统,只有这样才能确保系统获得最优化的配置和应用效果。目前市场上普遍采用电阻感应屏系统,原因主要有两个:一是电阻感应触摸屏能较好地防水、防尘、防油污,它可以在相对恶劣的环境中应用更广泛;二是价格低廉。

触控课件设计的基本思路是外观界面美观大方、赏心悦目;导航结构思路清晰;导航方法简单、快捷;课件要集声音、影像、动画、文字于一体,适合用户点播。

4. 课件设计技术

课件的设计采用了软件工程的思想,为了保证制作质量和工作进度,在课件开发过程中,采用了软件工程的一般实施方法,具体步骤如下四步。

第一，进行可行性分析。对课件开发的可行性进行分析，同时确定课件开发软件、硬件的平台和运行环境。例如某个课件是在中文 Windows7 系统下，通过 Authorware6.0 多媒体制作软件开发的，它可应用于 Windows/XP 系统平台。

第二，系统总体设计。在结合教学的不同要求的基础上，根据课件适用对象的特点，对课件内容及表现形式进行研究，并开发出模型系统。广泛征求学生和教师的意见，在此基础上确定出课件的总体结构和风格。一般的点播系统采用的是分层模块结构，即按教材中的课堂讲解、课后复习、综合测验等组织课件模块。通过导航功能，用户可以非常方便地在各章节之间跳转，并能对每一节中的具体内容进行指定操作。

第三，详细的设计和程序的实现。模拟、综合一些教师丰富的教学经验，安排教学内容和教学活动确定课件程序的基本流程，搜集课件设计所需的素材（声音、图片、动画、视频等），并通过 Word、Flash、Photoshop 等软件完成素材制作，对课件中每一框架的内容及表现形式做出详细、准确的设计。

第四，打包和发行。课件开发和调试完成后，将课件打包成可执行文件。这些文件便可直接在 Windows7 或 XP 操作系统下运行。运行该课件的硬件条件是能够安装 Windows7、XP 或更高级操作系统的多媒体 PC 电脑或多媒体触控一体机，软件需安装 Windows MediaPlayer9 与解码器。

三、虚拟现实技术在俄语教学上的运用与研发

虚拟现实技术能将三维空间的意念清楚地表示出来，并产生视觉、听觉、触觉和嗅觉等多种感官的刺激信息；同时，它可创建可视化的真实情景，使学习者能直接、自然地与虚拟对象进行交互，以各种形式参与事件的发展变化过程，并获得最大的控制和操作整个环境的自由度。这种呈现多维度信息的虚拟学习和培训环境，将为学习者掌握一门新知识、新技能提供前所未有的新途径。因此，该项技术的发展可应用于俄语的教育教学。

（一）虚拟现实技术俄语教学应用的理论指导

如果把虚拟现实技术与教育有机地结合，教育与社会需求之间的差距将得以缩小，因为虚拟现实技术对教育产生深远影响有着深厚的理论依据，且其本

身是对客观对象的模拟,所构建的学习环境与实际生活情境相关。虚拟现实技术在教育中的应用通常是在一定的教育理论指导下进行的,并在一定程度上影响着教育理论。

1. 虚拟现实与认知主义

认知主义认为,学习过程是每个人根据自己的态度、需要和兴趣并利用过去的知识与经验对当前工作的外界刺激,做出主动的、有选择的信息加工过程。教师的任务不是简单地向学生灌输知识,而是首先激发学生的学习兴趣和学习动机,然后再将当前的教学内容与学生原有的认知结构(过去的知识和经验)有机地联系起来,学生不再是外界刺激的被动接收器,而是主动地对外界刺激提供的信息进行选择性加工的主体。与此相对应,认知主义的教学观念是:为学生提供一种对自身进行认知加工的特定情境和特殊过程,从而在促进学生认知结构的形成过程中推动学生的认知发展。

与现实世界中的认知不同,虚拟认知的基本过程是一种全身心地沉浸。所谓全身心地沉浸,可以理解为:在一定虚拟环境中主题基于特殊的装置对虚拟现实在进行感知时所形成的精神状态,其最终结果是在特殊的环境下得到认知的对象"存在在那里"的主观心理感受。虚拟认知的过程就是借助于虚拟现实环境来实现的感觉认知过程。在虚拟环境里,计算机的工作依然是通过与物理世界相互作用的方式来进行。直觉性的运动和活动变成了计算机的指令,所有有意识的状态变化都通过媒体转化成计算机输入的信息。这些信息输入的目的是为了让计算机对认知主体的各种感知觉行为变得更为敏感。认知主体的感知觉行为通过计算机再去控制物理媒体的物理行为,而物理媒体所产生的各种效应再反馈到主体的感知觉体验,形成新的感知觉。在这样一个反馈的通道里,输入和输出硬件对于虚拟世界的全身心投入是必需的,认知主体只有在这些条件下才能实现对虚拟现实的认知。

可见,虚拟现实从广度和深度上拓展了认识客体,提高了认识主体的认识能力,提高了认识的精确度,加速了认识的发展。虚拟现实与教育相结合,必须从学生的认知心理出发,注重学生的具体经验和对情境的理解,使得学习者的新旧知识之间的同化顺利完成,建构起自己的认知结构,促进认知发展。

2. 虚拟现实与行为主义

行为主义心理学认为,学习是由于经验的反复练习而引起的行为的比较持久的变化,认为行为变化的实质是刺激反应联结的形成,行为变化的原因是当前行为的后果,即当前行为的后果改变了未来的行为。在行为主义学习理论中,强化是一个关键的概念,通过强化来增强学习效果,引导学生逐步达到学习目标,对强化的控制就意味着是对行为的控制,强化的手段和方式对行为的变化具有非常重要的意义。

尽管行为主义理论因其强调外部行为和动机,忽视了学习者本身及周围环境的影响而遭到了认知主义和社会情景理论的批评,但行为主义的强化论对指导虚拟现实的系统设计仍然具有指导作用。依据对虚拟现实与传统动画的区别分析,如果去掉网络传输与文件大小的因素,单从本质上考虑,它们之间最大区别在于交互与反馈机制的不同,而及时有效的反馈是强化所必需的。因此,在设计虚拟现实系统的软件时,行为主义的强化论对导航和反馈机制的设计具有理论指导作用。

3. 虚拟现实与建构主义

建构主义为发展虚拟现实在教育中的应用提供了较好的理论基础。建构主义认为,知识的建构来自个人体验,教学是学习者充分利用环境提供的丰富工具和资源,建立自己的认识和理解的过程。学生的知识建构是一个积极主动的过程:试图将新知识与更广泛的知识经验联系起来,成为整合的知识体系,而不是与一两个观念建立联系;学生不只是理解和记忆现成的结论,而是要理解这些知识所指向的问题,并基于自己的知识经验,来批判地分析它的合理性,形成属于自己的知识。建构主义环境包含四大属性或四大要素,即情境、协商、会话和意义建构,而虚拟现实技术的三个基本特征是沉浸、交互、想象。可见,虚拟现实的基本特征与建构主义的四大要素几乎构成了一个完全的交集,而建构主义的四大要素正是在基于虚拟环境下的虚拟教学所能充分体现的。

虚拟现实通过建构可视化的场景,直观形象地向学生讲解事物的概念,使学生更容易理解事物的性质、规律。更重要的是,学生通过与虚拟对象的主动交互,有利于建立先前经验,加强所学知识与将来运用该知识情景之间的联系,达到学习的意义建构。

4. 虚拟现实与人本主义

人本主义提倡真正的学习应以"人的整体性"为核心,强调"以学生为中心"的教育原则,关心学生的自尊和提高,学习的本质是促进学生成为全面发展的人,允许学生自主地选择学习课程、方式和教学时间。人本主义在虚拟现实技术中的体现主要表现在三个方面:第一,通过创建个人参与的虚拟三维环境,促进学生的参与性;第二,通过提供有限度的沉浸感,实现学习的高度参与性;第三,通过建构良好的虚拟学习环境,提高学生的自发性。

(二)虚拟现实教学的要素分析

虚拟现实教学就是传统教学适应信息技术和现代人才培养观的一种新型教学,是人类进入虚拟空间进行教育的一种教学形式。广义上,虚拟学习环境包括虚拟的教师、虚拟的教室、实验室和虚拟的研讨等,在这种虚拟学习环境中进行的教与学的活动都可以称之为虚拟现实教学;从狭义上讲,虚拟现实教学就是利用虚拟现实技术,构建一个虚拟学习环境,再现知识赖以产生的客观现实,讲授知识要点,进行理论概括,引导学习者充分利用自己的视觉、听觉等感官接受信息,激发学习者的学习兴趣和创新意识,引导学习者发挥自己的想象能力,开展创新思维活动的一种教学方法,是一种双向交互的教学形式。

1. 虚拟的教师

虚拟教师可以实施虚拟教学,可以承担"导航"和"解惑"的任务,指导和帮助学习者获得所需要的学习资源,防止出现"信息过载"和"资源迷航"。根据网络教学资源回答学习者的相关问题,对教学计划、教学方法、教学内容进行补充、修改、重组,进行因材施教,并与其他教师交流合作。

2. 虚拟的学习者

在虚拟现实教学系统中,虚拟学习者的概念得到了广泛的拓展,不同年龄、不同身份、不同地域的人可以走进同一堂课进行学习、讨论。学习者不是按照智力水平、年龄组织起来的,而是按照个人所需组成的学习团体;学习者通过各自的化身进入虚拟学习环境来参与学习。

3. 虚拟的教学资源

虚拟教学中的教学资源是数字化资源,如一段文本内容、一次虚拟实验、一个多媒体课件等。教学资源虚拟化可以解决随着招生规模的不断扩大,学校资源紧缺、试验设备陈旧及更新缓慢等日益突出的问题,同时也是一种在新的技术支持下解决我国教育均衡发展的有效方式。

4. 虚拟的学习环境

虚拟学习环境不是指一个教育网站，也不是仅有二三维技术和虚拟现实技术支撑的系统。它包括知识空间、学习者的角色和辅助工具等。

任何一个虚拟学习环境都是一个知识空间。它为访问者提供各种各样的信息。对于虚拟学习环境的知识空间，必须满足知识信息的获取、扩充，提供知识信息来源，知识信息保留，技术升级和知识信息共享等。

虚拟学习环境所提供的是学习者组织和共享知识信息的活动，这些活动包括写作、提供分析、学习报告、读后感等。然而，学习者并不局限于这些活动，事实上，他们已成为知识信息的提供者、问题分析的提出者、问题评价的参与者。正是这些活动，使得学习者在虚拟学习环境中的角色不再是一个被动的参与者，而是成为学习的主体。这一角色转换，也与"以教师为中心"到"以学习者为中心"的新的教育理念相吻合。

现实学习环境通常包含课堂授课气氛、图书馆阅读氛围、正式的学术交流、信息交流等。同样，虚拟学习环境也必须提供多种工具实现信息提供、协作交流、学习和管理等诸多功能。如虚拟学习环境设计者提供了自我学习和"在线教程"辅助，自我学习是基础，而"在线教程"是可以进行交互的辅助工具，自我学习和"在线教程"辅助是两种教育方法的应用整合。

（三）虚拟现实俄语教学中的学习方式

1. 自主学习方式

自主学习是一种非实时的、自由度较高的学习方式。学习内容是以超媒体形式分布于网络中，如文档、视频、多媒体可见、网络课堂和教学案例等。这些信息存放在各地的服务器上，学习者可以通过已知的 URL 地址找到要学习的网站，或者借助搜索引擎，以一定搜索格式找到详尽的信息。学习者对找到的内容，可以自由地选择浏览、下载、在线学习等。这为学生实现跳跃式学习提供了条件，因而大大缩短了学生成才的周期。

2. 协作学习方式

虚拟学习环境为基于协作的学习提供了良好的交互平台，个体以分布式的学习状态参与到学习个体与伙伴的对话、讨论、角色扮演等形式的学习过程中，互相帮助、互相讨论和争论、互相对当前掌握的知识进行评价、互相填补理解，达到学习知识,提高协作能力的目的。

对交互功能的深层次开发,主要反映在两个方面,即技术上向智能化发展和教学应用上为自主学习服务。从技术上讲,交互功能向智能化发展,实际是指由机器主动向用户主动发展。教学应用上为自主学习服务的特征是,教学内容是按照学生的兴趣和水平提供的(即具有适应性),学生在学习过程中可以主动地提出问题,让计算机回答。这时计算机回答的答案不是在编程时预置的,而是从数据库中调出有关数据按照预置的规律生成的。

3. 发现式学习方式

发现式学习方式,也称为创造式学习方式。虚拟现实学习是创造性的学习。虚拟现实技术使学习者超越现实的三维空间和物理的四维空间,进入充满想象的虚拟社会和多维世界,这是最具魅力的个性化世界。在这里,学习者能进行创造性想象,在最佳心理状态下凭借从网上获得的大量知识和信息,按照全新的和最优化的思路,将其组合和匹配,突破旧的框架和思维定势,提出新的思想和新的学说。

发现式学习的优点主要体现在五个方面:①增加学习者的信息量,学习者在解决问题时,需要参阅大量的资料,需要与他人讨论协作,互相学习;②增加了知识建构的机会,学习过程需要协作完成,需要与别人共享自己的探究结果,客观上增加了知识的运用和意义建构;③让学习者能直接感受到学习的成果,提高学习者的兴趣,培养了自信心;④让学习者在问题解决中学会运用知识,发现知识,提高了知识的系统化、结构化;⑤培养了发散思维能力,培养了创新能力。

4. 沉浸式学习方式

多感知体验的沉浸式学习主要是利用虚拟现实技术与计算机网络技术,使学习者在虚拟学习环境中获得与真实环境中同样的体验,从而产生"沉浸感",可以多感官地感知学习内容。具体地说,就是采用以计算机技术为核心的现代高科技生成逼真的视、听、触觉一体化的特定范围的虚拟环境,用户借助必要的设备以自然的方式与虚拟环境中的对象进行交互作用、相互影响,产生等同于真实环境的"沉浸"式感受和体验,从而启迪智慧,萌发新意。

沉浸式学习的沉浸感有赖于两个方面,逼真的三维环境的建构和多感知传感器及其跟踪技术。逼真的三维环境可以产生视觉上的真实感,而传感器技术,可以产生其他感觉的真实感。通过多种感知的真实,学习者们能够"真正"地参与到环境中,同三维的环境和虚拟的人物进行交互式的交流,可以对环境中的物体进行全方位的观察或进行空间移动,并且在移动时能够感受到物体对于操作者的反作用力,使学习者与环境融为一体。学习者能够完全沉浸在虚拟空间中,他的视觉、听觉、触觉、运动觉等都积极地参与到学习中,这对学习的速度和效率是极其有帮助的,往往使学习者获得很深刻的印象。

(四)虚拟现实俄语教学中的教学方法

1. 情景模拟教学法

情景模拟式教学是指通过对事件或事物发生与发展的环境、过程的模拟或虚拟再现,让受教育者理解教学内容,进而在短时间内提高能力的一种认知方法。它具有直观、高效、启发性强、便于组织,安全可靠、更接近实际的优点,它注重已有知识及专家经验的系统推理和教学策略,有助于学生智力开发和能力培养,对改进教学质量有着深刻的影响。在这种方法中,学生成为某社会文化练习中的一个参与者,练习中学习技巧和社会过程是同步的。

根据模拟演练方案中确定的角色、任务、步骤、背景等,进行虚拟演练。它特别适合于对事件的发展过程的模拟,如模拟某笔与俄罗斯外贸业务的洽谈过程,模拟涉外场合俄语口头交谈过程等。

在教学环节上,要科学设计。一般地,内容完整、步骤规范的模拟教学,应当包括以下七个环节:设计模拟教学方案;创设虚拟的教学环境;选择模拟角色与演练任务;模拟演练准备;模拟演练实施;模拟效果(结论)验证;讲评。创设教学环境时教师必须熟悉模拟事件涉及的基本理论、正确方法、一般发生过程,能够预见到模拟演练展开后可能出现的思想分歧、不同结论和有关困难,仔细分析不同角色的地位、作用、处境及应当具有的能力。

在教学目标上,要准确定位。在运用模拟现实方法组织理论课程的教学时,应把缩短理论与实践的差距作为运用模拟手段的指导思想,把培养和开发受教育者的思维能力、提高受教育者分析与解决实际问题的能力作为教学目标。

2. 启发探索教学法

美国教育家、实用主义教育思想创立者约翰·杜威最早提出启发探究教学法。杜威认为,思维的作用就是"将由经验得到的模糊、疑难、矛盾和某种纷乱的情境,转化为清晰、连贯、确定和和谐的情境",科学教育不仅仅是让学生记忆百科全书的知识,同时是一种过程和方法,他主张教学应当遵循以下五个步骤:一是疑难的情境;二是确定疑难的所在,并从疑难中提出问题;三是通过观察和其他心智活动以及收集事实材料,提出解决问题的种种假设;四是推断哪一种假设能够解决问题;五是通过实验验证或修改假设。

根据杜威提出的"思维五步",启发探究教学法步骤包括:①教师利用虚拟现实技术给学生创设一个情境,学生在特定的情境中提出科学的问题,如通过观察、实验和研究图片等,引导学生提出问题;②让学生根据已有的知识和经验,针对解决问题提出各种假设;③根据假设加以整理和排列,使探究过程井然有序,并利用多种途径和形式收集有价值的证据;④对所收集的证据进行筛选、归类、统计、分析和综合处理,运用已有知识证明自己的假设,对问题做出科学的解释;⑤检查和思考探究计划的严密性、证据的周密性、解释的科学性,以对结论的可靠性做出评价。如果结论与假设不吻合,则需重新确定探究方向;⑥解释自己探究计划以及在探究过程中形成的见解,并认真听取他人的意见,对不同的意见进行讨论,充分交流探究结果,最后形成结论。

教师在以上六个步骤中主要是充当"点拨"这一角色,就是适时对学生进行启发、指点、引导,让学生根据自己已有的生活经验和知识经验,用自己的思维方式去探究、去发现、去创造,使学生学会在原有知识经验的基础上对新知识进行加工、理解、重组,达到主动建构并形成新知识的目的。

启发探究教学法从学生的已有经验出发,充分调动了学生的学习积极性,学生的学习体现出自主性、探究性、合作性,锻炼了学生的推理及思维判断能力,培养了学生的科学探究能力,增强了学生的团队精神和合作意识,提高了学生的学习效率,促进了学习目标的完成。

3.计算机仿真教学方法

仿真教学是运用实物、半实物或全数字化动态模型深层次揭示教学内容的新方法,是计算机辅助教学的高级应用。计算机技术、多媒体技术和通信网络技术的发展,为计算机仿真教学提供了很好的技术基础。这些技术已广泛应用于各个专业领域,促进了生产、管理和社会生活的发展,也为计算机仿真教学创造了良好的条件。

计算机仿真教学主要是通过影像、图片、声音、文字等,介绍客观事物的信息;通过软件开发、人机对话,虚拟客观事物的状态、运动方式及过程。学生在校期间,不可能参加所学专业(课程)的各项实践活动,但是,可以把相关的具有教学示范意义的人类实践活动复制出来,制作成由影像、图片、声音、文字等组成的多媒体课件。对于一些人的视觉无法接触到的事物,都可以通过计算机虚拟来实现。计算机仿真教学信息量大、教学效率高、可重复性强、对教学环境的适应性强、学生可参与性强,是一种重要的现代化教学手段。

四、移动终端传播平台的俄语教学

进入 21 世纪,科技的高速发展,给移动通信设备的不断升级提供了保障,移动通信的覆盖面积呈快速增长趋势。普及、应用主流的移动终端设备如智能手机、平板电脑、便携阅读器等,成为更加创新性的网络俄语教学的资源平台。

(一)移动教学

这里讲的移动教学主要是指教学通过不同类型的移动设备,通过校园网的"云"端进行的创新性教学。

与学校传统的多媒体教学中的"固定性"不同,移动终端最大的优点就是"可移动性"。以平板电脑为例进行说明,由于它具不仅具有正常的上网功能,且体积小巧便于携带,屏幕尺寸还有多种规格,它可以称得上是移动教学的最好设备。

那么,平板电脑的传播优势又是如何体现的呢?这就依赖于校园网内强有力的后台——"云"的实现。

简明扼要地讲,"云"即一种在网络上搭建的虚拟服务器。学校的教师可以将自己编写的 PPT、WORD 文档、EXCEL 表格、音视频资料等上传到云服务器。在内部校园网内"云"支持下,平板电脑设备在教学中就变得十分有用了。因为所有的资料都在"云"内,平板电脑变成一个媒介,与教室内办公的其他设备,都仅仅是"云"端计算后显示的图像或声音内容而已。

"云"的校园网建成后,教室可以按照计划先在 1～2 个教室进行试验,开展教学。当学校老师们对平板电脑的操作熟练之后,再推广至每个教室。那时,教室里不再像原来的多媒体教室那样:投影仪、电脑、中控等一大堆物品。相反,教室里只要有一台无线投影仪就可以了。上课的教师只要带着平板电脑来进行授课就可以。由于平板电脑有校园网内"云"的支持,它可以完全实现目前教师熟悉的所有电脑功能,并可以利用平板电脑的新功能开展教学。

(二)移动学习

这里讲的移动学习主要是指学生人手一台移动设备,抛弃传统的书本学习进行的创新性学习。

通过移动终端,学生可以轻松便利地连接学校网络教学平台,通过"多终端同步互动"轻松地加入异地课堂学习当中。这样即使学习者未在学校内,也可以通过移动终端进行自由学习,轻松地实现视频互动。

通过移动终端,学生可以如同真实课堂环境一样实现异地在线学习,比传统课堂增加了许多有用的交流手段和工具。例如在俄语音视频交流的过程中学生之间不仅可以进行文字交流,还可以通过移动终端进行小组讨论、协作而不会互相干扰,甚至可以在学习过程同步进行笔记记录或资料查询。虽然,学校教学中移动终端的普及程度并不高,但移动学习是未来教学的必然趋势。

(三)移动教学与移动学习的关系

移动教学是基于学生移动学习而"教"的,是移动设备辅助教学的一种形式,其主动权掌握在教师手中。在移动教学中,像黑板、投影仪、PPT 等辅助教学的工具,无非现在换成了移动终端。

移动学习是基于移动教学而"学"的,是学生利用移动设备进行学习的一种形式,其主动权掌握在学生手里。在移动学习中,像书本、笔、笔记等学习工具,无非现在换成了一个移动终端。

总的来讲,移动教学与移动学习是两个相辅相成的概念。移动教学因为移动设备控制在教师手中,只要教师掌握并习惯使用后,就能很好地为教学服务,很快地看到效果。因此,移动教学是可以全面推广的,这点与推广多媒体教室相类似。但移动学习则由于移动设备是掌握在学生手中,在我国现阶段教学模式未发生改变的情况下(即以教师为"主"的教学转变为以学生为"主"的教学),难免造成一些教师和家长都不愿意看到的情形:学生使用移动终端上网、玩游戏的兴趣远高于老师教学给他们带来的兴趣,于是学生移动学习的成效就不好。

在移动教学与移动学习的相互作用过程中,学校的教师起到关键性的作用。因为他们要及时适应时代信息科技的发展,将最新、最适合的信息传播平台挖掘、普及。因此,学校应该加强对俄语教师的信息技术的培训。只有这样,才能保证学校的俄语教学能够与时俱进,长久稳健发展。

参考文献

[1]程千山.现代俄语语法教程[M].南京:东南大学出版社,2015.

[2]邓军,安利红.新编俄语写作教程[M].北京:外语教学与研究出版社,2016.

[3]胡雪飞.英语教学法[M].武汉:武汉大学出版社,2016.

[4]李国辰.俄语教学心理学[M].北京:知识产权出版社,2016.

[5]李宏敏.俄语教学理论与实践创新研究[M].北京:新华出版社,2018.

[6]李锡奎.俄语语篇理论及其应用研究[M].北京:对外经贸大学出版社,2016.

[7]刘宏.俄语语言文化与跨文化交际[M].北京:外语教学与研究出版社,2018.

[8]刘莉莉.俄语教学理论与实践研究[M].北京:北京理工大学出版社,2019.

[9]马冲宇.网络环境下的俄语教学研究[M].河北:河北大学出版社,2017.

[10]孙玉华,鲁速.俄语实用文体写作教程[M].黑龙江:黑龙江大学出版社有限责任公司,2014.

[11]王保士.新俄语教学法[M].北京:中央编译出版社,2015.

[12]王宗琥,邢淑.俄语语音学教程[M].北京:北京大学出版社,2017.

[13]章兼中.国外外语教学法主要流派[M].福建:福建教育出版社,2016.

[14]章自力,许宏.俄语教学理论与实践探索[M].北京:世界图书出版社广东有限公司,2017.

[15]赵芳丽,邹虹.俄语技能强化训练[M].西安:西北工业大学出版社,2019.